D1663153

Wellenlängen

Erleben – Erfinden – Erzählen

Texte der Schreibwerkstatt *kurzum* Friedrichsdorf

Fritz Huth
Marty Kaffanke-Fuchs
Walburga Müller
Sylta Purrnhagen
Martina Weyreter

Impressum

Bibliografische Information der Deutschen Nationalbibliothek:
Die Deutsche Nationalbibliothek verzeichnet diese Publikation in der
Deutschen Nationalbibliografie; detaillierte bibliografische Daten sind
im Internet über http://dnb.dnb.de abrufbar.

Die Schreibwerkstatt *kurzum* ist der Musisch-bildnerischen Werkstatt
e.V., Friedrichsdorf angegliedert.

Zusammenstellung, Layout und Satz: Martina Weyreter
Titelfoto und Titelgestaltung: Marty Kaffanke-Fuchs, Sylta Purrnha-
gen, Alice Männl
Foto S. 11: © Ursula Schulz-Dornburg. Mit freundlicher Genehmigung.
Foto S. 335: privat

Herstellung und Verlag: BoD – Books on Demand, Norderstedt

ISBN: 978-3-7543-7514-3

Inhalt

VORWORT

von Claudia Brendler, Leiterin der
Schreibwerkstatt *kurzum*

Die vorliegende Anthologie *Wellenlängen* ist nicht nur
eine Sammlung unterschiedlichster Textgattungen von
klassischen Kurzgeschichten über literarisierte Erinnerungen bis zu Geschichtenzyklen, sondern auch eine Einladung: Einfach einmal hineinspähen durch die geöffnete
Tür der Schreibwerkstatt *kurzum*, ein wenig näher treten,
und ... Moment. Eine Schreib-Werkstatt? Wie kommen
diese beiden Wörter eigentlich zusammen? Hat eine Werkstatt nicht eher mit *Schrauben* zu tun, mit Sägen, Hobeln,
einem Handwerkskasten voller Werkzeuge? Und Literatur
eher mit hehrem Wirken als mit emsigem Werkeln?

Lange Zeit war die Vorstellung literarischen Schaffens
hierzulande mit dem Bild des Elfenbeinturms verknüpft;
dem Schreibprozess haftete der Nimbus des Geheimnisvollen und Genialischen an. Man schrieb zurückgezogen,
mit dem Blick zur weißen Wand wie Günter Grass oder
eingehüllt in Melancholie wie Ingeborg Bachmann. War
die Inspiration dem Dichter hold, kam er schließlich mit
dem fertigen Roman oder der Gedichtsammlung wieder
hervor. Von Handwerk, Methodik oder gar einem berufsorientierten Studiengang war keine Rede – der deutsche
Königsweg zur Literatur bestand bis in die neunziger Jahre

hinein zumeist aus einem abgebrochenen Germanistikstudium und den verschiedensten Jobs vom Taxifahrer bis zur Kellnerin, was gleichermaßen dem Erwerb des Lebensunterhaltes und der zum Schreiben notwendigen Lebenserfahrung diente. Im englischsprachigen Raum dagegen wurde *Creative Writing* längst akademisch und praktisch an Universitäten und in Workshops gelehrt. Nach dem Vorbild dieser Workshops entstanden in den siebziger Jahren auch hierzulande die ersten Werkstätten für Schreibwillige: Orte der Kommunikation und Kritik, Stätten der Begegnung, Konfrontation, Diskussion, Orte des Lernens und Lehrens. Unter Anleitung wurden die nötigen Werkzeuge bereitgelegt, geölt und geschliffen, der literarische Handwerkskasten vervollständigt. Das Modell fand Anklang und Verbreitung, bis endlich auch Universitäten und Institute Studiengänge für *Kreatives Schreiben* auf den Lehrplan setzten. Selbstverständlich existiert das solistische oder gar solipsistische Schreiben im stillen Kämmerlein noch genauso wie früher, denn Rückzug gehört notwendig zum literarischen Schaffen – ergänzt durch Austausch, stetige Weiterentwicklung und Inspiration durch die Ideen der Gruppe. Eine Gruppe wie *kurzum*, die bereits seit mehr als zehn Jahren in relativ konstanter Besetzung besteht, kommt im Lauf der Arbeit immer wieder auf eine gemeinsame Wellenlänge. Und so liegt ein Schwerpunkt dieser Anthologie auf Verknüpfung und Berührung: Wie lassen sich eigenständige Geschichten schaffen, die dennoch einen gemeinsamen Ursprung oder Zusammenhang haben?

Eine Kunst-Fotografie, die eine Autorin mitbrachte, löste verschiedene literarische Interpretationen der abgebildeten Situation aus. Eine Bushaltestelle im Nirgendwo, eine Frau, stehend, vor der Bank. Welches Land? Welche Zeit? All das wurde nicht verraten, sondern erfühlt, erschrieben, und heraus kamen vier Geschichten, die vier verschiedene Schicksale beschreiben, stilistisch sehr unterschiedlich sind und dabei trotzdem auf einer Frequenz schwingen.

Einen anderen Berührungspunkt besitzen die Texte um die Wahrsagerin Syrena. Ausgehend vom Ursprungstext, einer Geschichte von Martina Weyreter, nahmen sich Sylta Purrnhagen, Marty Kaffanke-Fuchs und Walburga Müller jeweils eine Nebenfigur vor und gaben ihr ein Schicksal, ähnlich wie in einer modernen Netflix-Serie. So erscheinen die Figuren immer wieder in einem neuen Licht.

Der Berührungspunkt des dritten Zyklus ist die Gattung Märchen. Form, Erzählweise, Symbolik und die dahinterstehende moralische Botschaft knüpfen an alte kollektive Erfahrungen an. Und genau jene tiefe, archaische Verbundenheit war der Anreiz, sich diese Literaturgattung noch einmal vorzunehmen und, angelehnt an alte Vorbilder und Figuren, Märchen neu und anders zu erzählen.

Außer den kollektiv inspirierten Werken sind über die Jahre Kurzgeschichten, Lyriksammlungen, autobiographische Werke, ganze Romane entstanden, es wurden Preise gewonnen und Lesungen veranstaltet. Die Autor:innen haben immer mehr zu ihrem individuellen Stil gefunden und sind dennoch vielseitig geblieben. Vielleicht ist genau das einer der großen Vorteile einer solchen Werkstatt: Man sieht über den eigenen stilistischen Tellerrand hinaus, wagt sich, angespornt durch das Beispiel der anderen, in neue, noch unerschlossene Bereiche oder entschließt sich zum Genre-Mix. Es kommt durchaus vor, dass sich eine gefährliche, aber hervorragend gemeisterte Landung auf dem Planeten Alpha Centauri, wie es bei Fritz Huth der Fall ist, nicht als Science Fiction, sondern als philosophischer Report einer Lebenskrise entpuppt, die nicht ins große Draußen, sondern ins Innere einer Beziehung führt. Schreibend lassen sich eben immerzu neue Welten erschaffen. Und in diese Welten wollen wir die Leserinnen und Leser einladen, nun, da die Tür zur Werkstatt weit offen steht und Licht hineinfällt.

EINE BUSHALTESTELLE IM NIRGENDWO

WARTEN AUF GODOT

Sylta Purrnhagen

Die Frau steht vor der Bank und wartet. Sie trägt ein geblümtes Kleid, über der Schulter eine geräumige Tasche. Sie ist nicht mehr jung, etwas füllig, die noch dunklen lockigen Haare hat sie am Hinterkopf zusammengesteckt.

Hinter ihr und der Bank erstreckt sich flaches Land, landschaftliche Öde bis zum Horizont, grau in grau, kein einziger grüner Grashalm, nur Geröll und Betonreste.

Die Bank ist schmutzig, hat schon bessere Zeiten gesehen. Sie war durchaus einmal ein Prunkstück, gefertigt aus schwarzem Gusseisen mit einer Sitzfläche aus Holz, die Dachträger mit filigranen Ornamenten versehen. Das Wellblech darüber allerdings, das die Wartenden vor Sonne und Regen schützen sollte, ist teilweise zerstört, zerstört wie das Land. Als die Straße neu gebaut war, hatte der Präsident, der – wie man sagt – Kunstsinn besitzt, an allen Haltestellen derartige Bänke aufstellen lassen. Etliche Male hat sie auf dieser Bank gesessen und auf den Bus gewartet.

Die Frau fasst nach ihrer Tasche, befühlt den Inhalt. Sie ertastet die wenigen Habseligkeiten, die sie bei sich hatte, bevor die Bomben fielen. Als die politische Lage sich in diesem Teil des Landes zuspitzte, hat sie stets ihr erspartes

Geld und wichtige Papiere bei sich getragen. Bisher war ihr Dorf verschont geblieben. Doch nun ist alles anders.

Gestern hat die Frau ihren Sohn besucht, der in den Bergen mit seinen fünf Ziegen in einem kleinen Steinhaus lebt und Käse produziert, den er auf dem Markt verkauft. Sie haben auf der Bank vor dem Häuschen gesessen, als die Rebellen über ihr Dorf herfielen, Handgranaten warfen und wild um sich schossen. Wie erstarrt mussten Mutter und Sohn zusehen, wie der Ort unten im Tal in Schutt und Asche zerfiel. Lange haben sie überlegt, was zu tun sei und schließlich beschlossen, am nächsten Tag zu versuchen, an die Küste zu kommen. Dort würden sie das Fährschiff besteigen, um irgendwo in Europa darauf zu warten, dass wieder Frieden einkehre in ihr Land. Die meisten jüngeren Mitglieder der Familie sind diesen Schritt bereits gegangen.

Heute morgen hat der Sohn seine Ziegen auf den kleinen Transporter gehoben und ist in das zerstörte Dorf gefahren. Ich werde die Ziegen verkaufen und sehen, was aus deinem Haus noch zu retten ist, hat er gesagt. Sie solle zur Hauptstraße laufen und dort auf ihn warten.

So steht sie also hier an der ruinierten Straße und wartet. Sie weiß nicht mehr, wie lange schon. Wie gerne würde sie sich setzen, doch sie denkt an ihr Kleid, das beschmutzt werden könnte. Ein Neues wird es so bald nicht geben.

Die Frau seufzt. Warten auf Godot, denkt sie. Sie kennt das Theaterstück von Samuel Beckett, hat es vor Jahren mit ihrem Mann in der Hauptstadt gesehen. Bei der

Erinnerung an den Verstorbenen fliegt ein Lächeln über ihr Gesicht und sie schaut mit neuer Zuversicht in die Ferne.

Sicher wird er bald kommen – der Sohn…

HOCHZEITSWEIN

Walburga Müller

Es ist noch früh am Morgen. Die beiden Frauen haben das Dorf hinter sich gelassen und treten aus dem Schatten der letzten Häuser heraus. Vor ihnen liegt eine flache, öde Ebene, bedeckt mit Kies und Steinen. Hier läuft man auf der Straße, Bürgersteige gibt es nicht. Und die wenigsten Menschen in dieser Gegend besitzen ein Auto.

Eine der Frauen trägt ein gemustertes Sommerkleid und weiße, flache Schuhe. Die schwarze Tasche rutscht ihr immer wieder von der Schulter. Die andere, etwas jüngere Frau hat über ihrer weißen Bluse eine Kamera umgehängt. Es ist eine neue Kamera und die silberne Metallumrandung blitzt auf, wenn die Sonne durch den wolkenverhangenen, schwülen Himmel scheint.

Die ältere Frau bleibt stehen und blickt zurück zu ihrer Begleiterin. Sie scheint etwas gesehen zu haben, bückt sich, fokussiert ihre Kamera auf etwas, das auf dem Boden krabbelt, richtet sich auf, geht einen Schritt weiter und verlangsamt ihn wieder.

„Rosa, wenn wir in diesem Schneckentempo gehen, verpassen wir den Bus. Du scheinst es nicht eilig zu haben, in die Stadt zu kommen."

„Ich komme." Die Angesprochene wird nicht schneller, als sie auf die wartende Frau zugeht und bleibt stehen, als sie sie erreicht.

„Was ist los? Lass uns weitergehen."

„Maria, ich muss dir etwas sagen. Ich kann Carlos nicht heiraten."

„Was?"

„Ich kann deinen Bruder nicht heiraten, ich liebe ihn nicht."

Maria schaut ihre Schwägerin entgeistert an. „Aber Carlos und du, ihr kennt euch doch schon ewig. Carlos weiß ganz genau, was du dir wünschst, er hat dir sogar diese Kamera geschenkt, wieso willst du ihn jetzt plötzlich nicht mehr…"

„Ich werde sie ihm zurückgeben."

„Er hat dich immer geliebt, immer! Weißt du das eigentlich? Schon, bevor du dich für José – Gott hab ihn selig – entschieden hast. Und jetzt…"

„Ja, ich habe José geliebt, nicht Carlos, und deshalb kann ich ihn nicht heiraten."

„Und wann ist dir das eingefallen? Du hast ihn sogar schon geküsst! Vor Zeugen! An dem Abend, als du den Wein geholt hast. Den guten. Aus dem Keller."

„Ja, ich weiß, aber ich war…"

„Wir haben immer gesagt, wenn es einen besonderen Anlass gibt, dann hol den guten! Und du musst doch noch wissen, was du gesagt hast. Schaut mal, das ist der Hoch-zeitswein. Ja, genau, das sagtest du, Hochzeitswein. Und dann hast du…"

„Ja, ich weiß doch. Ich war beschwipst. Keine Ahnung, warum ich das gesagt habe. Das ist mir rausgerutscht und da bist du schon aufgesprungen und hast uns beglück-wünscht und Carlos umarmt und gestrahlt."

„Aber du hast doch die Flasche geöffnet und einge-schenkt. Und wie du dann zu Carlos getänzelt bist und ihm das Glas gereicht hast und dabei hast du ihn geküsst. Oder etwa nicht?"

„Ja, wir haben uns geküsst, aber ich hatte auch wirklich ein bisschen viel getrunken. Und du warst so eifrig. Als hättest du alles geplant."

„Jetzt bin ich auch noch schuld. Rosa, das ist deine Chance. Wie willst du denn als Witwe weiterleben? Meinst du, du findest in deinem Alter noch einen anderen Mann? Schau mich an, ich kann mir noch nicht mal neue Schuhe leisten." Es soll scherzhaft klingen, aber die Stimme zittert. „Bei Carlos bist du gut aufgehoben, er liebt dich und ich glaube..", Maria zögert und fährt fort: „Er hat die ganzen Jahre auf dich gewartet."

„Wie meinst du das – er hat auf mich gewartet. Maria, du willst doch nicht sagen, dein Bruder hat nie geheiratet, weil er auf mich ge-war-tet hat?"

Rosa schüttelt ungläubig den Kopf und fasst ihre Schwägerin an den Schultern.

„Ich weiß, du willst, dass Carlos glücklich wird. Du hast dich immer um deine Brüder gekümmert und gesorgt, und, ja es muss schrecklich für dich sein, aber Carlos und ich..wir würden nicht glücklich werden. Er ist immer nur ein guter Freund gewesen, mehr nicht."

Maria reißt sich los.

„Und warum sind wir unterwegs in die Stadt? Wir wollten zum Schneider, dein Kleid anpassen und Carlos möchte einen neuen Anzug. Er wartet schon auf uns. Wozu das alles noch?" Der Zorn in ihrer Stimme ist unüberhörbar.

Da sie nicht wissen, was sie sonst tun sollen, setzen sie ihren Weg fort, schweigend und jede in ihre Gedanken versunken. So erreichen sie schließlich die Bushaltestelle. Die schwarzen Eisenträger, kunstvoll verziert mit Schwungbögen und Ornamenten, stellen einen bizarren Gegensatz zu der kargen Landschaft dar. Das Wellblechdach ist in der Mitte abgebrochen und dient nur noch zur Hälfte als Schattenspender.

Maria betrachtet kurz die Holzbank, die unter dem Dach steht, holt ein Tuch aus ihrer Tasche und wischt die Bank ab. Dann erst setzt sie sich hin. Unruhig spielt sie mit den Trägern ihrer Tasche und wagt nicht, Rosa anzuschauen, die ihr amüsiert zugesehen hat.

„Ich bin dir nicht böse, falls du das denkst", fährt Maria fort, „aber ich verstehe es nicht. Für Carlos wäre es doch auch gut, wenn er nicht allein wäre und jemand hätte, der für ihn da ist."

„Wie meinst du das?" In Rosa keimt ein Verdacht auf. Maria, José und Carlos. Die drei Geschwister haben früh die Mutter verloren und Maria übernahm wie selbstverständlich die Mutterrolle. Sorgte für ihre jüngeren Brüder. Es war sicher nicht einfach für sie, den Überblick zu behalten und sich mit den Aufgaben im Haus vertraut zu machen. Doch damals, bei Rosas Hochzeit mit José, war sie längst in ihre Aufgaben hineingewachsen. Freute sich, wenn ihr etwas besonders gut gelang. Und behielt das Sagen, als sie alle vier zusammen in dem großen Haus wohnten. Rosa respektierte sie, half ihr, so gut es ging.

In dem Jahr, als José starb und beide Frauen um den Ehemann und Bruder trauerten, vollzog sich eine Veränderung bei Maria. Immer öfter saß sie auf der Bank vor dem Haus, ließ die Arbeit ruhen und sah in die Ferne über die öde Landschaft hinweg. Manchmal hatte sie eine Zeitschrift dabei, Reisemagazine aus alten Beständen, die der Kioskbesitzer aus dem Dorf für sie zurückhielt. Und einmal hatte sie es sogar versäumt, das Abendessen vorzubereiten, so weit war sie mit ihren Gedanken entfernt.

Auch jetzt schaut Maria über die Straße hinweg zum Horizont, ein endloses Bild aus Steinen und Kies. Ein leises Motorengeräusch ist zu hören, das die Stille durchbricht. Es ist ein Flugzeug, das von dem kleinen Regionalflughafen gestartet ist und in Kürze in dem grauen Himmel verschwinden wird.

Rosa folgt Marias Blick und schlagartig wird ihr klar, was ihre Schwägerin vorhat.

„ Maria, woran denkst du?"

„Wieso fragst du? Nichts."

„Doch! Weißt du was? Es geht dir gar nicht darum, dass ich versorgt bin, sondern du willst, dass dein Bruder eine Frau bekommt, damit du…damit du wegkommst. Du willst verreisen, gib es doch zu!"

„Und wenn es so wäre? Er war letzte Woche beim Arzt, seine Zähne sind sehr schlecht. Und nicht nur das. Seit einiger Zeit humpelt er, weil er Schmerzen hat. Wahrscheinlich die Hüfte. Wer weiß, was als nächstes kommt. Mein ganzes Leben lang habe ich mich um ihn gekümmert, jetzt möchte ich auch mal etwas für mich tun." Maria schaut sie herausfordernd an.

Rosa fängt an zu lachen. „Alleine?"

„Was alleine."

„Willst du alleine verreisen? Du warst noch nie weiter weg als von hier bis zur Stadt."

Rosa hält ihre Kamera vor die Augen. „Steh auf, ich mache ein Foto von dir. Das schenken wir dann Carlos. Und dann verreisen wir zusammen."

„Ich weiß nicht, was soll das jetzt? Bleibst du dabei, dass du Carlos nicht heiraten willst?"

„Wir finden schon eine Lösung für ihn. Komm, steh auf."

Maria erhebt sich, hängt die Tasche um die Schulter.

„ Komm, lächel etwas, ja so ist es gut." Rosa geht einen Schritt zurück, während sie das Zoom einstellt und auf den Auslöser drückt.

„Vorsicht!", ruft Maria und ihre Schwägerin bleibt ruckartig stehen, als ein Auto hinter ihrem Rücken hupend vorbeifährt.

„Du stehst ja halb auf der Straße."

„Sonst bekomme ich dich nicht in voller Größe drauf, komm, noch mal lächeln", erwidert Rosa und geht noch einen Schritt zurück, schaut durch den Sucher und drückt ein zweites Mal auf den Auslöser. Klick. Die Kamera spult zurück und Rosa entnimmt ihr die Filmrolle.

Wieder ein Hupton, diesmal lang und dröhnend. Rosa springt instinktiv einen Schritt nach vorne, die Kamera fällt ihr aus der Hand, rollt auf die Straße und wird von den Rädern des heranfahrenden Busses zermalmt, der erst nach einigen Metern zum Stehen kommt. Rosa schreit auf. Das, was einmal ihre Kamera war, bedeckt wie schwarzglänzendes Konfetti den Asphalt. Die Splitter des Objektivs sind bis zur Bushaltestelle geflogen, vor der Maria noch steht, die wie erstarrt der Szene zugeschaut hat. Vorsichtig, damit sie nicht in die Scherben tritt, geht sie auf die Straße zu Rosa, die verstört über den schwarzen Teppich aus Metall schaut und in ihrer Hand die Filmrolle fest umklammert hält. Behutsam nimmt Maria das Teil aus ihrer Hand.

„Die schöne Kamera! Das war knapp, Rosa. Aber wenigstens ist die Filmrolle heil geblieben. Was meinst du: Ob Carlos sich über das Foto freuen wird, wenn wir auf großer

Reise sind?" Sie hakt ihre Schwägerin unter und steigt mit ihr in den Bus.

DU BIST NICHT 21

Martina Weyreter

Viktor hörte noch, wie die Tür des Seminarraums hinter ihm zufiel. Dann rannte er die Treppe hinunter. Wie hätte er auch jetzt noch der Professorin zuhören können, die über deutsche Lyrik des frühen 20. Jahrhunderts referierte? Wahrscheinlich hatten Alex und Ercan das Foto sogar gesehen, obwohl er, Viktor, das Handy sofort herumgedreht hatte. Wahrscheinlich wussten alle Bescheid: der Vibrationsalarm mitten im Seminar, der die vielen strebsamen Gedanken im Raum zerrissen hatte, und seine Reaktion, der schnelle Blick unter den Tisch, das Zusammenzucken, das Aufspringen, Tasche greifen, Bücher, Stifte, das Durchquetschen zwischen den Stühlen, die Flucht. Bei dem Bild hatte als Absender der Name Lena gestanden, und er hatte doch allen von Lena erzählt. Von ihrem Profil bei der Online-Partnerbörse für armenische Frauen, die nach Deutschland wollten. Und von den vielen langen Chats über Tausende von Kilometern hinweg, auf Armenisch und auf Deutsch, denn Lena studierte ebenfalls Germanistik, konnte sogar sehr gut Deutsch. Viktor wollte immer eine Freundin aus seiner alten Heimat, eine, die seine Vergangenheit teilte. Keine von den Tussis mit Stroh im Hirn, die sich in Deutschland nur ein bequemes Leben machen und sonst nichts tun wollten. Und sie sah auch noch toll aus, lange braune Haare, schlank und ein süßes Lächeln.

Immer weiter, unten zum Hauptausgang raus, über den Campus. Was würde er denen antworten auf ihre Fragen?

Den Termin mit Dr. Schneider um 14 Uhr musste er trotz allem einhalten, konnte nicht einfach nach Hause. Hinter einem Baum setzte er sich schließlich ins Gras. Die Sonne schien schon recht warm; er sah andere Studis über den Campus gehen, lachend und sich unterhaltend, ohne Sorgen, Nachrichten in ihre Handys tippend. Nahm am Rande das Klingeln von Fahrrädern wahr, das alltägliche Surren der Heckenschneider und Rasenmäher, die das weitläufige Gelände in Ordnung hielten. Erst jetzt schaute er das Bild, das Lena geschickt hatte, genauer an. Es zeigte eine Frau mittleren Alters, die an einer Bushaltestelle mit marodem Wellblechdach wartete, inmitten einer kargen armenischen Landschaft.

Warum suchte er sich nicht einfach hier vor Ort eine Freundin? In den Seminaren oder in der Mensa waren doch viele nette Mädels. Mehr als eine davon hatte bereits zu verstehen gegeben, dass sie ihn nicht von der Bettkante stoßen würde. Aber darum ging es nicht. Die wussten ja nicht mal, wo Armenien lag.

Erst gestern Abend hatte er wieder zwei Stunden lang mit Lena gechattet. Sie wohnte in einem Dorf nicht weit von Jerewan und erzählte oft von ihren Eltern, die als Landarbeiter kaum Geld verdienten und wollten, dass sie, Lena, es einmal besser haben sollte. Trotzdem musste sie in den Semesterferien in der Fabrik schuften, um sich ihr Studium irgendwie zu finanzieren. Gestern hatte sie im Garten die ersten Aprikosen geerntet und ihm Bilder davon geschickt, armenische Aprikosen, die Nationalfrucht! Viktor hatte Heimweh bekommen bei diesem Anblick, so süß und saftig, und sich im Supermarkt Aprikosen gekauft, aber die hatten nichts von dem Duft und der Zartheit, die er von daheim kannte. Er scrollte nach unten, um die Aprikosen noch einmal sehen zu können. Und noch weiter nach unten, zu dem Gedicht von Rilke, das Lena ihm am Wochenende geschickt hatte:

Ist Zeit nichts? Auf einmal kommt doch durch sie
dein Wunder. Daß diese Arme,
gestern dir selber fast lästig, einem,
den du nicht kennst, plötzlich Heimat
versprechen, die er nicht kannte. Heimat und Zukunft.

Lena war immer noch online. Er wusste, dass sie auf eine Antwort wartete. Ja, wahrscheinlich war alles ein Fehler und er hatte sich umsonst aufgeregt, sie hatte einfach ein falsches Foto angeklickt und versehentlich verschickt, das war wirklich lustig, denn es konnte jedem passieren. Er grinste erleichtert bei diesem Gedanken. Lena hatte den gleichen Humor wie er. Wie hatten sie beide gelacht, als er ihr die Cartoons geschickt hatte, die Angela Merkel aufs Korn nahmen? Ganz klar, er würde auch dieses Spielchen mitspielen.

Du bist nicht 21? tippte er schließlich ein, gefolgt von drei Smileys.

In fünf Minuten war das Seminar zu Ende, dann würden Alex und die anderen rauskommen und versuchen, ihn zu finden. Er sollte sich besser schon mal ein paar gute Antworten überlegen. Nicht dass jemand noch anfinge, Geschichten herumzuerzählen.

Jetzt kamen einige Studis mit prall gefüllten Tabletts aus der Mensa und suchten sich schattige Plätzchen auf der Wiese für ihr Mittagessen. Da war niemand, den er kannte, und trotzdem fühlte er sich beobachtet. Es gab schon wieder Spaghetti Bolognese, Nudeln hingen über die Tellerränder, daneben randvolle Schüsselchen mit Griesbrei und Kirschquark. Die durchsichtigen Bibliothekstragetaschen landeten im Gras, Rapmusik tönte aus einem Handy. Ein Pärchen tauschte Küsse aus.

Viktor wandte den Blick ab und gähnte. Er hatte sich in den letzten Wochen angewöhnt, jeden Morgen um fünf Uhr aufzustehen, damit er noch mit Lena chatten konnte, bevor sie in die Fabrik musste. In Armenien war es ja dann schon acht. Abends auch drei Stunden früher zu Bett zu gehen fiel ihm leider sehr viel schwerer.

Da, das musste ja kommen, eine SMS von Alex. *He Alder, was'n los mit dir?* las Viktor. Lena würde nie so formulieren, die hatte ihren Schreibstil von anderen Vorbildern. Trotzdem war sie es auch, die ihm geraten hatte, sich möglichst viele deutsche Freunde zu suchen und an Wochenenden alles Sehenswerte in und um Frankfurt anzuschauen und zu genießen, denn das helfe gegen das Heimweh, das sich manchmal um sein Herz legte wie ein Mantel aus Eis.

Lena hatte immer Antworten für ihn, sie überblickte Dinge im Leben, die ihm wie undurchdringliche Mauern schienen, und hatte Ideen, auf die er nie gekommen wäre. Sie war die Traumfrau, und deshalb hatte er Katrin heute morgen nach dem Kolloquium von ihr erzählt und ihr sein Lieblingsbild von Lena gezeigt, auf dem ihre braunen Haare im Wind wehten und ihre Augen träumend in die Ferne blickten. Aber bei genauerem Hinschauen hatte Katrin nur gelacht und gesagt: Das ist Kim Kardashian.

Was, wer soll denn das sein, nein nein, das ist Lena, vielleicht sieht sie ja jemandem ähnlich, und klar könnte man sie sich im Fernsehen vorstellen.

Nein, das ist Kim Kardashian, und zwar so, wie sie vor ungefähr 15 Jahren aussah. Katrins Freundinnen nickten: Inzwischen kämpft die ja auch schon mit den Falten.

Blöde Kühe, hatte Viktor gedacht, aber dann vorsichtshalber auf dem Klo Kim Kardashian gegoogelt, von der er noch nie gehört hatte, und ja, das war sie. Nur deshalb hatte er Lena in der kurzen Pause vor dem Literaturseminar geschrieben: *Das bist nicht du auf dem Foto?* Wie dumm von ihm. Er wünschte, er könnte die Zeit zurückdrehen, wünschte, es wäre nie passiert. Die Antwort kam dann wortlos: Nur das Bild von einer Frau, die seine Mutter hätte sein können, auf den Bus wartend und offensichtlich froh gelaunt trotz der einsamen Landschaft, die sie umgab.

Das Vibrieren des Handys riss ihn aus seinen Gedanken. Eine Nachricht von Lena, wieder ohne Worte, denn diesmal schickte sie nur eine Zahl: 58. Viktor zuckte zusammen, als er sie las. Dann wurde er wütend. Seine Daumen zitterten, während er tippte und tippte und sich vertippte, aber nicht wie sonst zurückging, um seine Fehler zu korrigieren. Welchen Sinn hätte das jetzt noch gehabt?

Warum magst du denn Kim Kardashian nicht? fragte Lena zurück. *Die finde ich toll. Kommt aus den USA, ist aber armenischer Abstammung. Vor ein paar Jahren war sie sogar zu Besuch hier und hat sich für die internationale Anerkennung des Völkermords an den Armeniern stark gemacht.*

Das Display verschwamm vor Viktors nassen Augen, immer wieder musste er das Gerät an seiner Jeans trocken wischen. Er sah nicht mehr die Schimpfwörter und Flüche, die er in dem gerundeten, eleganten Schriftbild seiner Muttersprache ausstieß; er wollte nichts hören von Lenas Busfahrt nach Jerewan zum Shoppen, als ihre Freundin und Begleiterin sie in ihrem besten stadtfeinen Kleid fotografiert hatte. Und ja, sie habe tatsächlich Germanistik studiert, damals in den Achtzigern. Keine Lüge. Zwei Semester sogar in der DDR, in Leipzig, bevor die engen armenischen Familienbande sie bewogen, nach Hause zurückzukehren und den Lebensunterhalt für ihre Eltern und jüngeren Geschwister mitzuverdienen. Aber sie vermisse Deutschland sehr. Wahrscheinlich sehe Leipzig heute ganz anders aus. Irgendwann, wenn sich um ihre alten Eltern nur noch Gott kümmern müsse, und wenn sie das Geld zusammengespart habe, würde sie gerne wiederkommen. *Ich weiß, es wird klappen.*

Längst verlangte der Akku nach einer Aufladung, Viktor wusste, es blieb keine Zeit mehr für sinnlose Worte. So schickte er nur einen Smiley und einen Daumen, der nach oben zeigte.

„Mann, hier bist du! Wir haben dich überall gesucht!"

Viktor erschrak, als Alex und Ercan aus dem Nichts plötzlich vor ihm standen.

„Zoff mit deiner Lena, was? Oh je, sieh dich mal an. Was war denn das für eine komische alte Schnepfe auf dem Bild, das sie dir geschickt hat?"

In diesem Moment vibrierte das Handy wieder, und Viktor las, statt zu antworten, die sorgfältig ausgewählten Zeilen Rilkes:

Ausgesetzt auf den Bergen des Herzens. Siehe, wie klein dort,
siehe: die letzte Ortschaft der Worte, und höher,
aber wie klein auch, noch ein letztes
Gehöft von Gefühl. Erkennst du's?
Ausgesetzt auf den Bergen des Herzens. Steingrund
unter den Händen. Hier blüht wohl einiges auf; aus stummem

Absturz
blüht ein unwissendes Kraut singend hervor.

Er lächelte und stand auf. Schnell holte er das Bild von der Bushaltestelle wieder aufs Display zurück und hielt es Alex vor die Nase, der erstaunt einen Schritt zurück trat.

„Das ist meine TANTE Lena! Und stellt euch vor, sie will mich besuchen kommen!"

DAS GEBLÜMTE KLEID

Marty Kaffanke-Fuchs

Wieder und wieder betrachtete sie das Bild, das die Kollegin von der Schreibwerkstatt ihr als Anregung für eine Geschichte geschickt hatte. Als Anregung von außen, weil ihr in den letzten Wochen einfach nichts einfallen wollte, worüber sie schreiben könnte. Zu besetzt waren ihre Gedanken von der Situation, in der sie sich gerade befand, zu gebunden ihre seelischen und körperlichen Kräfte, ihrem Mann beizustehen, der schon monatelang an dieser schweren Krankheit litt. Und die er tapfer aushielt, weil er doch noch auf ein wenig Aufschub hoffte, bevor sich die Tür endgültig hinter ihm schließen würde. Oder das große Tor öffnen? Sie wusste in all der Zeit nicht, wie er wirklich zu dieser Frage stand. Er lebte im Hier und Jetzt, ertrug tapfer seine zunehmenden Beschwerden, genoss jede kleine Alltagsfreude – sei es ein Telefonanruf, eine Begegnung mit bekannten Gesichtern auf der Straße, eine schöne Musik im Radio, das Betrachten der Fotos seiner Enkel, ein gutes, von ihr zubereitetes Essen, von dem er nur immer kleiner werdende Portionen zu sich nehmen konnte. So sollte es für ihn noch eine Weile weitergehen, so wünschte er es sich – in dieser wohltuenden freundlichen Normalität seiner eng gewordenen Welt.

Und *sie* hatte das zu respektieren, als lebten sie in ganz gewöhnlichen Zeiten. Dass er bald (wie bald?) nicht mehr da sein würde, war kein Thema ihrer Erörterungen. Keine Verfügungen seinerseits, das wirklich Notwendige war ja lange erledigt, keine Hinweise für die Zeit „danach". Wenn sie nach bestimmten Bankvorgängen fragte oder sich Passwörter nennen ließ, gab er Auskunft – *ach ja, ich hatte im Herbst zwei neue Sommerreifen bestellt, die aufgezogen werden müssen, wenn die Winterreifen gewechselt werden,* sagte er beiläufig. So balancierte sie auf einem Grad zwischen Alltäglichem und Existenziellem, das ihr Denken beherrschte und ihre Gefühle in ständiger Anspannung hielt, über das sie aber nicht sprechen durfte.

Wenn eine Freundin ihr Beispiele ihres eigenen Schreibens schickte – Gedichte, kleine autobiografische Analysen – las sie diese mit großem Interesse, flüchtete sich in die Texte wie auf kleine Inseln in einem aufgewühlten Meer, gab Hinweise, machte Vorschläge zu Änderungen. Aber selber schreiben? Etwa zu diesem Foto von der lächelnden Frau im geblümten Sonntagskleid unter dem maroden Dach eines Buswartehäuschens? Da regte sich nichts. Mit Deutungen über die ausgetrocknete Landschaft und das zerfetzte Dach der Haltestelle wollte sie sich nicht befassen. Vor allem die Verbindung zu dem Lächeln der Frau blieb ihr verschlossen. So lag das Bild lange unkommentiert auf ihrem Schreibtisch.

Dann nahmen die Dinge schneller als erwartet ihren weiteren Verlauf. Neue MRTs und Untersuchungen wurden notwendig. Ihr Mann musste ins Krankenhaus, der Aufenthalt dort zog sich hin, sein Zustand verschlechterte sich täglich, es zeichnete sich ab, dass er nicht mehr zurück nach Hause kommen würde. Nun folgten tägliche Besuche ins entfernte Krankenhaus, mit nervigen Fahrten auf der meist überfüllten Autobahn, die sie zusätzlich anspannten. Die aufblühenden Sträucher und Hecken in der Landschaft, die grünen Saaten nahm sie nicht wahr. Die Stunden im Krankenhaus und der Klinikalltag wurden zu ihrem neuen Tagesrhythmus. Sie aß seine Klinikmahlzeiten, von denen er selbst nur noch winzige Mengen vertragen konnte, reizloses Kartoffelpüree, weiße Soßen, Apfelmus. Mit den winzigen Knöpfen seines MP3-Players kam er nicht mehr zurecht, so verzichtete er weitgehend auf Musik, auch das Fernsehen interessierte ihn nicht mehr. Aber er nahm aufmerksam das Glockengeläut der beiden nahen Kirchen durch den offenen Fensterspalt wahr und den Gesang der Vögel im engen Geviert des Klinikgartens. Die aufgrünenden Girlanden der Trauerweide, die bis zu seinem Fenster hinaufreichten, freuten und berührten ihn. Auge und Ohr waren geschärft für diese zarten Reize, denen er sich willig hingab. Die Angehörigen des italienischen Schneiders im Nachbarbett begrüßten ihn inzwischen wie ihren eigenen Verwandten. Das freute ihn und er strahlte Maria, der Tochter, jedes Mal entgegen, wenn er sie erblickte. Auch jeden sonstigen Besuch, und sei es nur für Minuten, empfing er als Geschenk.

Aber womit konnte *sie* ihn sonst noch erfreuen? Ein kleines Eis aus der Cafeteria, tiefgefrorene Erdbeeren von zu Hause, ein eigenes Gedicht aus ihrer Sammlung, das sie ihm vortrug? Dann fiel ihr Blick zu Hause wieder einmal auf das Blatt auf ihrem Schreibtisch. Die ältere Frau darauf, nicht viel jünger als sie, in ihrem geblümten Kleid, dem offenen Blick und einem erwartungsvollen Lächeln. Was bewegte sie, während sie auf den Bus wartete? In einer verheerten Umgebung, von der sie offenbar keine Notiz nahm? Wohin aber war sie unterwegs mit ihrer Handtasche – und zu wem?

Dann kam ihr die Inspiration:

Sie verbannte den Wintermantel auf den hintersten Haken, zog ein helles Kostüm und leichte Schuhe an, frisierte sich sorgfältig, schminkte sich ein wenig, schnitt im Garten ein paar knospende Forsythienzweige ab und machte sich durch den dichten Verkehr auf, als würde sie zu einem Treffen mit ihrem Mann fahren wie in der Anfangszeit ihrer Beziehung.

Als sie lächelnd durch das Krankenzimmer auf ihn zuging, leuchteten seine Augen: Wie schön du dich heute gemacht hast!

DIE WAHRSAGERIN

SYRENA

Martina Weyreter

Der Tod lag in Position eins. Die Liebenden in Position fünf. Der Turm auf zehn. Feuerzungen schlugen aus den schwarzen Mauerluken, die Fenster blind, und Gesteinsbrocken polterten auf die Erde. Syrena war, als könne sie das dumpfe Aufschlagen hören. Es sah nicht gut aus für Theo. Sei vorsichtig, hörte sie sich jetzt sagen, diese Frau, deine Verabredung morgen, da sehe ich wenig Chancen.

Sie sah, wie Theos Mundwinkel nach unten sackten und sein blasses Gesicht noch ein wenig blasser wurde. Na ja, sagte er, schade, und starrte für eine Weile auf den Boden, bevor er mit seinen viel zu langen Armen nach dem Rucksack griff und umständlich den Fünfzig-Euro-Schein herauszog. Syrena stand auf und ging zur Tür. Danke nochmal fürs Hertragen, sagte sie mit Blick auf die Kisten, die sich im Flur stapelten. Theo nickte hastig und lächelte: gerne wieder.

Als er weg war, öffnete sie eine der Kisten und nahm einen Packen Flyer heraus. Sie waren gut geworden; in seinem Beruf als Drucker taugte dieser Theo wahrscheinlich mehr als in der Liebe. *Syrena, die mystische Künderin von der Insel des Odysseus, kennt deine Zukunft. Höre ihre Offenbarungen.* Darunter Telefonnummer und Webadresse. Keine Preise natürlich, die wollten die Leute gar nicht wissen. Stattdessen das leicht verschwommene Bild eines

Fabelwesens, einer schönen Frau mit Flügeln, die aussah, als ob sie engelsgleich singen konnte. Ein durch und durch gelungenes Design, das Geschäft würde brummen. Nicht einmal der, der sie gedruckt hatte, konnte ja offenbar widerstehen.

Syrena trank schnell eine Tasse Kaffee, dann war es bereits Zeit für den nächsten Termin. Sie wischte ein paar Kekskrümel von ihrem schwarzen Gewand, dessen Stoff so weich floss wie die Wellen an einem griechischen Strand, und zog den dicken schwarzen Lidstrich nach. Einmal rasch die Haare kämmen, bis sie üppig über die Schultern kaskadierten. Aufrecht drehte sie sich vor dem großen Standspiegel mit Ebenholzrahmen, einem Familienerbstück. Eine echte Sirene. Genau so mussten die ausgesehen haben. Es klingelte an der Tür.

Diesmal waren es die Zehn der Kelche und die Drei der Münzen. Sie ließ die Kundin noch einmal mischen und legte einige weitere Karten aus, darunter die Sonne. Ihre Fotoausstellung wird ein voller Erfolg, hörte sie sich sagen. Sie werden Auftragsarbeiten reinkriegen, warten Sie es ab. Es kam nicht oft vor, dass die Karten eine so klare Aussage machten. Wirklich?, hauchte die rothaarige Dickmadam Mitte 50. Die kam in den letzten Monaten immer mal wieder. Aus Weißrussland oder so stammte die, hatte auch schon ein paar ihrer Freundinnen auf Empfehlung vorbeigeschickt. In diesen Ländern glaubten ja alle an solche Dinge. Da konnte man problemlos einen Hunderter verlangen.

Am nächsten Morgen regnete es. Ein zu schnell fahrendes Auto spritzte Schlamm auf Syrenas Jeans. Sie hasste die Termine bei der Arbeitsagentur. Und jetzt auch noch der Knaller: Die nette Frau Friedberger, die sonst für sie zuständig war, war in eine andere Dienststelle versetzt worden; jetzt saß da eine Frau Krass, die durch eine randlose Brille Syrenas Akten musterte und dabei ihre spitze Nase rümpfte.

„Müller, Birgit", sagte sie langsam, jede Silbe einzeln rollend, und sah Syrena an.

„*Doktor* Müller."

„Müller, Birgit, 33 Jahre, Altgriechische Philologie auf Lehramt, Promotion zu Homers Odyssee mit Schwerpunkt Sire...." An dieser Stelle brach sie in Gelächter aus. „Tatü, tata, tatü, tata, was?"

Birgit starrte Frau Krass mit einem Blick an, als ziele sie mit einem Schwert auf sie. Das war nicht komisch. Und Sirenen keine harmlosen, friedlichen Geschöpfe.

„Und die Postdoc-Stelle leider nur befristet. Seit einem Jahr Hartz IV. Also, Frau Müller, machen Sie sich keine Sorgen, das kriegen wir hin, mit Büroarbeit sind Sie ja vertraut, bei Lohmann & Co. brauchen sie immer Bürokräfte, und..." Bla, bla, bla. „Da bringen wir Sie ganz fix unter, tatü, tata, sozusagen, gell?"

Birgit kannte das schon. Wäre Frau Krass keine Frau, dann müsste sie für ihre Dummheit bezahlen. Stattdessen wieder mal ein Vorstellungstermin in einer Firma für Autoteile, Bleistifte, Wurstwaren oder was auch immer. Sie würde Syrena sein, wenn sie hinginge in ihrem langen schwarzen Gewand, und im Gespräch ganz nebenbei ein paar unheilvolle Prophezeiungen über die Zukunft des Unternehmens einflechten. Das zog immer. Die würden es gar nicht erwarten können, sie hinauszukomplimentieren.

Theo rief am nächsten Tag an und erzählte unter Tränen, wie sein großes Date in die Hose gegangen war. Was könne er nur tun, um doch noch irgendwann das Glück in der Liebe zu finden? Geh mal zur Psychotherapie, dachte Syrena, oder zum Kraftsport. Kopf hoch, Schultern zurück, Brust raus. Und wechsle ab und zu deine Socken.

„Die Karten wissen es", sagte sie stattdessen, „komm nach Feierabend zu mir."

Gut sah das Bild aber auch heute nicht aus. Die Farbe Rot dominierte, überall durchstochene Herzen und bluttriefende Sonnen, dick und sämig tropfte es, und dann die Zehn der Schwerter, die den Körper eines einsamen Wandersmannes durchbohrten, der in einer Schneewüste lag. In einer roten Lache rann das Leben aus seinem schon bleichen Leib.

Man muss das positiv sehen, sagte Syrena, es kann auch die Chance auf einen Neuanfang bedeuten. Schlimmer war, dass Theo kein Geld dabei hatte. Vielleicht morgen, sagte er, doch sie hatte eine andere Idee. Er würde seine Schuld ableisten, er würde die Flyer für sie austragen, sie in Buchhandlungen und Supermärkten an Pinnwände heften und in der ganzen Stadt an Laternenmasten kleben und U-Bahnhöfe damit auskleiden. Der dachte wohl, er käme hier gratis davon.

Wann denn das alles, fragte Theo, ich muss doch arbeiten, soll ich etwa nachts noch rumfahren, aber Syrena drückte ihm wortlos eine der Kisten in die Hand, die er erst zwei Tage zuvor gebracht hatte. Es begann soeben zu schneien und der Wind zog an, genau wie auf der Karte mit dem Wandersmann.

Am nächsten Morgen lag die Stadt unter einer weißen Decke. Wütend stapfte Birgit nach Hause; ihr schwarzes Gewand schleifte im Schnee, und Feuchtigkeit zog langsam durch den Seidenstoff ihre Beine hinauf. Diese Vorstellungsgespräche waren das Letzte, aber man musste hingehen, damit einem der Staat weiterhin die Miete bezahlte. Sie hatte sich als Sirene vorgestellt, nicht als Verwaltungskraft. Im alten Griechenland habe jeder Geschäftsmann zunächst auf ein gutes Omen gewartet, bevor er einen Deal tätigte, hatte sie dem schnurrbärtigen Personalmanager erklärt, und die Firma Lohmann & Co. dürfe sich glücklich schätzen, so unverhofft die Beratung einer Sirene auf ihre Seite zu bekommen. Aber der hatte direkt Frau Krass angerufen und sich lauthals beschwert, sie sei ja zwar nur von der Arbeitsagentur, aber sie möge doch bitte keine kompletten Psychopathen mehr schicken. Die wollen dich fertigmachen, dachte Syrena und blieb stehen, um den Saum ihres Gewandes auszuwringen. Aber Sirenen sind unsterblich. Auch wenn die bei Lohmann & Co. keine Ahnung von so etwas haben.

In den nächsten Tagen betrachtete sie mit Wohlwollen, wie mehr und mehr ihrer Flyer in den Geschäften der Stadt auslagen und an den Mauern prangten. Das Telefon stand nicht mehr still. Sie haben so eine schöne Stimme, sagten mehrere der Anrufer, Ihnen kann ich vertrauen. Der Kalender wurde voller und voller, Termine mussten plötzlich zwei Wochen im Voraus gemacht werden. Schwierig für all die Neugierigen, die zu viel wissen wollen, dachte Syrena, denn es musste ja alles sofort sein. Betrügt er mich, betrügt er mich nicht. Kriege ich die Gehaltserhöhung, bestehe ich die Prüfung, was wird meine Abinote sein. Nein, die Lottozahlen vom kommenden Samstag könne sie leider nicht vorhersagen, musste sie ständig am Telefon versichern. Ein Wartezimmer hätte sie gebraucht, aber dafür war die Wohnung zu klein. Eines Abends, es war schon nach zehn Uhr, verabschiedete sie die letzte Kundin und schloss ihr unten das Hoftor auf, da stand Theo vor ihr. Er bibberte und hustete, seine Nase war rot vor Kälte. Seit zwei Stunden warte er hier draußen. Sie müsse ihm unbedingt die Karten legen, die Druckerei habe heute Konkurs angemeldet, was solle nun aus ihm werden? Natürlich habe er diesmal auch Geld dabei. Nicht genug, schnaufte Syrena, um diese Uhrzeit koste es extra. Und gab ihm die zweite Kiste mit Flyern. Draußen im Industriegebiet hingen ja sicher noch keine, das sei gerade mal eine halbe Stunde mit dem Rad, auch wenn man bei Schnee und Wind nur langsam vorankomme. Theo nickte, seine Nase lief, die Augen tränten. Seine Karten waren seltsam: weiße Rosen, der Herrscher als weißhaariger Mann mit besorgtem Gesicht, der Hierophant mit seinen weißen Handschuhen, die weiße Taube im Ass der Kelche. Es hatte alles nicht einmal entfernt etwas mit der Druckerei oder mit Theos zukünftigem Berufsweg zu tun. Weiß, das konnte nur die Farbe von unbedrucktem Papier sein. Nun, egal. Zahlen musste er trotzdem. Und dann ab aufs Rad, während sie sich ins Bett kuschelte.

Zwei Tage später – Syrena kam gerade von der Schneiderin, wo sie hatte Maß nehmen lassen für ein neues Gewand aus schwerem purpurnem Samt – fand sie auf dem Anrufbeantworter eine Nachricht. Eine krächzende, gespenstische Stimme, furchtbarer als Frau Krass und der Personalchef zusammen. Sie konnte nicht verstehen, was die Stimme tonlos flüsterte, außer: komm zu mir, komm, so schnell du kannst. Erschrocken drückte sie die Löschtaste und schenkte sich einen Eierlikör ein. Dann noch einen.

Doch am Abend kam ein weiterer Anruf, wieder dieselbe Stimme: Komm, ich werde dich gut bezahlen. Komm. Syrena traute sich kaum noch, das Telefon abzunehmen, aber die Kundschaft musste bedient werden. So legte sie jedes Mal sofort auf, wenn sich die schaurige Stimme von einer unbekannten Handynummer meldete.

Was die Karten bedeutet hatten, fand sie erst eine Woche später heraus. „Hier spricht Dr. Hoffmann, Universitätsklinik", kam es aus dem Hörer. „Unser Patient Theodor Zauder hat nach Ihnen verlangt. Sind Sie eine Verwandte?"

Syrena verneinte mit Nachdruck.

„Ein schwerer Fall von Lungenentzündung. Wir haben ihm verboten zu sprechen, und trotzdem hängt er seit Tagen am Handy und versucht Sie zu erreichen. Ich muss Ihnen leider mitteilen, dass es nicht gut aussieht für ihn."

„Das weiß ich doch", antwortete Syrena. Weiße Rosen. Sterile Männer mit Handschuhen. Jetzt war alles klar. Der Schrecken vorüber.

Die Todesanzeige erschien erst samstags in der Lokalzeitung. Syrena schnitt sie aus und legte sie in die eigens dafür vorgesehene, mit Perlmutt verzierte Schachtel. Zu den anderen. Sie hatte getan, was Sirenen tun müssen, getan, was sie seit Jahren tat. Selbst die Lorelei war ihr, so wusste sie, in nichts überlegen. Denn da lagen sie alle: Der Pizzafahrer, dem sie vor der Haustür noch nachgewinkt hatte, so dass er beim Wenden seines Motorrads die herannahende Straßenbahn übersah. Der Klippenspringer, dem sie mit Hilfe der Karten trotz unzureichenden Trainings zur Teilnahme an der Meisterschaft geraten hatte, und auch der Elektriker, den sie vor Jahren in ihre Wohnung bestellt und dann durch ihr Singen so abgelenkt hatte, dass er vergaß, die Sicherung vorher rauszudrehen. Klarer Fall: Das musste gefeiert werden. Sie schenkte sich ein Glas Sekt ein. Dann noch eines. Und drehte sich in ihrem neuen

purpurnen Gewand vor dem Ebenholzspiegel. Der nächste
Kunde hatte um sechs Uhr Termin: Ein junger Mann, der
zu viel wissen wollte und es eilig hatte. Er würde seine
Antwort bekommen. Tatü, tata.

SYRENA IST AUF FACEBOOK

Martina Weyreter

Popcorn

25 January at 17:04

Heute Abend in der Singenden Made?

 Like   Comment   Share

 3

Hannes Otter   Uhrzeitmäßig?
Like   Reply   17:05

Popcorn   So um 8
Like   Reply   17:06

Volker Vollgas is with **Andrea Hartwig**

Andermal! Helfen meiner Mutter beim Umzug

Like   Reply   17:32

 Popcorn

Andreas Hoffmann is at Universitätsklinik Frankfurt

Leider Nachtschicht. Typ auf Zimmer 3 spinnt immer noch.

Like   Reply   18:10

 Popcorn and 4 others

Jenny Jolly is in Berlin-Neukölln

Vermisse euch alle 🙁

Like   Reply   18:55

Andreas Hoffmann is feeling angry 😮

Jetzt sag ich dem schon die ganze Zeit, er soll still sein und das Handy mal wegtun. Keine Chance! Kriegt eh kaum einen Ton raus mit seiner Lungengeschichte. Gebe ihm jetzt Tavor zur Beruhigung. LOL

Like   Reply   19:03

Popcorn Schweigepflicht?

Like   Reply   19:04

Hannes Otter Ich komm jedenfalls

Like   Reply   19:24

 Popcorn

Andreas Hoffmann   Endlich schläft er. Könnte selbst einen Schnaps gebrauchen.

Like   Reply   19:31

Tini Bambini Ich komm auch! Muss morgen nicht arbeiten und Florian passt auf die Lea auf

Like   Reply   19:35

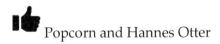 Popcorn and Hannes Otter

Popcorn   Bringe dir die Sachen aus England mit

Like   Reply   19:37

 Tini Bambini

Andreas Hoffmann   Ich glaub ich spinne – der hat seit Tagen immer wieder dieselbe Nummer angerufen und dieselbe Nachricht hinterlassen!

Like   Reply   19:40

Popcorn   LOL

Like   Reply   19:41

Hannes Otter   Darfst du auf Arbeit FB?

Like   Reply   19:42

Tini Bambini ➡ **Popcorn**

Hast du den Tee gekriegt und den Wensleydale-Käse?

Like   Reply   19:45

Popcorn  **Tini Bambini**

Alles bei Marks & Spencer ☺

Like   Reply   19:46

Jenny Jolly ➤ **Andreas Hoffmann**

Spähst du dem das Handy aus oder was?

Like   Reply   19:48

Andreas Hoffmann   Ich will dem doch nur helfen, Mann! Ist schließlich mein Beruf! Hab die Nummer probiert, war eine sehr nette Frau dran, sagte aber, sie sei keine Verwandte. Will ihn auch nicht besuchen kommen.

Like   Reply   19:49

Volker Vollgas   Bestimmt eine Verflossene

Like   Reply   17:05

☺ Tini Bambini

Andreas Hoffmann   Der macht's aber nicht mehr lange

Like   Reply   19:50

Hannes Otter   OMG 🫢

Like   Reply   19:51

Popcorn is with **Hannes Otter** and **Tini Bambini** at
Singende Made

Boah ist das voll hier. Grade läuft Avicii 🔊 Cool!

Like   Reply   20:12

Popcorn   Wie geht's dem Irren auf Zimmer 3?

Like   Reply   21:27

Andreas Hoffmann

MIIIISSSSSTTT !!!!§§&%!

Like   Reply   23:01

Andreas Hoffmann   Echt nette Stimme, diese Frau, irgendwie. Habe mir die Nummer einprogrammiert.

Like   Reply   01:35

FRAU KRASS LÄSST DEN MANTEL AN

Walburga Müller

Freitag, 2. März, 17 Uhr. Auf den Fluren der Arbeitsagentur trat Bewegung ein, die Mitarbeiter verließen nach und nach ihre Büros und eilten zu den Aufzügen. Die Schritte auf dem Teppichboden wurden leiser, verhallten schließlich ganz und in den Fenstern verlosch ein Licht nach dem anderen, bis das Gebäude fast eins wurde mit der einsetzenden Dämmerung. Auch Erika Krass erhob sich von ihrem Stuhl. Widerwillig klappte sie die Akte zu, an der sie gerade gearbeitet hatte. Sie liebte ihren Beruf. Jede Akte, die sie anlegte, war ein Schicksal für sich. Mehr noch, eine ganz eigene Welt. Jeder ihrer „Fälle" war mit einer besonderen Kennzeichnung versehen, und sie überlegte lange, bis sie sich entschied, dieses oder jenes Symbol zu übernehmen. War die Arbeitsvermittlung erfolgreich, klebte sie eine gelbe Sonne auf den Einband. Eine dunkle Wolke signalisierte Langzeitarbeitslosigkeit mit Verlängerung. Dazwischen gab es verschiedene Abstufungen: Wolken mit viel Sonne, Wolken mit einzelnen Strahlen, die zaghaft hervor lugten, wenn sich eine Verbesserung der Lebensumstände anbahnte. Absagen von Bewerbungen kennzeichnete sie mit Regentropfen. Ihr Chef beurteilte ihr System als im höchsten Maße überflüssig, hatte sie schon mehrmals auf die viele Zeit hingewiesen, die sie damit verbrachte, aber als sie ihm einmal eine Akte in Sekunden-schnelle herausgezogen hatte, war er doch verblüfft gewe-sen.

Ein weiterer Blick auf die Uhr, schon zwei nach fünf. Sie ging hinüber zur Garderobe. Gern hätte sie noch den Ab-schlussbericht geschrieben, aber es war unmöglich, Über-stunden wurden nicht genehmigt.

Als sie ihren Mantel vom Garderobenhaken angelte, wäre sie fast auf etwas ausgerutscht, das kein Papier, kein Prospekt oder sonstiges vertrautes Büromaterial war. Sie bückte sich und hob einige glatte, buntglänzende Tarot-Karten auf. Sie seufzte. Einer ihrer unangenehmeren Fälle: die verrückte Altphilologin mit ihrem Hang zur Wahrsa-gerei. Eine Wolke, die mit der Zeit immer dunkler gewor-den war. Trotz guter Angebote. Wie hieß sie nochmal? Müller, richtig. Schwer zu vermitteln. Nach einem kurzen Schlagabtausch war Frau Müller vorhin aus dem Bürozim-mer gerauscht und dabei mussten die Karten herunterge-fallen sein. Warum sie die wohl mitgebracht hatte?

Erika Krass zog ihren Mantel über, die Karten immer noch in der Hand haltend. Das heutige Gespräch war so unerfreulich verlaufen wie immer. Trotzdem hatte diese Frau etwas Faszinierendes an sich, und länger als erlaubt hatte Erika Krass ihr zugehört. Sehr überzeugend hatte diese Frau Müller von ihrer Passion erzählt. Wollte sie mir am Ende noch die Karten lesen?, dachte Erika amüsiert und wurde neugierig. Sie setzte sich kurz, streute die Kar-ten auf den Schreibtisch, auf dem sich rechts und links die Akten türmten, und versuchte, in dem schwindenden Ta-geslicht die Symbole zu erkennen: Da die Sonne, dort die Liebenden neben dem Rad des Schicksals. Ihr Blick blieb an dem Narren hängen und sofort erkannte sie sich darin. Die Närrin, die hier tagein, tagaus schuftete und zusätzlich die Arbeit von Frau Friedberger machen durfte, die in eine andere Dienststelle versetzt worden war.

Jetzt musste sie aber wirklich gehen, Leo erwartete sie. Pünktlich wie jeden Tag. Alle Kollegen waren schon weg, nur aus dem Büro des Direktors kamen Stimmen. Sie wollte sich schnell an der nur angelehnten Tür vorbeischleichen - da hörte sie ihren Namen.

„Hast du die Stapel von der Krass gesehen? Alles unerledigte Fälle. Was ist mit der los? Ist die zu langsam, zu geduldig mit den Leuten? Maximal 10 Minuten pro Gespräch, war die Anweisung."

Der Direktor klang gereizt.

„Sie ist schon ewig dabei." Erika erkannte die Stimme des Personalchefs, seinen wie üblich gelassenen Tonfall. „Da stumpft man ab."

„Ich habe ihr schon öfters gesagt, sie soll die blöden Aufkleber weglassen. Das kostet nur Zeit."

„Der Workshop *Effizienz und Zeitmanagement* ist schon ausgebucht. Sie wäre von ihrem Alter her sowieso nicht mehr die Zielgruppe."

„Ein Fall für den Vorruhestand?"

„Schon möglich."

„Haben wir eine Alternative?"

„Die Friedberger. Ist aber seit kurzem auf einer anderen Dienststelle."

„Hol sie wieder her."

Erika erstarrte. Ihr war so schwindlig, dass sie sich gegen die Wand lehnen musste. Der Direktor und der Personalchef hatten gerade innerhalb weniger Minuten ihre Zukunft in Stücke gerissen. Vorruhestand? War das der Dank nach all den Jahren? Mit zitternden Beinen ging sie zurück ins Büro, ließ sich in ihren Stuhl fallen und atmete langsam ein und aus.

Nach einer Weile schaffte sie es, die Karten einzusammeln, sie in ihre Manteltasche zu stecken und das Büro leise zu verlassen.

Die Autofahrt nach Hause zog sich endlos hin. Sie merkte nicht, dass sie einen Umweg fuhr, ihre Gedanken purzelten von einer Seite zur anderen und das ganze Gefühlsgemisch von Wut, Resignation und Schock über den Verrat brodelte in ihr. Irgendwann erreichte sie den Wohnblock, wo sie seit vielen Jahren mit Leo lebte. Sie parkte das Auto unter der Kastanie. Sie war bei ihrem Einzug gepflanzt worden, jetzt reichten die Äste bis in den dritten Stock.

In ihrer Wohnung im zweiten Stock brannte Licht. Sie stellte sich vor, wie Leo auf die Wohnungstür schaute in der Erwartung, dass sie nach Hause käme, wie er an den Kühlschrank ging, ein Bier herausholte und in seinem weißen, ärmellosen Rippenshirt vor dem Fernseher Platz nahm. Es schien ihr, als könnte sie das Zischen beim Öffnen der Flasche und das Knarren des Sofas hören, wenn er sich in das Polster hineinfallen ließ. Es war ein immer wiederkehrendes Ritual, das sich in den sechs Monaten, seit Leo im Ruhestand war, nicht geändert hatte. Hätte sie nicht jeden Tag hellwach und mit vollem Einsatz an ihrem Schreibtisch sitzen müssen, wäre sie wie Leo auf dem Sofa versunken. Dessen war sie sicher. Eine Horror-Vorstellung. Sie würden, vielleicht, wie jedes Jahr, einen kleinen Urlaub auf seinem Lieblingscampingplatz an der Mecklenburgischen Seenplatte verbringen. Dabei wäre sie so gerne einmal an die Küste gefahren!

Sie blieb im Auto sitzen und sah, wie jemand um die Hausecke bog. Frau Liebermann und ihr Hund Charlie. Sie machten meistens um diese Zeit einen Spaziergang. Kurz darauf und mit so viel Abstand wie nötig, um nicht gesehen zu werden, folgte ihnen Frau Klein, die im Erdgeschoss wohnte. Erika wunderte das nicht. Wo immer Frau Liebermann war, war Frau Klein nicht weit entfernt. So konnte sie genau kontrollieren, ob Frau Liebermann die Hinterlassenschaften ihres Hundes beseitigen würde. Erika kannte ihre Nachbarn. Samstags traf man sich morgens beim Bäcker, sonntags im Waschkeller. Frau Klein besaß zwar alle ihre Handynummern für den Notfall, aber Freundschaften waren nicht entstanden und Erika würde sie nicht vermissen, wenn…

Der Autoschlüssel steckte noch im Schloss und die Tankanzeige leuchtete *voll*. Sie käme bis an die Küste, ohne einen Cent für Benzin ausgeben zu müssen. Doch Leos Gesicht erschien ihr im Geiste, der jetzt nichts ahnend von ihren Gedanken auf dem Sofa saß und sich wundern, mehr noch, Sorgen machen würde, wenn sie nicht hinaufginge.

Als sie die Wohnungstür aufschloss, kam ihr sofort ein Geruch von Käse, Wurst und ungewaschenen Socken entgegen. Erika ging in die Küche, goss sich ein Glas Wasser ein und stellte sich im Wohnzimmer vor Leo auf, aber er kam ihr zuvor.

„Du bist aber spät, hast du Überstunden gemacht? Schon gut", winkte er ab, bevor sie antworten konnte. „Ich habe mir ein Brot belegt, du brauchst nichts zu kochen." Seine Stimme klang leicht gekränkt. Dann etwas erstaunt: „Du hast ja noch den Mantel an."

Erika sah zu dem Mann nieder, der seine Füße auf dem Sofatisch abgelegt hatte, die Flasche in der Hand, das angebissene Wurstbrot auf dem Schoß. Sie konnte sich nicht neben ihn setzen. Heute nicht. Vielleicht irgendwann einmal wieder.

Sie trank einen großen Schluck Wasser, verschluckte sich und bekam einen Hustenanfall, der ihr Zeit gab, sich eine Antwort zu überlegen.

„Ich habe noch etwas vergessen, ich muss noch mal weg." Bevor er etwas erwidern konnte, verließ sie die Wohnung und setzte sich in ihr Auto.

Erika Krass drehte den Zündschlüssel um und gab Gas.

Sonntag, 4.März , 12 Uhr

Die Sonne brach aus den regenverhangenen Wolken hervor und tauchte das Gras auf dem Deich in intensives Grün. Langsam aber stetig eroberte sich der Himmel seine tiefblaue Farbe zurück. Schafe standen schräg aufgereiht an der Böschung und nahmen keine Notiz von ihrer Umgebung. Weiße Tupfer mit schwarz auf grünem Grund. Diese Farben wollte Erika festhalten, um sich daran zu erinnern, wenn die Eintönigkeit sie irgendwann wieder einholen würde. Sie holte ihr Handy heraus. Drei Tage hatte sie widerstanden und das schwarze Display ignoriert, sich gefürchtet vor dem, was zu Hause vor sich gehen würde. Aber nur kurz ein Foto, alles andere war jetzt unwichtig. Sie schaltete ihr Handy ein und gerade, als sie den Auslöser der Kamera drückte, bauten sich drei Nachrichten auf. Zwei mit Ausrufezeichen und in Großbuchstaben geschrieben. WO BIST DU !! Die letzte war von Frau Klein. *Bitte melden Sie sich. Ihr Mann hat einen Herzinfarkt erlitten und liegt im Krankenhaus.*

Der Kellner an der Fischbude schaute erstaunt der Frau hinterher, die an ihm vorbeirannte und zu ihrem Auto lief. Etwas fiel aus ihrem Mantel. Er bückte sich und hob einige buntglänzende Karten auf.

PIZZA DIAVOLO

Marty Kaffanke-Fuchs

Entlang der Reihe Urnengräber, die neu auf einer Rasenfläche unter den alten Eichen des Waldfriedhofs angelegt sind, geht ein junges Mädchen. Es trägt Jeans und eine modische lange Strickjacke mit breitem Gürtel. In der Hand hält es einen kleinen Strauß Maiglöckchen. Aufmerksam betrachtet es die blühenden Gräber – es sind kleine Gärtchen, die die Hinterbliebenen liebevoll für ihre Verstorbenen angelegt haben und die Art und Ausdruck ihrer Trauer und den eigenen gestalterischen Geschmack widerspiegeln: Begonien, Stiefmütterchen, Zwerggehölze, ab und zu ein kleiner Rosenstrauch.

An Marcellos Grab bleibt das Mädchen stehen. Es legt die Maiglöckchen nieder und steht eine Weile still in Gedanken versunken, geht schließlich in die Hocke und zupft ein wenig die Pflanzen zurecht. Das Grab sticht in der Reihe hervor. Schon von weitem sieht man ein buntes Windrad sich beim leichtesten Lufthauch drehen, das die Neugier manches Friedhofsbesuchers weckt. Nicht so bei Tanja. Sie kommt regelmäßig hierher, denn sie kann den plötzlichen Tod ihres Freundes vor drei Monaten immer noch nicht begreifen. Das Grab ist bedeckt mit Andenken seiner Familie und vieler Freunde: Laternen, Steinherzen, Engelköpfchen. *Caro Amico, Du lebst in unseren Herzen,*

Ewige Freundschaft lauten die Inschriften. Die ovale Plakette auf dem Stein zeigt ein freundliches junges Gesicht, umrahmt von schwarzen Locken über der Stirn und einem kurzen Bart um Kinn und Wangen, strahlende dunkle Augen, ein lächelnder Mund mit weißen ebenmäßigen Zähnen.

Tanja hatte sich sofort in Marcello verliebt, als sie ihn das erste Mal in der Pizzeria am Marktplatz sah. Als ein Pulk von Mädchen waren sie laut und lachend in die Gaststätte eingefallen, um den Geburtstag einer Freundin zu feiern. Marcello und sein Bruder Lino arbeiteten im Restaurant ihres Vaters mit. Lino nahm die Bestellungen auf, Marcello servierte. Die Getränke – Cola, Schorle, einige hatten zur Feier des Tages Rotwein bestellt – goss der hübsche Kellner, der nur wenig älter als die Mädels war, mit übertriebener Grandezza ein und hofierte beim Bedienen besonders Tanja, sprach sie mit ihrem Vornamen an, den er von den anderen mitbekommen hatte. Dazu kokettierte er im melodischen Klang seiner Muttersprache mit den üblichen Floskeln: *Prego Signorina, Alla tua Salute, Grazie Bella!* Und Tanja erlag dieser Charmeoffensive auf italienisch.

Von diesem Abend an waren die beiden unzertrennlich, verbrachten jede freie Minute miteinander und sandten sich unzählige WhatsApp-Nachrichten. Ärgerlich war nur, wenn Marcello für den Pizza-Lieferdienst eingeteilt war, wodurch ihre gemeinsamen Stunden abgekürzt wurden. Marcello versuchte, sich um diesen Fahrdienst so oft wie möglich zu drücken und bedrängte seinen Bruder, ihn weniger einzuteilen. Dabei zwinkerte er Lino verschwörerisch zu, seines Einverständnisses gewiss. Aber nach kurzer Zeit begann das Blatt sich zu wenden. Marcello schien das Interesse an Tanja wieder zu verlieren. Er war plötzlich nicht mehr der aufmerksame feurige Bewunderer. Seine Küsse musste sie geradezu erbetteln. Immer wieder sagte er Treffen ab, antwortete nicht auf ihre *WhatsApps*, in denen sie ihm ihre Liebe beteuerte. Sie wusste, dass das zwecklos war, aber sie konnte nicht anders. Und er lieferte wieder regelmäßig Pizza aus.

Dann der schreckliche Unfall mit dem Motorrad, als er wieder einmal als Pizzafahrer unterwegs war. Marcello war beim Einfädeln in den dichten Verkehr mit der Straßenbahn kollidiert und auf der Stelle tot. Tagelang stand sie unter Schock. Wie hatte das passieren können? Warum hatte er nicht aufgepasst, was konnte ihn abgelenkt haben? Eine Zeugin, die den Unfall gesehen hatte, wollte wissen, dass er sich in Richtung des Hauses, in das er gerade eine Pizza geliefert hatte, umgewandt und jemandem zugewunken hatte. Einmal war sie hingegangen, um sich die Namensschilder anzusehen. Ein Dutzend Namen, meist zwei zu einer Klingel gehörig, viele fremdländisch klingend, dann ein Steuerberater und im Erdgeschoss eine Visitenkarte neben dem Klingelschild *Syrena, Visionistin*. Was war das eigentlich für ein Beruf, Visionistin? Aber sie hatte sich nicht getraut, an den Türen zu klingeln, um den Pizzakunden, der Marcello als letzter gesehen haben musste, ausfindig zu machen und vielleicht noch etwas zu erfahren.

Tanja sprach lange mit Marcellos Bruder Lino. Sie erzählte ihm, dass Marcellos Verhalten in letzter Zeit so anders gewesen sei. Auch die plötzlich unbeantwortet gebliebenen Nachrichten erwähnte sie, was im schroffen Kontrast zu den früheren zärtlichen Mitteilungen stand, die sie ausgetauscht hatten. Weißt du etwas, kannst du mir etwas dazu sagen, wagte sie ihn zu fragen. Lino hatte Tanja immer gemocht und wäre selbst gern mit ihr befreundet gewesen. Er war der Besonnenere von den Brüdern, zog aber im Eroberungskampf um Frauen meist den kürzeren. Bei aller Trauer über den Tod seines Bruders war er nun auch wütend auf ihn und Tanja tat ihm leid, denn er wusste, welches Spiel sein Bruder getrieben hatte. Und plötzlich blitzte in ihm die Hoffnung auf, Tanja doch noch gewinnen zu können. Er hatte Marcellos hinterlassenes Handy durchgecheckt und war im Bilde. Nun reichte er es ihr, wohl wissend, dass sie Dinge erfahren würde, die ihr wehtun mussten, was er ihr aber nicht ersparen konnte.

Und dann sprangen Tanja Sätze und Bilder an, die sich schmerzhaft wie die Krallen eines Tieres in sie bohrten: *Syrena!* stand da, *sei adorabile, lo sai questo?* Und weiter: *Ich liebe Sie, seit ich Sie das erste Mal sah! Ihre grünen Augen verfolgen mich Tag und Nacht und ihre langen Haare fesseln mich – Ich bin verhext – Was haben Sie mit mir gemacht? - Ich sterbe vor Sehnsucht – Wann sehe ich Sie wieder?* Das waren Marcellos Worte – aber sie galten nicht ihr, Tanja, sondern einer geheimnisvollen Hexe, in deren Bann er offenbar geraten war. An dem Tag, an dem er verunglückte, hatte die Frau ihm geantwortet: *Oggi – amato mio, heute! Und bringen Sie eine Pizza Diavolo mit – heiß, saftig und scharf! Syrena.*

Da hatte Tanja verstanden.

SIMSALABIM

Sylta Purrnhagen

Dennis schaute auf die Uhr: schon nach 17 Uhr. Er musste los. Zu seinem Termin um 18 Uhr bei Syrena wollte er pünktlich sein.

Der erste Eindruck war äußerst wichtig für seine Pläne. Er würde sich sehr zusammenreißen müssen. Auf gar keinen Fall durfte sie seinen ungeheuren Zorn auf ihre Person spüren. Der arme Theo, schon so jung sterben zu müssen! Diese Frau hatte ihn manipuliert, dessen war er sicher. Die beiden Jugendfreunde hatten sich in der Vergangenheit nicht häufig, aber doch regelmäßig gesehen. Als Dennis von Theos schlechtem Gesundheitszustand erfahren hatte, war er sofort ins Krankenhaus gefahren. Auf dem Nachtschrank lag ein Flyer, in dem Syrena ihre Dienste als Wahrsagerin anpries. Ihr Foto weckte in Dennis Erinnerungen. Beinahe verzweifelt hatte Theo ihn angefleht, Syrena aufzusuchen, um sie an sein Krankenbett zu holen. Sie sei die Einzige, die ihm noch helfen könne. Dennis hätte ihm seinen Wunsch erfüllt, obwohl er ihn für Humbug hielt. Doch es war zu spät, Theo starb noch in derselben Nacht.

Wütend trat Dennis aufs Gaspedal, so dass sein Auto einen Satz nach vorn machte. Beinahe hätte er den kleinen Fiat vor ihm überrollt.

Er dachte zurück an ihre Kinderzeit. Die Freunde hatten gemeinsam die Schule bis zum Abitur besucht. Dann trennten sich ihre Wege, aber die Freundschaft hielten sie aufrecht. Theo ging auf die Fachakademie für Grafik und Design, während Dennis Psychologie studierte. Sein Beruf als Betriebspsychologe in der Personalabteilung eines großen Unternehmens ließ ihm genügend Zeit für seine Leidenschaft: die Welt der Zauberei, der Magie und der Illusion.

Dreimal musste er klingeln, bevor Syrena öffnete.

„Hallo, Sie müssen Victor Brain sein", sagte sie mit ihrer klangvollen Stimme und setzte ein gewinnendes Lächeln auf.

Er erkannte sie sofort wieder, obwohl einige Jahre vergangen waren. Gemeinsam hatten sie ein Semester lang in den Psychologie-Vorlesungen gesessen, bevor Birgit sich den griechischen Philologen zuwandte. Ihn würde sie nicht erkennen, hatte ihm in der Uni nie einen Blick gegönnt, dem schlaksigen, schüchternen Jungen mit der Stoppelfrisur.

Heute trug Dennis einen Dreitagebart, halblanges Haar und dank intensiven Sports hatte er sich einen athletischen Körper antrainiert.

Lächerlich, sich Syrena zu nennen, dachte Dennis, nach dem Fabelwesen aus der griechischen Mythologie. Die bürgerliche Birgit, so hatte er recherchiert, war zurzeit arbeitslos und besserte die finanzielle Unterstützung vom Amt mit Wahrsagerei auf.

Syrena schritt ihm voraus ins Wohnzimmer und schwenkte dabei ihre langen, roten Haare mit einer Kopfbewegung nach hinten. Ihr purpurroter, langer Rock betonte vorteilhaft den weiblichen Schwung ihrer Hüften. Schon damals in der Uni war sie eine auffallende Erscheinung gewesen, trug vorwiegend verführerische, lange Kleider.

Sie setzte sich an den Tisch, nahm die Tarotkarten zur Hand, mischte sie und legte sie in kleinen Stapeln zurück.

„Setzen Sie sich, was kann ich für Sie tun?" Ihre schönen grünen Augen, mit schwarzem Lidstrich dramatisch umrahmt, blickten ihn auffordernd an. Statt einer Antwort nahm Dennis drei Karten auf, ließ sie verschwinden und holte sie blitzschnell wieder hinter ihrem Ohr hervor. Birgit war überrascht und leicht irritiert. Dennis legte die Karten zurück auf den Stapel und fragte mit einem charmanten Lächeln: „Darf ich Ihnen noch mehr meines Könnens zeigen?", und als sie überrumpelt nickte, zog er sein eigenes Kartenspiel aus der Jacke.

Er fächerte die Karten auf in den Farben eines Regenbogens, warf sie einzeln in die Luft und holte eine nach der anderen wieder zurück – aus den Ärmeln seines Sakkos, aus den Taschen, dem Kragen und den Hosenbeinen seiner Jeans, bis er schließlich wieder alle Karten – gesteckt zu einem bunten Fächer – in der hochgereckten Hand hielt.

Syrena war begeistert. Er hatte sie beeindruckt, war seinem Ziel einen Schritt näher gekommen.

Nun war sie als Prophetin gefragt, denn er gab an, wissen zu wollen, wie seine Zukunftschancen als Magier und

Illusionist seien. Bisher sei er nur bei privaten Veranstaltungen und auf der Kleinkunstbühne aufgetreten. Doch würde er gern auf großer Bühne stehen wie David Copperfield oder die Ehrlich Brothers. Er sei kurz vor dem großen Durchbruch, aber dazu fehle ihm noch eine attraktive Assistentin…

Nach vierzig Minuten war die Sitzung beendet. Syrena hatte ihm noch zusätzliche zehn Minuten geschenkt. Sie begleitete ihn zur Tür.

„Auf Wiedersehn, Victor Brain, einen treffenden Künstlernamen haben Sie sich da ausgedacht!", sagte sie und ließ ihr perlendes Lachen hören.

Auf dem Heimweg grinste Dennis. Die Saat, die er gesät hatte, schien aufzugehen. Sie konnte ihm nur Positives aus den Karten verkünden.

Dabei hatte er das Gesicht seiner Prophetin aufmerksam studiert – darin war er geschult. Man sagte sogar, er könne Gedanken lesen. Nicht nur seine Darbietungen fand sie interessant, nein auch als Mann hatte er ihr gefallen. Jammerschade! Doch Dennis war sich bewusst, in Birgit einen Menschen mit soziopathischer Persönlichkeitsstörung vor sich zu haben. Nach Theos Tod hatte er mit Hilfe seines Onkels, Hauptkommissar beim BKA, nach weiteren Todesfällen im Kundenkreis Syrenas recherchiert, und sie waren fündig geworden. Leider würde man ihr nichts nachweisen können, dabei gehörte sie in die psychiatrische Klinik. Dennis hatte deutliche antisoziale Tendenzen bei ihr ausgemacht. Sie war gewissenlos und ohne Schuldgefühl: Merkmale einer Psychopathin.

Syrena war eitel – und sie brauchte Geld. Victor Brain war sich sicher. Nach der nächsten oder übernächsten Sitzung würde sie ihm als Medium zur Verfügung stehen: vielleicht als Nixe in einer Glaskugel mit Wasser, als schwebende Jungfrau oder ... ?

Sie würde ihre Lektion bekommen, und es würde aussehen wie ein Unfall.

Simsalabim!

MÄRCHEN

WOLFSMÄRCHEN

Walburga Müller

Sein dichtes, weiches Fell schimmerte im Mondlicht silbern, fast weiß. Hoch aufgerichtet stand er im Wald, seine bernsteinfarbenen Augen tasteten die Umgebung ab, die scharfen Zähne schauten aus dem leicht geöffneten Kiefer hervor. Der Wolf hatte offensichtlich etwas gewittert. Kein Laut war zu hören, als er nun einen Fuß vor den anderen setzte, er hatte früh gelernt, jeden Ast auf dem Waldboden zu umgehen, jedes Geräusch zu vermeiden. Er hatte sich nicht getäuscht. Auf einer Lichtung, in einer Entfernung von fünfzig Metern, stand ein Reh und für den Bruchteil einer Sekunde starrten sich die beiden an. In dem Moment, als der Wolf sich in Bewegung setzte, drehte sich das Reh um und flüchtete mit langen Sprüngen in den Wald. Der Wolf blieb stehen, er wusste, dass er seine Beute nicht einholen würde. Der lange Winter hatte ihn kraftlos und müde gemacht. Er kehrte zu der Stelle zurück, wo er hergekommen war und fand noch etwas Aas eines Hasen vor, den er am Vortag gejagt hatte. Sein Hunger wurde nicht gestillt, aber es musste genügen für die Nacht.

Es war Neuschnee gefallen und als sich der Wolf am nächsten Morgen von seinem Lager erhob, sank er tief in den Schnee ein. Der Wind war aufgefrischt und Äste lagen auf dem Boden, die unter der Last des Schnees abgebrochen waren. Verzweifelt hob er den Kopf, um Witterung aufzunehmen, doch die Luft war kalt und geruchlos. Der Hunger tobte in seinem Magen und er musste eine Entscheidung treffen, denn seine Lage wurde immer aussichtsloser und ihm blieb nicht mehr viel Zeit. Sollte er es wagen, wieder zum Dorf zu laufen, um ein kleines Tier zu erlegen? Und sei es nur ein Huhn oder ein Schaf. Die Gefahr, erschossen zu werden, hatte er noch deutlich in Erinnerung, als er sich im Sommer dem Dorf unten im Tal genähert hatte. Die Schafe, die auf den Feldern weideten, hatte er schon lange vorher im Visier gehabt, aber es war noch kein günstiger Zeitpunkt gekommen, um sich die Beute zu holen. Überall liefen Menschen herum. Sie mähten die Wiesen und fuhren das Heu ein, was der Wolf freilich nicht verstand. Er verfolgte nur ihre Bewegungen, spürte ihre freudige Unruhe und roch ihren Schweiß. Selbst am Abend kehrte keine Ruhe ein. War das Wetter schön, versammelten sich die Menschen, um zu feiern und den Sonnenuntergang zu bewundern und manchmal sogar ein Feuer zu entzünden. Sie lagerten stundenlang und obwohl der Wolf Angst hatte vor dem Feuer, harrte er aus, bis die Glut verloschen war und die Menschen sich in ihre Häuser zurückgezogen hatten. In einer dieser Nächte war es dem Wolf doch einmal gelungen, ein Schaf zu stehlen und der Erfolg machte ihn mutiger und unvorsichtiger. Einmal hätten sie ihn fast erwischt, der Donner der Gewehrsalven hatte ihm noch lange in den Ohren geschmerzt. Er war den Jägern noch einmal entkommen, aber jetzt im Winter wäre er ihnen auf der freien weißen Fläche hilflos ausgeliefert.

Der Wolf legte sich wieder hin und leckte an den letzten Resten seiner Beute, denn seine Angst vor einer erneuten Begegnung mit den Jägern war noch größer als sein Hunger.

Da schwang eine Stimme durch den Wald. Sie war sehr schwach, wurde vom Wind aus dem Tal heraufgetragen und verlor sich bald im leisen, stetigen Zischen des Schnees, der von den Ästen rieselte. Die Stimme gehörte zu einem Mädchen, das aus dem Tal herauf kam. Es war ganz in Rot gekleidet. Sein Mantel, seine Handschuhe und Mütze leuchteten weithin wie rote Beeren. Leicht war der Korb, den es in der Armbeuge trug, erst wenige Scheite Holz lagen darin. Es sang, während es dem Wald zustrebte, ein munteres Lied, das vom Frühling handelte.

Der Wolf hörte die Stimme und hob den Kopf. Fein und leise klang der Gesang, anders als alles, was er kannte. Seine Neugier war entfacht. Er stellte die Ohren auf, seine Augen funkelten und mit einem Satz stand er auf den Beinen. Der Wolf hüpfte fast vor Freude bei dem Gedanken an eine schmackhafte Beute und trabte durch das Unterholz. Als er den Waldrand erreichte und auf die Felder sah, blieb er abrupt stehen und duckte sich hinter einem Busch. Der Wolf blieb regungslos liegen, als das Mädchen näher kam und an seinem Versteck vorbeilief. Er roch das Mädchen und es roch nicht nach Angst. War das eine Falle? Waren die Jäger auf dem Weg zu ihm oder standen schon mit den Gewehren im Anschlag? Hatten sie ihre scheußlichen Hunde dabei, die sie auf ihn hetzen würden? Er hatte die Menschen beobachtet und ihre Taktiken waren ihm bekannt. Sie waren so intelligent, sich gegen die Windrichtung zu stellen und sie waren immer so viele, dass sie ihn umzingeln konnten. Während er noch überlegte, was er tun sollte, war das Mädchen in den Wald vorgedrungen und sammelte weiteres Holz auf. Mit dem vollen Korb setzte es sich auf einen einigermaßen trockenen Ast, der aus einem am Boden liegenden Baumstamm ragte. Es holte ein Messer aus der Tasche und ein Stück Brot und Schinken hervor und wollte gerade essen, als der Ast nachgab und es das Gleichgewicht verlor. Seine Füße fanden keinen Halt und mit einem Schrei rutschte es einige Meter die Böschung hinunter. Dabei fielen Brot und Schinken aus seiner Hand.

Der Wolf war bei dem Schrei wie elektrisiert hochgefahren. Sein Jagdinstinkt war erwacht. Er fletschte die Zähne und umkreiste das Mädchen, das am ganzen Körper zitternd im Schnee lag. Jetzt roch er Angst. Das Mädchen warf ihm das Brot und den Schinken hin und mit der anderen Hand richtete es das Messer auf ihn. Der Wolf zögerte, und diesen Augenblick nutzte das Mädchen und erhob sich langsam. Mit dem Messer in der Hand entfernte es sich Schritt für Schritt rückwärts und ließ das Tier nicht aus den Augen. Die Angst war einer Überlegenheit gewichen, als hätte es solche Situationen schon oft trainiert. Der Wolf ahnte, dass er in eine Falle getappt war. Sein Misstrauen wurde noch größer, als er bemerkte, dass das Mädchen sich nach allen Seiten umsah, als würde es Hilfe erwarten. Er wollte die Flucht ergreifen, doch sein Hunger war übermächtig. Der Geruch des Brotes und des saftigen Schinkens quälte seinen leeren Magen bis ins Unermessliche und er stürzte sich darauf, ohne das Mädchen weiter zu beachten.

Da fiel ein Schuss durch den Wald und ruckartig hob der Wolf den Kopf. Verblüfft nahm er wahr, wie der Schnee sich unter seiner Pfote rot färbte und im gleichen Moment empfand er einen Schmerz, der durch seinen Bauch raste. Der zweite Schuss streckte ihn nieder, er sah noch den Schnee in den Baumwipfeln glitzern, bevor es ganz hell um ihn wurde und seine Züge sich entspannten.

„Das war knapp, wo seid ihr denn gewesen?", rief das Mädchen den Jägern zu, die aus ihrer Deckung herauskamen und sich im Kreis um den toten Wolf stellten.

„Wir haben dich aus den Augen verloren, als du vom Ast gefallen bist. Und der verdammte Schnee, man kommt ja kaum vorwärts."

Der Jäger, der geschossen hatte, schulterte sein Gewehr und beugte sich über den Wolf. Ihr Plan war aufgegangen, und es war ein guter Plan gewesen. Er stand und fiel mit dem Mut des Mädchens, darüber waren sich die Jäger einig. Der Förster hatte den Wolf vor ein paar Tagen oben an der Lichtung gesehen und die Jäger informiert. So war es zu dieser Idee gekommen.

„Eigentlich eine gute Idee, den Winter abzuwarten. Hier im Wald sind überall Spuren von ihm", bemerkte ein anderer Jäger.

„Aber fast wäre es schief gegangen. Ihr hättet viel schneller sein müssen", warf das Mädchen ein. Es knöpfte den roten Mantel auf, zog die kugelsichere Weste aus und übergab sie einem der Männer.

„Ich habe mich an alles gehalten. Mich so auffällig angezogen, sodass ihr mich erkennen könnt und nicht aus Versehen abknallt. Und die drei goldenen Regeln befolgt: 1. Aufmerksam machen durch Singen. 2. In Sicherheit wiegen: Holz aufsammeln sieht friedlich aus. 3. Anlocken mit Futter. Und Ihr? Trödelt!"

„Na, reg dich nicht auf, Rotkäppchen", erwiderte grinsend einer der Jäger „es ist ja alles gut gegangen. Trinken wir drauf!" Er öffnete eine Flasche, reichte kleine Gläser mit Schnaps herum und sie prosteten sich zu.

MARA UND DIE KLEINE MEERJUNGFRAU

Sylta Purrnhagen

Ende November 2020

„Was wünscht sich Mara eigentlich zu Weihnachten?", fragte ich meine Tochter.

„Ein Meerjungfrauschwanz steht ganz oben auf ihrer Wunschliste", bekam ich zur Antwort.

„Du meinst einen zum Anziehen für ihre Verkleidungskiste?"

Ich hatte Mara schon oft das Märchen von der kleinen Meerjungfrau vorgelesen, es war ihr Lieblingsmärchen. Sie ist zwar die älteste von meinen drei Enkelinnen, hat aber das Down-Syndrom und kann nicht eigenständig lesen.

„Nein, nein", sagte meine Tochter, „es ist ein Badeanzug, beziehungsweise das Unterteil. Gibt es bei Amazon. Musst du mal recherchieren. Es gibt sogar spezielle Schwimmkurse für Mädchen in diesen Anzügen."

Ich traute meinen Ohren nicht. Was sich die Wirtschaft doch so alles ausdenkt, um Eltern das Geld aus der Tasche zu ziehen.

Ich begann zu recherchieren. Es war mühsam, denn es gab ganz unterschiedliche Modelle. Sogar gestrickte Wolldecken fürs Sofa in Fischschwanzform wurden angeboten. Bei den Schwimmanzügen gefielen mir mal die Farben nicht, mal hatten sie zu viel Glitzer und Schnickschnack und ein andermal stimmte die Größe nicht.

Dann hatte ich ihn endlich gefunden: einen Fischschwanz in unterschiedlichen Blautönen mit einer lila/pinken Einfärbung. Ich drückte auf den Bestellknopf und freute mich. Kurz darauf erhielt ich die Nachricht: Die Lieferung der Ware werde sich wegen starker Bestelleingänge und hoher Auslastung leicht verzögern. Puh, das könnte knapp werden, dachte ich, denn die Deutsche Post bat um rechtzeitige Aufgabe von Paketen vor Weihnachten, hatte sogar Tausende von Aushilfskräften eingestellt. Alles wegen Corona.

Nach zwei Wochen stand ein *Hermes*-Bote vor der Tür mit einem flachen, gepolsterten Umschlag, der 50 mal 60 Zentimeter maß. Bestimmt eine Fehllieferung, dachte ich, öffnete ihn aber trotzdem. Dann die Überraschung: Es war der Anzug mit roter Plastik-Schwanzflosse; so groß hatte ich mir diese nicht vorgestellt.

Weihnachten erhielt ich ein kurzes Video, in dem Mara in dem Anzug stolz und glücklich auf der Sofakante sitzt und mit dem Fischschwanz auf und ab wippt. Wann würden die Badeanstalten wohl wieder geöffnet werden?

Ostern wurde Maras jüngste Schwester sechs Jahre alt, und im Mai feierte sie selbst ihren fünfzehnten Geburtstag.

Wieder packte ich Pakete für die Kinder, denn ein Besuch war noch immer nicht möglich.

Pfingsten endlich wurden wegen sinkender Inzidenzwerte die Lockdown-Maßnahmen gelockert, und es konnten auch wieder einige europäische Länder bereist werden. Celia und Sebastian beschlossen, in den bayerischen Pfingstferien mit den drei Mädchen und dem Hund Fritz zu einer Insel in Kroatien zu fahren, wo sie schon einmal ein Ferienhaus gemietet hatten. Da waren sie ganz unter sich, hatten aber ein motorisiertes Schlauchboot zur Verfügung für Einkäufe und Ausflüge.

Nach ihrer Ankunft schickte mir meine Tochter per Whatsapp einige Fotos von der Inselidylle, unter ihnen eins, auf dem Mara auf dem Bootssteg sitzt –mit ihrem Fischschwanz!

Abends holte ich mein altes Andersen-Märchenbuch aus dem Bücherregal und las im Bett die Geschichte von der „kleinen Seejungfrau" noch einmal im Original. Das Märchenbuch, aus dem ich Mara vorgelesen hatte, war eine gekürzte Version des Andersen-Märchens und sprachlich vereinfacht.

Erneut ließ ich mich von der Geschichte der „Kleinen Seejungfrau", die sich in einen menschlichen Prinzen verliebt, bezaubern. Hans Christian Andersen schreibt seine Märchen in einer sehr schönen, etwas altmodischen Sprache. Sie sind größtenteils auch an Erwachsene gerichtet. Ich mag sie sehr, weil sie gefühlvoll sind, manchmal etwas schwermütig, dabei kurios und spitzzüngig.

Ich tauchte buchstäblich ein in die Welt der kleinen Seejungfrau, die mit ihren fünf älteren Schwestern in einem Schloss aus Korallen auf dem Grund des Meeres wohnte.

Der Meerkönig war Witwer, aber die Großmutter half ihm, die Prinzessinnen großzuziehen. Die Jüngste war die schönste, doch still und verträumt. Am liebsten lauschte sie den Geschichten, die die Großmutter von der Welt über der Meeresoberfläche erzählte, von den Menschen, den Schiffen, den Städten und den grünen Wäldern, wo – laut Andersen – die Fische in den Zweigen laut und sehr schön singen konnten.

Als die älteste Schwester 15 Jahre alt war, durfte sie hinauf zur Wasseroberfläche schwimmen, um sich die Welt der Menschen anzusehen. Jedes Jahr wieder schwamm die nächste Schwester hinauf und alle Schwestern berichteten von ganz verschiedenen Eindrücken, die sie mitbrachten aus der Menschenwelt, nur die Jüngste, die sich dahin am meisten sehnte, musste fünf Jahre warten.

Als sie schließlich an der Reihe war, musste sie mit ansehen, wie ein Schiff, auf dem gerade eine große Feier zum Geburtstag des jungen Prinzen stattgefunden hatte, im aufkommenden Sturm unterging und der Knabe im Meer versank. Sie tauchte und hielt den Geschwächten so lange über Wasser, bis das Unwetter vorbei war. In einer geschützten Bucht bettete sie ihn auf trockenem Sand und hielt seinen Kopf bis die Sonne aufging und er seine Augen aufschlug.

Bald näherte sich ein Boot und die kleine Seejungfrau schwamm zurück ins Meer, „legte Meerschaum auf Kopf und Brust" – wie Andersen es formuliert – und beobachtete, wie ein junges Mädchen an Land ging und Hilfe herbeiholte.

„Was kann ich tun, um ein Mensch zu werden?" fragte sie die Großmutter.

„Das ist nur möglich, wenn dich ein Mann mehr lieben würde als Vater und Mutter, und er müsste dir vor einem Priester ewige Treue versprechen. Aber das kann nicht passieren, denn die Menschen würden deinen Fischschwanz nicht mögen. Um ihnen zu gefallen, müsstest du Beine haben."

Da wurde die kleine Seejungfrau ganz traurig. Sie wusste sich nicht anders zu helfen, als heimlich zu der schwarzen Meereshexe zu schwimmen. Doch als Gegenleistung verlangte die Alte ihre schöne Stimme. Die Hexe gab ihr ein bitteres Gebräu zu trinken, und unter Schmerzen verwandelte sich ihr Fischschwanz in zwei menschliche Beine.

Aber die Arme wurde nicht glücklich. Zwar war der Prinz seinem stummen Findelkind von Herzen zugetan, doch er heiratete seine Lebensretterin, denn er wusste nicht, dass er eigentlich der kleinen Seejungfrau sein Leben verdankte.

Noch einmal hatte sie die Chance, am Leben zu bleiben, denn ihre fünf Schwestern opferten der schwarzen Hexe ihre schönen, langen Haare. Dafür erhielten sie ein scharfes Messer, das die Schwester dem Prinzen im Schlaf ins Herz bohren sollte. Wenn das Blut auf ihre Füße spritze, würden ihre Beine in einen Fischschwanz zurückverwandelt. Doch die kleine Seejungfrau brachte es nicht übers Herz, ihren Liebsten zu töten, warf das Messer weit hinaus ins Meer und sprang hinterher. Sie fühlte, wie sich ihr Körper in Schaum auflöste; ihr Geist jedoch stieg auf zu den Töchtern der Luft und sie wurde eine von ihnen. Man sagte ihr, wenn sie auf der Erde viele gute Taten vollbringe, könne sie schon vor Ablauf der 300 Jahre Lebenszeit eine unsterbliche Seele erhalten und in das Reich Gottes gelangen.

So hat es der gläubige Andersen formuliert. Welch ein versöhnliches Ende.

Meine Augenlider wurden schwer, ich legte das Buch zur Seite, knipste die Lampe aus und schlief ein …

„Oma, Oma", hörte ich von weither die Stimme von Mara, „in der Geschichte steht, dass die Meeresbewohner erst nach 300 Jahren sterben und dann wieder zu Schaum auf den Wellen werden. Die Menschen werden doch höchstens hundert Jahre alt. Und du bist auch schon alt, und wenn du stirbst, wirst du in der Erde begraben, wie Oma Eva. Das ist nicht schön."

„Du hast recht, Märchen", sagte ich – in entspannten Stunden nennen wir Mara bei ihrem Kosenamen – „aber manche Menschen glauben, dass nur der Körper stirbt und die Seele weiterlebt und aufsteigt zu den Sternen."

Mara schob die Unterlippe vor: „Aber dann möchte ich lieber eine Meerjungfrau sein. Ich ziehe mir jetzt meinen Fischschwanz an und tauche runter zu dem Schloss auf dem Meeresboden. Vielleicht finde ich dort meinen Prinzen. Ich bin ja jetzt 15 Jahre alt und darf dann immer mal wieder nach oben kommen und euch besuchen", sprach sie …und weg war sie.

Ich war wie gelähmt, Angst schnürte mir die Kehle zu. Manchmal kann Mara nämlich ihre Scheinwelt von der Wirklichkeit nicht unterscheiden. Ich dachte daran, wie sie mal zu meiner Tochter sagte, nachdem sie einen entsprechenden Film gesehen hatte: Sie sei wohl auch als Baby vertauscht worden und wachse in einer falschen Familie auf.

Ich sah Mara abtauchen, ihre langen Haare in einer Linie mit dem Fischschwanz…

Ich schreckte hoch und saß aufrecht im Bett, fühlte mein Herz im Hals klopfen. Oh, mein Gott, die anderen mussten sofort gewarnt werden! Sie dürfen Mara nicht aus den Augen lassen, wenn sie zum Schwimmen ins Meer geht!

Neben mir auf dem Nachtschrank lag mein Smartphone, angeschlossen an der Steckdose. Es blinkte…

Zwei Nachrichten von Celia.

Erste von gestern – als Antwort auf meine Frage:

„Nur Lilly und der Hund haben im Meer gebadet, den anderen beiden war das Wasser noch zu kalt. Aber auf der Nachbarinsel gab es ein beheiztes Erlebnisbad."

Zweite Nachricht von heute:

„Liebe Mama, wir sind heute Nacht gut zu Hause angekommen."

DIE ZERTANZTEN SCHUHE

Martina Weyreter

„Großmutter, erzählst du mir ein Märchen?"

„Jetzt nicht, mein Kind. Es ist schon elf Uhr und du musst jetzt schlafen. Sonst geht es dir wie den zwölf bösen Königstöchtern."

Liebevoll, aber besorgt blickte die runzlige, gramgebeugte Königin Seraphina auf ihre neunjährige Enkelin, die Thronerbin Marlena, löschte mit der Allzweck-App das Licht der Nachttischlampe und schickte sich an, das Gemach zu verlassen. Doch da hob hinter ihr ein großes Weinen und Wehklagen an.

„Erzähl mir das Märchen von den zwölf bösen Königstöchtern! Ich will es hören! Jetzt!"

Seraphina seufzte. Das Kind zeigte ohne Zweifel ein frühreifes Talent dafür, Befehle zu erteilen. In Moment war das noch gar nicht vorgesehen, aber eine alleinerziehende Großmutter konnte eben nicht immer alles richtig machen. Sie strich Marlena über das goldblonde Haar. Durch das hohe Palastfenster schimmerte Mondlicht darauf und ließ es glänzen. Blass, aber doch ein wenig wie damals die Lichter beim Techno-Ball.

„Es waren einmal zwölf Königstöchter, eine schöner als die andere", begann sie. „Und jede von ihnen liebte einen verwunschenen Prinzen. Jede Nacht entwischten die Schwestern heimlich aus dem Palast, um in eine Welt tief unter der Erde hinabzusteigen. Denn nur indem sie tausend Nächte lang mit ihren Prinzen tanzten, konnten sie diese von dem Fluch erlösen."

„Hatten sie denn keine Angst da unten, Großmutter?"

„Nein, mein Kind. Im Ballsaal tief unter der Erde gab es viele bunte Lichter und es spielte wunderbare Techno-Musik. Mit sehr viel Schminke machten die Königstöchter sich aufwändig und immer wieder anders zurecht, so dass niemand sie je erkannte So zertanzten sie sich ihre Doc Martens und betranken sich jede Nacht mit dem Zaubertrank Pomaticum[1], der aus irdenen Krügen gereicht wurde."

Das musste unglaublich lange her sein, dachte Marlena, und sah die geliebte Großmutter fragend an. Die schien ihre Gedanken zu erraten und lächelte.

„Ja, es begann lange bevor du geboren wurdest."

„Also noch vor dem Großen Klimakollaps 2034?"

„Lange, laaaaange vorher. Sogar noch vor der Großen Seuche."

„Die Große Seuche 2020-21 meinst du?"

Marlena erschauerte und kuschelte sich tiefer unter ihre damastene Bettdecke. Die schrecklichen Bilder, die sie im Geschichtsunterricht gesehen hatte von leergefegten nächtlichen Straßen, geschlossenen Schulen und Menschen mit Masken!

„Ja, um 2019 war das. Aber sogar während der Großen Seuche stiegen die Königstöchter heimlich in den illegalen Keller hinab. Und bevor der Morgen graute, schlüpften sie schnell in die Kutschen ihrer Prinzen und verbrachten noch ein Stündchen zu zweit bei zugezogenen Vorhängen,

---

[1] lat. „Apfelwein"

bevor die Prinzen wieder verwunschen wurden. All das durfte der alte König natürlich nicht wissen."

Seraphina war zufrieden, dass Marlena schon die wichtigsten Geschichtsdaten ihres zukünftigen Reiches kannte. Aber da war auch der Gedanke an Joe, dessen stahlblaue Augen sie wieder so vor sich sah wie vor all den Jahren. Die vielen Tattoos auf Armen und Brust, eines davon ein Herz mit Seraphinas Namen. Niemand hätte damals geahnt, dass Joe gar kein Prinz war.

„Hatten sie denn keine Bodyguards, Großmutter?"

„Natürlich. Aber denen taten sie jeden Abend ein Zauberpulver ins Essen, das es im Techno-Keller zu kaufen gab, damit sie sofort einschliefen und erst am späten Morgen erwachten."

„Ich will auch Zauberpulver", rief Marlena, „ich kann ganz oft nicht einschlafen!"

Seraphina erschrak und wusste, sie hätte das Zauberpulver nicht erwähnen sollen. Wie oft hatten sie und Joe all die Pulver und Pillen gekostet, die im Keller feilgeboten wurden! Eng umschlungen waren sie über das Tanzparkett geschwebt, stundenlang, und sie hatten nicht an den Morgen gedacht, jedenfalls nicht über das Intermezzo in der Kutsche hinaus – die in Joes Fall nur ein rostiger Fiat war. Und nun musste sie schleunigst das Thema wechseln, bevor das Kind noch mehr unangenehme Fragen stellte.

„Die jüngste Schwester hatte oft ein schlechtes Gewissen, mit den anderen mitzugehen. Aber die Älteste verstand es, sie immer wieder anzustiften."

Seraphina schaltete kontaktlos mit einem strengen Blick ihr Ultrasmartphone ab, das lila blinkte und sie an den morgen früh anstehenden Facelifting-Termin mit geklonten Frischzellen erinnerte. Seit ihrer Impfung gegen

Computer- und Handysucht hatte sie das Abschalten ziemlich gut im Griff.

Marlena hatte sich zornig im Bett aufgesetzt. Zum Glück hatte sie keine großen Schwestern, die ihr Dinge auftragen konnten, die sie nicht tun wollte!

„Das ist sowas von gemein! Aber klar: Wenn sie nicht mitgegangen wäre, hätte sie die anderen verpetzen können."

Seraphina spürte einen Stich in ihrem Herzen. Die Thronerbin war viel zu schlau für ihr Alter. Wie kam sie auf so etwas? Es konnte nicht sein, dass sie so klug war wie die damals erst 14jährige Prinzessin Amalthea, die einst im Morgengrauen die Treppen aus dem Club hinauf ins Freie stolperte, um frische Luft zu schnappen, dort sie und Joe in dem Fiat entdeckte und zwei und zwei zusammenzählte. Seraphina dachte oft an ihre kleine Schwester zurück, die so jung hatte sterben müssen. Wie sie sie als Baby gehalten und in den Schlaf gewiegt hatte! Sie hatte ihr seidene Bänder ins Haar geflochten und für ihre Puppen samtene Kleider genäht. Sie war ihr das Liebste gewesen.

„Großmutter, warum weinst du?"

„Es ist nichts", antwortete Seraphina und strich Marlena über die Wange. Aus dem Palastfenster sah sie, wie sich eine schwarze Wolke vor den Mond schob. „Aber bei der Geburt der jüngsten Schwester starb die Königin, und da versank der König in Depressionen. Selbst die besten Psychologen des Landes konnten ihm nicht helfen. Die älteste Schwester war fortan wie eine Mutter für das Baby, und auch die anderen Schwestern hörten auf sie und respektierten ihre Wünsche. Kein Kindermädchen und keine Hofdame konnte sie ersetzen. Gleichzeitig musste sie sich aber in der Schule auf ihre zukünftigen Regierungsaufgaben vorbereiten und jeden Abend büffeln, nachdem die Jüngeren im Bett waren."

Die Wolken draußen wurden jetzt dichter. Nur ein Kranz von Mondlicht war an ihren Rändern noch zu sehen. Ein Windstoß blies durch die mächtigen Eichen im Schlosspark.

„Also war sie nicht wirklich gemein, Großmutter, oder? Nur völlig überfordert."

Und sehr, sehr einsam, dachte Seraphina, weil sie niemand Vertrauten zum Reden hatte. Bis Joe kam. Aber das sagte sie nicht.

„Richtig. Aber zum Glück kannte sie sich sehr gut im Internet aus, und dort fand sie immer fertig präparierte Aufsätze in Deutsch und Englisch und die Lösungen für ihre Mathematikaufgaben."

„Das Internet? Was ist das?" Das Kind runzelte die Stirn und sah die Großmutter an.

„Das war früher eine Art Informationsdienst am Bildschirm. Es wurde von Präsident Trump 2024 nach seiner zweiten Machtergreifung abgeschaltet, weil es negative Meinungen über ihn verbreitete. Aber in den 10er Jahren konnte die Prinzessin es noch nutzen. Und dort war es auch, wo sie zum ersten Mal von dem unterirdischen Techno-Ball erfuhr und die Hilferufe der verwunschenen Prinzen las."

Marlena nickte zustimmend. Die Prinzen mussten gerettet werden, keine Frage!

„Und so ging es los, obwohl Prinzessin Amalthea natürlich noch viel zu jung war. Denn bald geschah ein schreckliches Unglück."

„Oh! Bitte nicht, Großmutter!" Marlenas Augen waren schreckgeweitet.

„In einer Sommernacht, es war auch nach Mitternacht noch über fünfunddreißig Grad heiß, trank sie zu viel Pomaticum. Die Schwestern trugen die Schlafende unentdeckt in den Palast zurück und legten sie in ihr Bett, aber als sie bis zum nächsten Abend nicht aufgewacht war, hob ein großes Jammern an, und der König verkündete zwei Wochen Staatstrauer."

„In dem Pomaticum war bestimmt Zauberpulver!" rief Marlena. „Jemand hat ihr eine Überdosis in den Drink getan!"

Seraphina merkte, dass sie zitterte. Die Idee war doch so praktisch gewesen. Endlich konnte sie ungestört Zeit mit Joe verbringen. An diesem Morgen hatten sie im Fiat heimlich Ringe getauscht, Plastikringe aus einem historischen Kaugummiautomaten zwar, aber sie wusste von diesem Moment an, dass es nie jemand anderen in ihrem Leben geben würde als Joe, den einfachen Handwerker aus der Hochhaussiedlung. Ein Kinderspiel danach, die junge Prinzessin zu elft nach Hause zu tragen, auch wenn deren 15jähriger Freund, Prinz Adalbert, fortan für immer verwunschen blieb. Oh, vermaledeites Zauberpulver! Das war so nicht vorgesehen! Seraphina hatte all die Pulver und Pillen danach nie wieder angerührt. Dafür war sie öfter und öfter im Darknet unterwegs gewesen und hatte Anleitungen für Hacker gefunden, die sie faszinierten und nicht mehr losließen.

„Nach dem Unglück waren die elf Prinzessinnen starr vor Schmerz. Aber sie mussten weiter jede Nacht tanzen und fröhlich und heiter tun, denn die tausend Nächte waren noch nicht um und die Prinzen noch nicht erlöst. Und eines Tages fand der König in einem der Schlafgemächer unter einem Bett all die zertanzten Doc Martens."

Marlena atmete auf. Sie wusste: Wenn es erst einmal so schlimm ist wie hier, dann ist es besser, wenn alles herauskommt und man das Problem gemeinsam löst. Alles würde gut ausgehen. Sie legte sich wieder hin, kuschelte sich in die Decke und sah Seraphina gespannt an.

„Er ließ überall im Land bekannt machen, dass derjenige, der dem Treiben ein Ende bereiten könne, sich eine der elf Prinzessinnen zur Frau nehmen dürfe. Von da an lebten die elf Mädchen in Angst und Schrecken. Sie wollten keinen der zahlreichen Bewerber heiraten, die fast täglich im Palast auftauchten: alte Soldaten und betrunkene Ritter, aber auch neureiche Zahnärzte und Buchhalter mit Aktentasche. Sie wollten nur ihre Prinzen und verschmähten alle anderen. Niemandem gelang es, ihnen bis in den Club zu folgen."

Seraphina dachte daran, wie sich an dieser Stelle ihr Hacker-Wissen zum ersten Mal als nützlich erwiesen hatte. Die Software, die die Aufzugssysteme im Palast steuerte, war ja wirklich keine große Hürde. Und schon standen die Wände der Aufzugskabine unter Strom, als der Ritter in seiner Rüstung…ja, da machte das Ganze noch Spaß. Später nicht mehr.

„Der König, zusehends ungehalten, kontrollierte ab sofort öfter die Gemächer seiner Töchter. Und eines Tages fand er das Tagebuch der ältesten Schwester."

„Großmutter, so weine doch nicht! Was passierte dann?"

Seraphinas Worte gingen in ihrem Schluchzen unter. Der Morgen, als plötzlich ihr Vater höchstpersönlich neben dem Fiat stand, in den sie und Joe gerade einstiegen, und eine Hand auf Joes Schulter legte. In der anderen hielt er zwei Schwerter. Wähle dein Schwert, sagte er leise und unaufgeregt, denn für ihn war es nur eine lästige geschäftliche Angelegenheit, die man eben erledigen musste. Die Sonne ging schon auf, aber da Joe kein Prinz war, war er auch nicht verwunschen. Er ging mit dem König über den Parkplatz des Clubs, hinter die Müllcontainer. Aber nur der König kam mit gelangweiltem Gesicht wieder hervor.

„Großmutter, das ist gar kein Märchen, was du erzählst, oder? Das ist wirklich passiert!"

Seraphina wusste, sie musste sich zusammenreißen. Sie hatte nicht über diese Dinge sprechen wollen, es war ihr einfach so herausgerutscht, denn seit jenem Morgen gab es ja niemanden mehr, mit dem sie hätte sprechen können. Auch die Schwestern waren ja schon bald nicht mehr da.

„Von nun an wehte im Palast ein anderer Wind", fuhr sie fort. „Der König war schon alt und eines Tages, als er vergessen hatte, sein Prozac einzunehmen, änderte er aus Lust und Laune das königliche Erbfolgegesetz. Nicht die älteste Tochter sollte den Thron erben, sondern die, die als Erste einen Erben oder eine Erbin hervorbrächte."

„Das war ja wirklich undankbar von ihm", sagte Marlena und zeigte wieder ihren zornigen Blick. „Erst kümmert sich die älteste Schwester um die kleineren, hält die Familie zusammen und lernt auch noch für ihre Regierungsaufgaben. Und dann das!"

„Du hast es richtig erfasst. Sie wollte unbedingt den Thron, weil sie so hart dafür gearbeitet hatte. Und sie bekam ihn."

Ja, sie hatte schnell handeln müssen damals, denn in jeder Nacht, in der die Schwestern in die Kutschen der Prinzen stiegen, hätte es zu spät sein können. Und sie selbst schwor sich, nach Joe nie wieder einem anderen Mann ihre Gunst zu schenken. Prinzessin Isadora wurde auf offener

Straße von einer zu tief fliegenden Bierkasten-Lieferdrohne erschlagen, deren Steuerung scheinbar gehackt worden war. Ophelia, Adelina und Carlotta stürzten mit der Königslimousine eine Klippe hinunter, dabei hatte das Navi doch ganz klar angesagt, sie sollten an dieser Stelle links abbiegen. Und Leonora war als angebliche Sklavenhalterin einem Lynchmob zum Opfer gefallen, nachdem Seraphina den öffentlich-rechtlichen Nachrichtensender manipuliert hatte. Oder war das Violetta? Seraphina erinnerte sich nicht einmal mehr so genau an die Einzelheiten. Aus schlechtem Gewissen hatte sie nach jedem Vorfall einige Schweizer Bankkonten manipuliert, so dass weltweit Gelder totalitärer Regimes an Hilfsorganisationen flossen. Trotzdem erschien ihr Antlitz nach jeder solchen Aktion immer verbitterter, bis kein standesgemäßer Ehekandidat sie mehr ansehen mochte. Und irgendwann war sie die einzige Königstochter.

Marlena lachte plötzlich vergnügt. „Jetzt verstehe ich! Das ist kein Märchen. Die älteste Schwester bist du gewesen, und der Thron ging doch noch an dich, denn du hast meine Mutter bekommen – oder meinen Vater?

„Genau. Hier ist das Märchen aus, und sie lebten fortan glücklich bis an ihr seliges Ende. Schlaf jetzt, Marlena."

Seraphina stand erleichtert vom Bett auf.

„Und was ist aus deinen Schwestern geworden?" fragte das Kind. „Wo sind sie? Hast du sie umgebracht?"

„Marlena! Das war doch nur ein Märchen!"

Seraphina wurde allmählich wütend. Sie krallte die Hand um das Ultrasmartphone in ihrer Kleidtasche. Sanfte Vibration signalisierte ihr, dass sich das Gerät wieder eingeschaltet hatte. Das Gefühl von Kontrolle, das Wissen um ihre Macht kehrte zurück. Es gab da einen roten Knopf. Natürlich nur für Notfälle.

„Großmutter, wer waren eigentlich meine Eltern?"

„Kindchen, du brauchst keine Eltern, du hast eine liebe Großmutter, die sich um dich kümmert und immer für dich da ist."

Sie versuchte so ruhig wie möglich zu atmen.

„Komm, erzähl mir keine Märchen. Ich bin in einer der Kutschen am Straßenrand gezeugt worden, das willst du mir doch sagen."

„Es reicht! Schweig jetzt, sonst…"

„Sonst *was*? Na los, Großmutter, sag's mir – wie hast du die Leichen entsorgt? Und warum bist du nicht verheiratet? Hat dein Prinz dich am Ende verschmäht?"

Seraphina nahm das Ultrasmartphone aus der Tasche und zeigte damit in Marlenas Richtung. So hatte der Abend nicht enden sollen. Sie hatte alles ganz furchtbar falsch gemacht.

„Ich will meine Geburtsurkunde sehen." Das Kind hatte die Hände in die Hüften gestemmt. „Jetzt sofort."

Seraphinas Daumen berührte den roten Knopf. Sie hatte ihn noch nie benutzt, aber er fühlte sich so gut an, so glatt und kalt. Diesmal würde kein Blut fließen.

Marlena blickte verwundert in das faltige Gesicht ihrer Großmutter, ein letztes Mal auf deren dünne Lippen, die keine Antwort gaben, bevor ihre Kinderaugen erstarrten und ihr Kopf auf das Kissen zurückfiel.

Seraphina legte das Smartphone weg und trat ans Palastfenster, von wo man jetzt den Mond wieder sehen konnte. Er schien auf die hübsche in Japan gefertigte Puppe mit durch Algorithmen erzeugter künstlicher Intelligenz. Ja, die App zum Abschalten war damals gleich mitgeliefert worden. Nur für absolute Notfälle. Sie erinnerte sich gut an den Tag, als das Paket eintraf. Marlena wurde angeschafft, als Seraphina nach dem Tod des Königs den Thron bestieg und eine Erbin brauchte. Was hätte sie sonst tun sollen? Mit fast 60 konnte sie sich nicht einmal mehr als Mutter ausgeben. Trotzdem hatte das Volk gejubelt, als es von der Adoption einer verwaisten kleinen Prinzessin aus einem entfernten Zweig des alten Adelsgeschlechts erfuhr. Und jetzt würde Seraphina im Keller den Garantieschein suchen und das Mängelexemplar zurückschicken müssen, alles nachdem sie sich neun Jahre lang um Marlena gekümmert und den Algorithmus kontinuierlich mit Daten gefüttert hatte. Ein wenig traurig war das Ganze schon, denn wenn Marlena „aus dem Ferienlager" zurückkäme, würde sie, Seraphina, mit dem Algorithmus ganz von vorne anfangen müssen. Mondlicht streichelte über das hübsche Gesichtchen auf dem Kissen. Die Hardware konnte man hoffentlich noch einmal verwenden.

DER GEHEIME GARTEN

Marty Kaffanke-Fuchs

Ab und zu besuchte Rosalinde ihren geheimen Garten. Es war nicht ihr eigener Garten, sie hatte ihn zufällig entdeckt auf einem ihrer Spaziergänge über die ausgedehnten Streuobstwiesen, und weil sie nie Leute in dem Garten gesehen hatte und der Zugang leicht zu überwinden, war sie eines Tages eingestiegen. Es war ein langgestrecktes Rasenstück mit alten Bäumen, eingefriedet von einem Naturzaun, einem Verhau aus Ästen, Rasenschnitt und sonstigem Grünabfall, der nach und nach höher wuchs.

An der rechten Seite stand, im Schatten einer alten Tanne, eine Skulptur. Eine aus einem dicken Stamm geschnittene Männerfigur, vermutlich mit einer Kettensäge, denn die Linien waren grob und die Schnittflächen des Holzes splittrig und rauh. Die Skulptur war überlebensgroß, ein mächtiger Kopf mit einem starken Gesichtsausdruck auf einem kurzen Hals zwischen hochgezogenen Schultern. Das Holz trug bereits eine graubraune Patina, an einigen Stellen hatten sich Flechten angesiedelt. Die Figur wirkte beim ersten Anblick bedrohlich, sodass Rosalinde immer etwas erschrak, wenn sie sich beim Eintreten nicht ausdrücklich auf die Begegnung vorbereitet hatte. Stand sie aber direkt vor dem Mann, schien sein Blick nicht mehr ganz so finster, vielmehr zeigte er einen gewissen

Zug um den Mund, den man als Lächeln deuten konnte. Als sie das erstmals festgestellt hatte, nickte sie ihm zu und er schien es gelassen zur Kenntnis zu nehmen. Sie nannte ihn bei sich Ritter Kuno, der an dieser exponierten Stelle am Eingang des Gartens als Wächter und Hüter stand und wohl auch als solcher gedacht war.

Nach diesem kleinen Begrüßungsritual, das sie jedes Mal vollzog, wenn sie den Garten besuchte, fühlte sie sich berechtigt weiterzugehen. Hochbeete waren angelegt für Salatpflanzen und Kräuter, daneben, vor dem Zaunverhau, ein Trockenbeet mit besonderen Steinen, bizarren Wurzelstücken und verschiedenen Sedumarten, dazwischen Schneckenhäuschen und Muscheln, ein hübsches Sammelsurium, das die Vorliebe des Gartenbesitzers oder seiner Frau zu kleinen Kuriositäten der Natur zeigte. An den Bäumen hingen Nistkästen für Meisen und Gartenrotschwänzchen und hier und da sogenannte Insektenhotels. Sie fragte sich bei jeder Wiederkehr, ob in einem naturnahen Garten wie diesem solche „Hotels" überhaupt nötig seien. An einem dicken Stamm lehnte eine Holzleiter, Spaten, Schaufel und Rechen, eine umgekehrte Schubkarre, ein Besen aus Birkenreisern, wie ein Hexenbesen. Auf der anderen Seite war der Stamm schon weit hinauf von einer Bauernrose überwuchert, deren zartrosa Blüten im Hochsommer ihren betörenden Duft in diesem Teil des Gartens verbreiteten. Kinderspielzeug lag versteckt unter einer Forsythienhecke. Am starken Ast eines Walnussbaums war eine Schaukel angebracht.

Gewöhnlich streifte sie langsamen Schrittes durch den Garten, berührte nichts, besah lediglich die Fortschritte des Wachstums auf den Beeten, registrierte, wie die

Himbeeren und Brombeeren am Rande reiften, stellte fest, dass die Vogeltränken, die auf dem Rasen verteilt standen, stets gefüllt waren. Der Garten wurde gehegt und gepflegt, das sah man, aber sie hatte noch nie jemanden darin gesehen. Offenbar wurde er nicht sehr häufig von den Besitzern „bewohnt", sodass Pflanzen und Blumen Ruhe hatten, ungestört zu wachsen und wie die Rose fast zu einer Dornröschenhecke zu wuchern. Das war ihr recht, so blieb es *ihr* geheimer Garten. Meist ging sie bis zum Ende des Grundstückes, wo eine alte Weide stand, die mit ihren lang herabhängenden Girlanden eine kleine grüne Laube bildete, unter der Rosalinde eine Weile stehen blieb, die Ausblicke von hier in die weitläufige Feldflur wie durch ein grün gerahmtes Fenster genoss und in die Stille lauschte. Sie hatte diesen Ort schon zu verschiedenen Tages- und Jahreszeiten besucht und war jedes Mal überrascht von der veränderten Atmosphäre, die jeweils herrschte und von der Temperatur, dem Licht, den Stimmen der Vögel, dem Sirren von Zikaden oder fernen Motorengeräuschen bestimmt war.

Am Stamm der Weide lehnten zwei zusammengeklappte Liegestühle. Es war eine verlockende Vorstellung, unter diesem Blätterdach in einem der Liegestühle einen Nachmittag zu verbringen, träumend wie im Gedicht „Seliges Vergessen" von Joseph Eichendorff: *„...Über mir schwanken und spielen die Winde, wiegen so linde das Schiff der Gedanken, wie wenn ohne Schranken der Himmel mir offen..."* Aber sie wagte nicht, es sich in diesem fremden Garten einfach in einem Liegestuhl bequem zu machen. So stand sie nur eine Weile da und lauschte in den Nachmittag, wendete sich dann um und ging. Vom Schauen und Spüren gesättigt, erreichte sie wieder den Ausgang, verließ den Garten mit dem beglückenden Gefühl eines heimlichen Besitzes.

Auch diesmal war Rosalinde in der Gegend unterwegs, und als sie in die Nähe des Gartens kam, zog es sie unwiderstehlich in ihr "Paradies" hinein.

Es war ein Spätsommernachmittag, fast schon Herbst, im Schatten bereits ein wenig kühl. Die Sonne fiel schräg zwischen den Bäumen auf die Rasenfläche. Das Laub des Kirschbaums färbte sich bereits etwas rot. Die Sedumstauden im Trockenbeet hatten ihren Saft verloren und waren dürr geworden. Die Salatpflanzen auf dem Hochbeet abgeerntet, auf der Hälfte der Fläche war jetzt Feldsalat eingesät, Rapunzeln sagt man dazu in manchen Gegenden. Ein paar Rote Beete steckten noch in der Erde, konnten noch etwas an Dicke zulegen, wie sie feststellte. Am Apfelbaum waren einige Früchte übrig gelassen – für die Amseln. Der Walnussbaum hatte angefangen, seine Nüsse abzuwerfen. Sie lagen im Gras, die äußere, ursprünglich grüne Schale war aufgesprungen und färbte sich im Austrocknen schwarz, die braune Walnuss kam zum Vorschein. Zum ersten Mal fasste Rosalinde etwas an. Sie sammelte ein paar der schwarzen Schalen, verpackte sie in einem Papiertaschentuch und steckte sie ein. Ihre Finger wurden dabei ganz schwarz, das nahm sie in Kauf. Die Schalen würden ein sattes Braun zum Färben der Ostereier abgeben. Die Nüsse selbst ließ sie liegen.

Weiter gehend war sie an der Trauerweide angekommen. Mit den Händen teilte sie die Zweiggirlanden und wollte die Laube unter den Ästen betreten, als sie zurückprallte. In einem der Liegestühle, die sonst nur am Baum lehnten, saß ein alter Mann. Er trug einen schwarzen Hut, hatte einen ungepflegten grauen Bart und steckte in schäbigen, abgetragenen Kleidern. Er sah erschöpft aus, blickte ihr missmutig entgegen, und bevor sie ihren Schreck überwunden hatte, sagte er mit knarzender Stimme „Was machst du hier, wie bist du hereingekommen?"

Sie machte eine Handbewegung in die Richtung, aus der sie gekommen war und sagte etwas hilflos, „dort, durch den Eingang!"

„Das ist verboten, weißt du das nicht?"

Und bevor sie etwas Entschuldigendes stammeln konnte, fuhr er fort, indem er mit seiner knochigen Hand auf seine Schuhe deutete: „Bind' mir mal die Schuhe!"

Sie ging gehorsam auf ein Knie hinunter und schnürte ihm die Bindfäden fest, die seine ausgetretenen Schuhe zusammenhielten.

Er hatte ihr aufmerksam zugesehen, und als sie sich wieder aufrichtete und sein Blick nicht mehr ganz so unfreundlich war, wagte sie zu fragen, „Wer sind Sie?"

„Ich bin der Mann im Mond. Ich habe gerade Holz gesammelt, auch heute, am Sonntag" antwortete er ernst und deutet neben sich. Doch da war kein Holz.

O Gott, ein verwirrter Alter, wie ist der bloß hierher gekommen, dachte sie kleinlaut und fragte sich, ob sie jetzt etwas unternehmen müsste.

„Kann ich was für Sie tun?", war darüber ihre ängstliche Frage.

Aber er winkte entschieden ab. „Geh, du hast hier nichts zu suchen!"

Sie wendete sich um und verließ die Weidenlaube, die ihr durch den Alten wie entweiht vorkam.

Verwirrt trat Rosalinde den Rückweg an. Es war das erste Mal, dass ihr hier jemand begegnete. Das war schon seltsam. Als sie sich wieder dem Walnussbaum näherte, an dem die Kinderschaukel hing, sah sie plötzlich ein kleines Mädchen auf dem Schaukelbrett sitzen. Es mochte etwa fünf Jahre alt sein, hatte blonde Locken und trug ein dünnes Kleidchen.

„Kannst du mich anschubsen, ich möchte schaukeln!", rief das Kind munter und lächelte sie an.

Vor Staunen vermochte Rosalinde nichts zu sagen, sondern schubste die Kleine an und die Schaukel setzte sich in Bewegung.

„Mehr", rief das Kind, „fester!"

So gab Rosalinde ihren Stößen mehr Kraft. Dabei fühlte ihre Hand den zarten Stoff des Kleidchens, das viel zu dünn war für diesen kühlen Tag, und darunter den mageren Rücken.

Einmal in Bewegung, konnte sich die Kleine nun selber immer mehr Schwung geben. Sie jauchzte vor Freude. Wie merkwürdig, wer war das Kind, wo war seine Mutter? Sie schaute sich um, sah aber niemanden. Mit einem Mal hatte das Mädchen genug vom Schaukeln, sprang ab und stand jetzt vor ihr.

„Wer bist du, ist dir nicht kalt? Das Kleid ist viel zu dünn! Wo ist deine Mutter?", stieß Rosalinde hervor.

„Ooch, die wird schon kommen. Hast du was Süßes?" fragte das Kind jetzt frei heraus und sah sie erwartungsvoll an.

Verdutzt klopfte Rosalinde ihre Jackentaschen ab und zog etwas hervor.

„Magst du Gummibärchen? Etwas anderes habe ich nicht."

Sie öffnete das Beutelchen und hielt es der Kleinen hin, die sich gleich zwei Bärchen in den Mund schob. Dabei schloss das Mädchen die Augen und lächelte. Es schmeckte ihr.

„Warum hast du nur so ein dünnes Kleidchen an, das ist doch bloß ein Hemdchen und du fühlst dich schon ganz kalt an!", sagte sie ein wenig vorwurfsvoll.

Der Vorwurf galt aber mehr der abwesenden Mutter, die ihr Kind eindeutig vernachlässigte.

„Ich habe alle meine Kleider den armen Kindern verschenkt, weißt du. Jetzt habe ich nur noch dieses Hemd!"

Damit raffte sie den dünnen Stoff zusammen und hüpfte in die Tiefe des Gartens davon.

„Sterntalerchen!" flüsterte Rosalinde erschrocken, „wie kommst du hierher?"

Das Mädchen war fort, wie vom Erdboden verschluckt. Was war hier los? Zuerst der Mann unter der Trauerweide, jetzt das Sterntalerkind - war sie etwa verzaubert? Aus ihrem heimlichen Garten war plötzlich ein unheimlicher Garten geworden, schien ihr. Sie suchte nicht weiter nach der Kleinen, sondern eilte verwirrt dem Ausgang zu.

Der Nachmittag neigte sich zum Abend. Das Licht hatte merklich abgenommen, die Schatten im Garten waren tiefer geworden. Ihr schien, dass auch der umgebende Verhau der Einzäunung jetzt irgendwie dichter und höher war als sie ihn noch vom Hineingehen in Erinnerung hatte. Der ganze Garten wirkte plötzlich so düster. Auch eine eigentümliche Stille hatte sich breit gemacht, anders als die Stille, die sie sonst anziehend fand und genossen hatte. Jetzt noch an den Hochbeeten und an dem Stamm mit den angelehnten Gartengeräten vorbei, dann würde sie schon die Barriere am Eingang sehen. Sie hatte das Gefühl, dass sie sich diesmal länger als sonst im Garten aufgehalten hatte.

Aber was war das? Eine unüberwindlich hohe und dichte Hecke aus Weißdorn oder Schlehe wucherte weit über die Querstange hinaus, die sonst den Eingang versperrte. Wie war das möglich? Sie hatte sich in diesem Garten doch noch nie verlaufen, sodass sie womöglich jetzt an einem anderen Ende stand als sie vorhin eingestiegen war? Nein, nein, hier war der Eingang und daneben Ritter Kuno, der seltsamerweise nicht mehr lächelte. Nur, wie sollte sie durch diese Hecke gelangen? Vielleicht rechts oder links daran vorbei? Unmöglich, alles dicht! Sie war ratlos, Angst und Sorge schnürten ihr den Hals zu.

Aber da knisterte doch irgendwo etwas! Sie suchte in der einsetzenden Dämmerung die Hecke ab. Da sah sie, wie ein kleines Wesen, eine Maus? ein Vogel? durch die Zweige hüpfte. Und dann leuchtete etwas Rotes vor dem dunklen Hintergrund. Sie trat näher und bemerkte einen kleinen Wicht in einem roten Mäntelchen. Ein Zwerg, ein Däumling oder Pumuckl, der da im Geäst herumturnte?

„Gaff nicht so, hilf mir lieber!", fuhr sie ein hohes meckerndes Stimmchen an.

Sie fuhr zurück.

„Wer bist *du* jetzt?", fragte sie erschrocken.

„Ich bin das Rumpelstilzchen! Erkennst du mich nicht? Du liest doch deinen Enkeln immer Märchen vor und jetzt bist du so schwer von Begriff? Hilf mir, dass ich hier freikomme. Du siehst doch, dass ich mit meinem Bart in den Dornen festhänge!"

Gütiger Himmel, jetzt auch noch das Rumpelstilzchen!

Sie trat noch dichter an die Hecke heran. Und dann sah sie, dass sich der Wicht tatsächlich mit seinem langen dünnen Bart in der dichten Hecke verheddert hatte. Ohne fremde Hilfe würde er nicht freikommen, das war offensichtlich.

„Jaja! Aber wie komme *ich* hier wieder raus?", fragte sie trotz aller Überraschung geistesgegenwärtig.

„Wenn du das hinkriegst und mich befreit hast, werden wir darüber reden. Aber jetzt mach' schon, sonst werde ich noch durch meinen eigenen Bart stranguliert."

Rosalinde nestelte nervös an den Zweigen und Dornen, zupfte am Bart, dass der Kleine aufschrie.

„Autsch, du tust mir weh!"

„Entschuldigung!" Es wurde immer dunkler. „Ich gebe mir schon alle Mühe! Aber kannst du mir sagen, was heute in diesem Garten los ist? Nie zuvor habe ich jemanden hier angetroffen, und heute waren gleich der Mann im Mond, dann das Sterntalerkind und jetzt auch noch du hier? Was hat das zu bedeuten?"

„Das kann ich dir sagen, aber mach erst mal weiter! Das hier ist ein Märchengarten, musst du wissen. Wir Märchenwesen treffen uns hier, wenn die Besitzer nicht da sind. Wenn aber andere kommen, so wie du, dann breitet sich ein Schutzzauber über uns aus, so dass wir nicht gesehen werden. Der Zauber hält jedoch nur, wenn der fremde Mensch nichts im Garten berührt und vor allem nichts mitnimmt. Doch du hast Walnussschalen eingesteckt, sie eigentlich gestohlen! Damit zerriss der Zauber, wir wurden schutzlos und von dir also gesehen. Das ist ganz schlecht für uns Märchenfiguren, denn wir müssen geheimnisvoll bleiben. Zwar wurde es schnell dunkel und der Heckenzaun fing kräftig an zu wachsen, aber das reichte nicht mehr. Deswegen war der Mann im Mond so ärgerlich. Indessen war die kleine Göre, das Sterntalerkind, so keck, dich gleich anzubetteln. So was aber auch! Na, wenigstens warst du nett zu den beiden und wenn du es jetzt schaffst, meinen Bart noch aus den Dornen zu retten, dann zeig ich dir die Lücke, die durch die Hecke nach draußen führt."

Endlich war Rumpelstilzchens Bart befreit, Rosalinde richtete sich auf, ihre Hände waren zerkratzt, ihre Finger blutig. Sie atmete tief durch.

„Na, das ist ja nochmal gutgegangen! Und jetzt raus mit dir!", quäkte das Männchen. „Aber das eine sag ich dir, nimm nie wieder etwas von hier an dich, fass' am besten gar nichts an, wenn du nochmal hierher kommen willst! Es gibt nämlich auch Märchenfiguren, denen du besser nicht begegnest!"

Es hüpfte ans Ende der Hecke und wies auf einen engen Durchschlupf dicht über dem Boden.

Robbend erreichte Rosalinde die andere Seite. Sie klopfte ihre Kleider ab und blickte zurück. Der Garten lag still in der Dämmerung, eigentlich wie immer um diese Abendstunde. Sie machte sich eilig auf den Heimweg.

Von ihren Erlebnisen würde sie niemandem erzählen, es sollte ihr geheimer Garten bleiben.

FRITZ HUTH

EINE NACHT IN ÄGYPTEN

Manchmal geschehen Dinge, die sich dem Verstand entziehen, die aber nicht weniger real sind als das, was unsere Augen wahrnehmen.

Es geschah auf einer Ägypten-Reise .....

Wir sitzen im Jeep und fahren durch die Sand- und Geröll - Wüste bei Tell el Amarna. Der ägyptische Leiter dieser archäologischen Sektion, Dr. Mahmet Kades, ist unser Fahrer. Hinter uns erhebt sich eine riesige Staubwolke, die sich weit hinten träge wieder zu Boden senkt. Die gut ausgebaute Straße führt in einen Wadi hinein, ein ausgetrocknetes Flußbett, das sich immer tiefer in die Hügel hineinwindet. Das Brummen des Motors wird von den Hängen zurückgeworfen, sonst ist keinerlei Geräusch zu hören. Kein Baum, kein Strauch, kein Tier ist zu sehen. Über uns der klare blaue Himmel des Spätnachmittags.

Wir, das sind Professor Goldmann, seine Frau Jutta und ich. Alles Religionswissenschaftler, bzw. an Religionswissenschaft Interessierte.

Wir haben uns Tell-el-Amarna angesehen, die Fläche, auf der im Jahre 1350 vor Christus die neue Stadt des Pharaos Echn - aton stand: Achet Aton, „Der Horizont des Aton".

Mahmet erzählt uns aus der Geschichte von Achet Aton:

Diese Stadt hatte damals bis zu 50.000 Einwohner und 40 m breite Prachtstraßen. Kanäle. Ateliers für Bildhauer. Einen Palast für den Pharao und Tempel für den Gott Aton.

Mahmet erzählt uns weiter, während wir auf die weite Ebene am Rande der Wüste hinausgehen. Ägyptische Wächter mit geschultertem Gewehr begleiten uns in angemessener Entfernung. Wir sind in einer Gegend Mittel-Ägyptens, wo das Zentrum des islamischen Fundamentalismus ist, wo die „Muslim-Brüder" stark sind.

Echn - aton, das war der Pharao, der die vielen Götter Ägyptens und den Kult um den Haupt-Gott, Amun, radikal abgeschafft hat und stattdessen nur noch die Sonnenscheibe, Aton, als Gottheit verehrte. Also der erste bekannte Fall von Mono-Theismus in der Weltgeschichte. Das interessiert natürlich Religionswissenschaftler.

Wir waren gespannt auf der Herfahrt, wie diese Stadt des Echn – aton jetzt wohl aussieht.

Leider ist von dieser ursprünglich prächtigen Stadt mit ihren Palästen, Verwaltungs-Gebäuden und Tempel-Anlagen kaum mehr etwas zu sehen. Nur ein ödes, flaches Plateau erstreckt sich am Fuße der Hügel. Zwei Säulen wurden aus aufgefundenen Bruchstücken nachgebildet und einige Grundmauern sind noch zu erahnen.

Jutta weiß viel über die Geschichte der Ausgrabungen hier.

Der deutsche Archäologe Ludwig Borchert hat 1912 in diesem Geröll ein Kleinod gefunden, das seinesgleichen sucht: die Büste von Nofretete, der Frau Echnatons.

Nofretete – ihr Name sagt alles über sie: „Die Schöne ist gekommen."

Jetzt sind wir gespannt auf das, was vor uns liegt: Wir fahren zu einer Grabanlage, die 11 km entfernt von Tell-el-Amarna sozusagen mitten in der Wüste liegt: Hier ist das Grab des berühmten „Ketzer-Pharaos" Echnaton. Sein Name heißt: Der dem Aton Wohlgefällige.

Es ist ein spontaner Ausflug, zu dem ich unsere Gruppe überredet habe.

Auch Mahmet, der ägyptische Archäologe, der die Schlüssel zu dem Grab hat, ist spontan auf den Vorschlag eingegangen.

Nach einer schier endlosen Fahrt durch die immer gleiche Landschaft hält der Jeep plötzlich vor einem Beton-Dach, das links mit zwei Säulen über einem Eingang im Fels errichtet ist. Der Eingang ist durch ein Eisen-Tor gesichert. Wir steigen aus, der Motor wird abgestellt und Stille umgibt uns. Nur das Knirschen unserer Sandalen auf dem Sand des Wadis ist zu hören.

Wir nähern uns dem Eingangs-Tor. Es ist aus massivem Stahl, nur oben ist eine halbmeterbreite Öffnung. Sie ist vergittert.

Die Tür quietscht in den Angeln, müsste mal wieder geölt werden. Mahmet schaltet das Licht ein. Vor uns geht es eine Treppe hinunter in den Fels. Rechts zweigen zwei

Gänge ab. Sie führen in noch unvollendete Grabkammern. Nach einem Absatz noch eine lange Treppe. Wir sind jetzt mindestens 100 m unter der Erde. Ein tiefer Schacht, jetzt von einer hölzernen Brücke überspannt, trennt uns noch von der Grabkammer. Wir überqueren die Brücke und treten ein. Sie ist sehr groß, aber leer. Nur der Sockel, auf dem der Sarkophag stand, ist noch zu sehen. An den Wänden Reste von Reliefs, die meisten abgeschlagen. Nur einige Ecken der Bilder sind noch zu sehen. Ein Motiv zeigt, wie das Königspaar um den Tod der Tochter Meket-Aton trauert. Ein anderes, wie Echnaton mit seiner Frau der aufgehenden Sonne Gebete und Opfer darbringt.

Während wir eifrig schauen und diskutieren, hören wir plötzlich ein lautes „Klang", dessen Echo sich unheimlich an des Wänden des Grabes bricht.

Wir zucken zusammen. Der ägyptische Führer wird bleich. Er hastet nach oben. Wir hören, wie er an der eisernen Tür rüttelt. Ein starker Windstoß muß die Tür zugeschlagen haben. Und sie ist eingerastet und kann nur von außen geöffnet werden. Na ja, macht nichts, er hat ja den Schlüssel.

Aber dann hören wir, wie er laut schimpft. Wir eilen nach oben. Da steht er, ratlos, erklärt uns auf Englisch: Er hat den Schlüssel draußen stecken lassen, weil wir ja nur kurz in das Grab hinein wollten. Ist ja auch kein Mensch weit und breit, der die Tür zuschlagen könnte. Aber jetzt können wir den Schlüssel durch den oberen schmalen Spalt der Tür nicht mehr erreichen.

Wir sitzen in der Falle. Oder doch nicht? Er hat sicher sein Handy dabei. Ja, hat er. Aber es liegt auf der Lade-Station im Jeep. Wir haben keine Handys dabei. Deutsche Handys nützen in Ägypten nichts.

Wie soll es nun weiter gehen? Wir beratschlagen. Professor Goldmann ist verärgert: Wie kann nur eine solche Unaufmerksamkeit passieren? Er kann seinen Groll gegen Mahmet kaum zurückhalten. Jutta sieht das locker: Sie meint, hier sei doch sicherlich ein „Kraftplatz", und es sei doch gar nicht so übel, mal für einige Zeit die Atmosphäre dieses Ortes zu spüren. Ich sehe dem mit gemischten Gefühlen entgegen. Wer weiß, wie lange es dauert, bis unser Verschwinden registriert wird! Aber wir sind uns einig: Früher oder später wird unser Fehlen auffallen, und die Kollegen von Mahmet, dem Archäologen, oder die Polizei von Tell el Amarna wird uns herausholen. Aber das kann dauern.

Wir setzen uns in der Nähe der Tür nieder, lehnen uns an die Wand. Es ist warm und trocken in diesem Grab. Wir merken, wie es draußen langsam dunkel wird. Das spärliche Licht der Glühbirnen im Grab erzeugt eine geisterhafte Atmosphäre: Einige Abschnitte der Treppe, die nach unten führt, sind erleuchtet, dann wieder Schatten und Dunkelheit. Vor allem die abzweigenden Gänge gähnen uns schwarz und unheimlich entgegen.

Die Zeit zieht sich. Wir versuchen, uns durch Reden wach zu halten. Dabei ist eine verhaltene Aggressivität zu spüren: Bei Mahmet, weil er uns in diese Lage gebracht hat, bei Professor Goldmann, weil er das alles nur unnötig und ätzend findet. Er ist auch auf mich sauer, weil ich den

Vorschlag gemacht hatte, in dieses Grab zu fahren. Jutta hält sich zurück, streicht ihrem Mann ab und zu beruhigend über den Arm.

Aber allmählich wird es ruhig.

Ich muß in der Wärme und Stille eingenickt sein. Plötzlich höre ich ein leises Schaben, das mich weckt. Sehe hinunter zur Treppe, die in die Tiefe führt. Irgend etwas bewegt sich da. Kommt näher. Auch die Anderen haben es gehört. Atemlos warten wir, was das ist. Da erscheint in dem schmalen Lichtstreif, den der Mond durch die vergitterte Öffnung des Tores wirft, eine Schlange. Eine Kobra. Sie richtet sich auf, bläht ihr Schild, wiegt sich zischend hin und her. Die Kobra ist das Schutz-Tier der Pharaonen. Will sie uns bedeuten, daß wir dieses Grab verlassen sollen? Schützt sie die Ruhestätte des Pharao?

Wir bewegen uns nicht. Nach einer langen Weile senkt die Kobra ihren Kopf, wendet sich der Treppe zu und kriecht wieder zurück, verschwindet im Halbdunkel.

Da geht plötzlich das Licht aus. Wir erschrecken, Goldstein fragt verärgert: Was ist denn jetzt schon wieder? Mahmet erklärt uns etwas verlegen, daß der Generator, der in einiger Entfernung steht und den Strom produziert, nach einer vorprogrammierten Zeit abschaltet.

Jetzt sitzen wir im Dunkeln. Das ist schon ein Unterschied: Licht, wenn auch spärlich, bis hinunter in die Tiefe des Grabes - oder nur ein schmaler Streifen Mondlicht. Die Dunkelheit umgibt uns jetzt von allen Seiten.

Bedrücktes Schweigen. Ich dämmere vor mich hin, die Sinne sind dabei merkwürdig geschärft. Höre auf die Geräusche, die von draußen kommen. In der Ferne heult ein Schakal. Immer wieder, klagend, ein schauriger, unschöner Ton. Der Schakal-köpfige Gott Anubis war im alten Ägypten als Schutzgott der Mumifizierung der Toten ein Garant ewigen Weiterlebens. Er wurde auch oft als Schakal dargestellt.

Ob das jetzt ein Zeichen ist? Langsam wird uns unheimlich. Keiner sagt was, aber die Beklemmtheit ist mit Händen zu greifen. Unbehaglich sehen wir uns ab und zu an. Langsam vergeht die Zeit, langsam wandert der schmale Streifen Mondlicht über die gegenüberliegende Wand des Grabes.

Mir ist, als ob ich Stimmen höre, leise Stimmen, aber doch deutlich vernehmbar. Ein Murmeln, das an- und abschwillt. Gibt es doch so etwas wie eine Präsenz der Toten? Oder all derer, die Jahrzehntelang an diesem Grab gearbeitet haben? Und derer, deren Körper hier über Jahrtausende geruht hat? Nicht nur Echnaton wurde hier beigesetzt, auch seine Mutter Teje und Andere.

Wir rücken näher zusammen. Hören die anderen es auch? Keiner sagt etwas, aber auch die anderen spüren offenbar diese Präsenz, die immer stärker wird. Ein beklemmendes Gefühl.

Ich rücke noch etwas näher an den Archäologen heran.

Die Wände scheinen etwas auszustrahlen, was sie in Jahrtausenden aufgenommen haben. Es ist undeutlich, aber doch spürbar. Und von dem dunklen Treppenschacht weht etwas herauf, das faszinierend, aber auch sehr beklemmend ist. Mit der verrinnenden Zeit wird es richtig angsterregend.

Diese Stimmen hören nicht auf. Mal schwellen sie an, mal werden sie leiser, aber sie sind immer da.

Drehe ich jetzt durch? Oder träume ich? Aber ich täusche mich doch nicht: Da ist doch etwas! Aber was?

Merkwürdig, wie in der Dunkelheit, ohne die Möglichkeit, Licht zu machen, plötzlich ganz andere Sinne wach werden wie am Tage. Wie das Abgeschnitten-sein von der gewohnten Technik uns wieder auf uns selbst zurückwirft.

Nach einer Weile spüre ich, wie sich etwas in der Tiefe des Grabes bewegt. Die Stimmen werden lauter. Ein weiches, unruhiges Licht scheint auf. Ein beißender Geruch von Rauch reizt die Schleimhäute. Dieser Rauch kommt aus der Tiefe, er gleitet träge unter der Decke entlang und verschwindet durch den oberen Tür-Spalt.

Irgendjemand oder irgendetwas kommt von dort unten. Nach einiger Zeit – das unruhig schwankende Licht steigt langsam aus der Tiefe herauf – sehe ich es: Dunkelhäutige Männer mit weißen Gewändern tragen Fackeln in den Händen. Erst sehe ich die brennenden Fackeln, dann die erhobenen Arme, dann die Köpfe, dann die Oberkörper der aus der Tiefe Heraufsteigenden. In feierlichem, langsamem Zug kommen sie näher. Die Vordersten haben kahlrasierte Schädel, tragen ein Leopardenfell über der Schulter. In einem langsamen, intensiven Rhythmus murmeln sie etwas, das sehr feierlich klingt - es sind wohl Gebete. Aus der Tiefe, da, wohin ich noch nicht blicken kann, kommt ein fremder, trauriger Gesang. Eine monotone, einschläfernde Melodie, etwas, das ich noch nie gehört habe, das mich aber sofort in seinen Bann zieht.

Langsam steigen sie von tief unten, wo die Grabkammer ist, herauf, kommen näher. Ich sitze wie gebannt. Das, was ich da sehe, ist so unwahrscheinlich, daß ich es gar nicht richtig fassen kann. Der feierliche Zug hat solch eine Majestät und Würde, die Haltung der Menschen, die fremdartige, ernste Melodie des Gesangs – das ist etwas – ja was? - fast etwas Heiliges, etwas, das mich tief berührt.

Doch da mischt sich plötzlich Motoren-Geräusch in das Murmeln der Gebete und den Gesang. Irgendwie passt das nicht. Ich schrecke hoch, merke, daß ich schon wieder eingedöst war. Durch den oberen Spalt der Grab-Tür dringt das Licht von Auto-Scheinwerfern. Wir springen auf. Jetzt kommen die Autos, die uns suchen. Wir hämmern gegen die Tür, von draußen kommt Antwort. Mahmet unterhält sich schreiend mit den Angekommenen. Ein Ruck, und die Tür geht auf. Polizisten reden aufgeregt auf uns ein. Wir sind befreit! Sie haben Wasserflaschen mit, wir trinken erst mal hastig, trinken uns satt. Unser Wasser-Vorrat war fast erschöpft.

Auf der Rückfahrt durch das mondbeglänzte Tal spüren wir Erleichterung, aber ich empfinde auch so etwas wie Bedauern darüber, daß die Polizisten so bald gekommen sind. Der Traum – oder war es eine Vision – von dem feierlichen Zug, der da aus der Grabkammer kam, war so intensiv, fast realer als die Wirklichkeit, die mich jetzt wieder umgibt: Wieder einmal frage ich mich: Was ist Realität, was Traum, was Vision?

Im Hotel angekommen, hat uns unsere Welt wieder: Es ist schon tief in der Nacht, wir essen und trinken noch etwas, verabschieden uns von Mahmet, der sich nochmals entschuldigt und niedergeschlagen davon geht.

Lange liege ich noch wach, bin wieder zurück in der „realen" Welt, die Geräusche von draußen, das Summen der Klima-Anlage halten mich fest in dieser Realität.

Aber für einige Momente habe ich erlebt, daß es diese andere Welt noch gibt, hinter unserer Wirklichkeit, hinter der Oberfläche, die uns jeden Tag gefangen hält.

LANDUNG AUF ALPHA CENTAURI

Behutsam schob er den Hebel für den Brems-Strahl nach vorne. Seine Lande-Fähre glitt jetzt immer langsamer der Oberfläche des Planeten im Sternensystem von Alpha Centauri entgegen. Die Oberfläche war hier leicht gewellt und wüstenartig. Während er geduldig und aufmerksam den Landevorgang verfolgte, wurde ihm mit einer Aufwallung von Stolz bewusst, dass er auserwählt worden war, die erste Erkundung der Oberfläche durchzuführen. Sein Raumschiff mit der Besatzung kreiste auf einer Umlaufbahn um den Planeten. Sie waren 4 Jahre unterwegs gewesen nach ihrem Start von der Erde. Aber jetzt war es soweit: Endlich waren sie am Ziel!

Es hatte über Jahre immer wieder Funk-Signale von diesem Planeten gegeben, die man aber nicht entschlüsseln konnte. Diese Mission sollte herausfinden, was hinter diesen starken Impulsen steckte. Sie übertrafen alles, was man sich auf der Erde an Energie vorstellen konnte. Gab es intelligentes Leben auf dem neu entdeckten Planeten im Sternbild Alpha Centauri? Und wenn ja, wie sah es aus?

Die Landefähre verlangsamte ihre Fahrt weiter. Die Oberfläche kam immer näher. Sie war ockerfarben, er konnte aber erst wenige Einzelheiten erkennen. Jetzt – jetzt – setzte die Fähre auf. Die Düsen bliesen riesige Staubwolken hoch. Ein Ruck – er war gelandet!

Er ließ die Triebwerke noch einige Zeit mit halbem Schub laufen, um zu sehen, ob der Boden hielt. Dann schaltete er sie aus. Das Vibrieren des Schiffes verebbte. Das dumpfe Geräusch der Triebwerke verstummte.

Einige Minuten saß er schweigend da. Genoss die Stille, die Weite des Horizonts, der sich vor ihm auftat. Dann löste er die Gurte und machte Meldung ans Mutterschiff: Bin gelandet. Alles geht nach Plan. Vorsichtig begab er sich von der Steuer-Zentrale in den Raum, in dem die Skaphander aufbewahrt wurden. Langsam legte er einen an. Überprüfte, ob die Sauerstoff-Tanks gefüllt waren. Ob der Helm gut abschloß.

Dann ging er in den Hangar, wo das Raupenfahrzeug zur Erkundung der Umgebung stand. Sie nannten es „Pathfinder".

Schloss die Schleuse zum Raumschiff. Betätigte den Öffner für die Außen-Tür. Startete den „Pathfinder". Und rollte langsam die Rampe hinab.

Schaukelnd bewegte sich das Kettenfahrzeug über die Oberfläche. Es wirbelte Sand und Staub auf, der sich weit hinten als braune Wolke wieder setzte. Er hatte den Auftrag, von seinem Lande-Punkt aus erst einmal nach Osten zu fahren. Dort hatte man vom Mutterschiff aus Unregelmäßigkeiten auf der Oberfläche erkennen können, er sollte in einer ersten Mission herausfinden, was das war.

Das vertraute Vibrieren des Motors beruhigte ihn. Er gab die Meldung durch, dass er jetzt unterwegs war ins geplante Zielgebiet.

Nachdem er etwa eine halbe Stunde gefahren war, veränderte sich der Boden. Jetzt wurde er härter, unregelmäßiger, die Stöße des Pathfinder wurden unbarmherziger, er musste die Geschwindigkeit drosseln.

Einzelne senkrechte Gebilde tauchten auf. Sie sahen aus wie Stalagmiten. Erstarrte Formen, die in den Himmel ragten. Bis zu 10 Meter hoch. Sie wurden immer häufiger. War das ein ehemaliger Wald, der versteinert war? Fast sah es so aus. Es konnte aber auch etwas ganz anderes sein.

Hinter einer Hügelkette, die er leicht überwand, sah er plötzlich vor sich in einem weiten Talkessel Ruinen. Ruinen eines Gebildes, das er nicht begriff.

Das er nicht zuordnen konnte. Senkrechte Flächen. Waagerechte Flächen. Verbogene Konstruktionen. Krater. Alles wie geschmolzen. Und über dem allen die beiden Sonnen von Alpha Centauri A und B, die alles in ein tief orangenes Licht tauchten. - - -

Da spürte er plötzlich einen leisen Luftzug. Das war nicht die Klima-Anlage, die arbeitete geräuschlos und zugfrei.

Er drehte sich um. Dort stand seine Frau im Morgenrock, mit wirren, zerdrückten Haaren und Rändern unter den Augen.

Er zuckte zurück. War das eine Vision? Wie kam seine Frau hierher? Täuschten ihn seine Sinne so gewaltig?

„Wann kommst du denn endlich ins Bett?" fragte sie verschlafen. „Musst du denn immer bis in die Nacht Deine Science Fiction Spiele am Computer machen? Morgen ist

Samstag. Da müssen wir früh raus. Einkaufen und dann Mutter besuchen. Und am Nachmittag soll ich das Enkelchen hüten, damit unsere Tochter auch mal einen halben Tag frei hat." - - -

Die Erkundung des neuen Planeten im System Alpha Centauri war damit vorerst beendet.

Am nächsten Abend saß er wieder vor dem Bildschirm. Er wollte die Erkundung des Planeten im Sonnensystem Alpha Centauri endlich fortsetzen.

Am Vormittag hatten sie alles für das Wochenende eingekauft. Ewig an der Kasse gestanden. Gewartet, bis die Kunden vor ihnen ihren Einkauf mit Eurocard bezahlt hatten. Dann die Mutter seiner Frau besucht. Mit ihr spazieren gegangen. Sie wohnte in einem „Senioren Stift", wie das jetzt hieß. Altenheim gab es ja nicht mehr. Sie hatte sich sehr gefreut. Das Wetter war gut, sie saßen noch in der Cafeteria und tranken Tee. Der Höhepunkt des Tages für seine Schwiegermutter.

Während seine Frau das Enkelchen hütete, mähte er den Rasen, fuhr den Wagen in die Wasch-Anlage, reparierte einige Gartengeräte.

Es war eigentlich so wie an fast jedem Samstag. Aber diesmal hatte sich etwas verändert. Die Routine des Wochenendes hatte ein Stadium erreicht, wo es ihm keinen richtigen Spaß mehr machte. Er tat, was getan werden musste. Aber lustlos. Eigentlich wiederholte sich alles. Er hatte das alles schon so oft getan. Mit kleinen Varianten, ja. Aber im Prinzip immer das Gleiche.

Dieser Routine wollte er wenigstens ab und zu entrinnen. Das Treffen mit Freunden brachte einige Abwechslung. Aber auch hier gab es neben alltäglichen Neuigkeiten meist einen fast voraussehbaren Gesprächs-Verlauf. Sie waren jetzt alle etwas älter, so um die 60, und immer öfter kam das Thema Gesundheit zur Sprache. Vielmehr: Krankheit. Bis eine Frau, Caroline, eines Tages sagte: Also, die ersten 10 Minuten über Krankheiten, dann wird das Thema gewechselt!

Das gelang zwar nicht immer, aber meist gelang es, andere Themen zu finden. Politik, Reisen, Yoga, auch Religion und Kirche. Einige waren in ihren Kirchen-Gemeinden engagiert. Flüchtlings-Problematik. Radikal-isierung der Parteien-Landschaft. Die Schere zwischen Arm und Reich. Er konnte das nicht mehr hören. Suchte Bereiche, wo etwas Neues zu erfahren war. Wirklich zu erleben war. Nur was? Auch der Sportverein brachte keine wirkliche Abwechslung. Beim immer gleichen Bier der immer gleichen Marke mündete das Gespräch oft in Stammtisch-Parolen, die hitzig ausgetauscht wurden. Je hitziger, je mehr Biere getrunken waren. - - -

Jetzt hatte er Zeit, seine Erkundung des Planeten im Bereich Alpha Centauri fortzusetzen. Diesem täglichen Einerlei wenigstens für ein paar Stunden zu entkommen.

Er schaltete den Computer ein. Draußen war es schon Nacht. Seine Frau saß im Wohnzimmer und sah einen Film im Fernsehen.

Sein Computer-Programm setzte an der Stelle ein, wo er gestern aufgehört hatte.

Vor sich sah er diese Talsenke mit den rätselhaften Gebilden. Am Ehesten erinnerten sie ihn an die Ruinen einer Fabrik-Anlage oder einer riesigen Stadt. Er machte Meldung an das Raumschiff. Dass er ein riesiges, Stadt-ähnliches Gebilde vor sich sehe, das er aber nicht wirklich zuordnen könne. Er bekam die Order, vorsichtig weiter zu fahren und bei dem geringsten Anzeichen von Gefahr sofort zurückzukehren.

Er setzte den Pathfinder behutsam wieder in Bewegung. Fuhr langsam über das abfallende Gelände. Der Geigerzähler begann zu ticken. Draußen musste eine erhöhte Radioaktivität sein. Aber noch weit unterhalb des Bereichs, wo sie für ihn gefährlich werden konnte.

Die Ruinen machten den Eindruck, als seien sie nicht einfach zerfallen, sondern mit Gewalt zerstört worden. Zwischen den Trümmern gab es eine Art von Straßen, aber nicht wie auf der Erde gerade gebahnte Wege, sondern immer mit einem geschwungenen Verlauf. Zwischen Schutt und verbogenen Trägern, so vermutete er, gab es immer wieder halbkugelförmige Gebilde, die nicht zerstört waren. Er rätselte: Waren das etwa Bunker? Er konnte nur mutmaßen. Sie hatten keine erkennbaren Eingänge und schienen extrem massiv zu sein.

Dann stieß er auf ein breite Allee, die – auch etwas geschwungen – auf ein besonders großes Kuppel-Gebäude hinführte. Dies lag auf einer Anhöhe und beherrschte den ganzen Talkessel. Während die Trümmer der übrigen Gebäude einen stumpf-grauen Farbton hatten, glänzte diese Kuppel in einem blendenden Weiß.

War das etwa die Zentrale dieser Anlage? Das Rathaus? Das Kommando-Zentrum? Oder eine Art religiöses Zentrum, ein Tempel oder ein Heiligtum?

Er fuhr langsam auf das Gebilde zu. Es wuchs immer mächtiger vor ihm auf, je näher er kam.

Aber jetzt stoppte er den Pathfinder. Und beendete das Programm. Er hatte wahrgenommen, daß es schon fast 23 h war, und morgen war Montag. Da musste er früh raus. - - -

Am nächsten Abend ließ er sich Zeit, um über seine Situation weiter nachzudenken.

Ihre Ehe war eigentlich ganz befriedigend. Nach anfänglichen Kämpfen hatten sie Beide sich zu einer Art „Burgfrieden" geeinigt. Jeder hatte einen großen Spielraum, das zu machen, was er bzw. sie für sich gut fand.

Das brachte Freiheit, aber die Intensität ihrer Beziehung ließ nach. Jeder hatte sein eigenes Programm, jede Woche durchgetaktet, es gab wenige Abweichungen. Ein schiedlich-friedliches Nebeneinander.

Dennoch waren beide froh, einander zu haben. Allein zu leben, das konnten sie sich nach diesen langen Jahren der Gemeinsamkeit nicht vorstellen. Und doch nagte da etwas an ihnen, das sie Beide beunruhigte. - - -

An diesem Abend saß er wieder am Computer. War gespannt, wie die Erkundung von Alpha Centauri sich weiter entwickeln würde.

Er stand mit seinem Pathfinder vor dem geheimnisvollen, strahlend weißen Kuppelbau. Langsam umfuhr er ihn. Es war eine gewaltige Anlage. Sie maß im Durchmesser fast einen Kilometer. Suchte nach einem Eingang. Schließlich fand er ein riesige Öffnung. Sie war wie ein Halbkreis geformt und etwa 10 Meter hoch und breit. Dahinter gähnte ein dunkler Gang.

Er erstattete Bericht an die Zentrale. Ob er hineingehen sollte. Nein, das sei viel zu gefährlich. Er solle zu seiner Landefähre zurückkommen. Sie würden noch zwei weitere Besatzungs-Mitglieder zur Erkundung des Tunnels schicken.- -

Das Programm fuhr fort, als die beiden Astronauten gelandet waren. Es waren Martin und John, zwei vertraute Freunde von ihm. Sie fuhren mit den Pathfinder, der für 4 Personen Platz bot, die ganze Strecke bis zu der Kuppelanlage vorsichtig über Geröll und Abhänge. Die Beiden staunten über die grotesken Gebilde, die sie sahen. Rätselten, wie er zuvor, was das wohl gewesen sein könnte.

Vor dem Eingang des Gebäudes trennten sie sich: John blieb draußen am Pathfinder und hielt Funk-Kontakt mit dem Mutterschiff. Sie hofften, daß sie im Inneren des Gebäudes Kontakt mit ihm behalten würden. Sie hatten die Order, bei der geringsten Gefahr sofort umzukehren.

Er ging mit Martin langsam durch das Tor. Vor ihnen war eine sanft ansteigende Rampe. Es war hell, ein gedämpftes Licht lag auf den Wänden. Die Wände der Kuppel schienen licht-durchlässig zu sein.

Je weiter sie vordrangen, desto geschwungener wurde die Rampe. Wie eine riesige Wendeltreppe wand sie sich um eine unsichtbare Mitte.

Nun spürten sie ein sanftes Vibrieren, so als würde irgendwo eine Maschine laufen und leichte Erschütterungen erzeugen. Nach einiger Zeit kamen sie in einen kuppelförmigen Raum, und hier hörten sie das kräftige Summen von mächtigen Maschinen. Es gab am Rande dieses kreisrunden Raums Schächte, die nach unten führten. Aus denen kam das Geräusch. Sie sahen in alle hinein, konnten aber nichts erkennen. Ihre Hand-Scheinwerfer reichten nicht in die Tiefe hinab, die enorm sein musste. Woher kam die Energie für diese Maschinen? Wer bediente oder wartete sie?

Sie versuchten Funk-Kontakt zu John aufzunehmen. Es gelang, aber seine Stimme war nur sehr schwach zu verstehen. Berichteten über ihre Entdeckungen. Er sagte, sie sollten sich in Abständen melden, damit er über ihre Situation informiert wäre.

Nun gingen sie zurück zu der geschwungenen Rampe, die weiter nach oben führte. Von ihr gingen Seitengänge ab, in die sie hineinleuchteten, die sie aber nicht betraten.

Schließlich endete die Rampe in einem riesigen kuppelförmigen Raum, der vom Licht der beiden Alpha Centauri Sonnen orangerot erhellt war. Sie vermuteten, daß dies der oberste Raum unter der Kuppel war.

Der Raum war leer. Nur in der Mitte ragte ein riesiger schwarzer Monolith auf. Er hatte eine quadratische Grundfläche und eine unregelmäßige Oberfläche, die wie grob behauen schien. In dem sonst hellen Raum mit den sanft erleuchteten Wänden wirkte er irgendwie deplaziert. Oder, besser gesagt, archaisch. Wuchtig. Wie von einer anderen Welt. Einer Welt, die nicht zu den Materialien, Formen und Farben passte, die sie umgaben.

Lange Zeit blieben sie wie angewurzelt vor diesem Anblick stehen, ließen den Eindruck auf sich wirken. Martin erwachte zuerst aus der Erstarrung. „Wir sollten John anrufen und ihm von unserer Entdeckung berichten." „Ja, machen wir!" - Es stellte sich heraus, daß der Funk-Kontakt abgebrochen war. Nun waren sie allein in diesem merkwürdigen Gebäude, das bei aller Fremdheit doch etwas irgendwie Vertrautes hatte.

Hier musste er das Programm beenden. Er musste sich dazu sehr überwinden, konnte sich nur schwer von diesem Raum und seiner Atmosphäre lösen. Und was bedeutete dieser Monolith? - - -

In dieser Nacht hatte er einen intensiven Traum. Er war wieder in dem kuppelförmigen Raum auf Alpha Centauri. Genoß das sanfte Licht, die angenehmen weichen Formen. Und starrte auf diesen schwarzen Monolithen, der sich da wuchtig und erratisch in der Mitte des Raumes erhob.

Plötzlich stand eine Frau vor dem schwarzen Hintergrund des Monolithen. Er hatte nicht gesehen, woher sie gekommen war. Sie stand da in einem weißen Gewand, das ihr bis an die Knöchel der Arme und Beine ging. Es war halb durchsichtig, so, wie er es auf Abbildungen von ägyptischen Reliefs gesehen hatte in den Gräbern von Luxor. Dort trugen es die Prinzessinnen und Priesterinnen.

Sie stand dort, unbeweglich, und sah ihn an. Lange. Sonst geschah nichts. Er wagte es nicht, sich ihr zu nähern. Plötzlich schreckte er hoch und wachte auf.

Was für ein Traum war das? Was für eine Frau hatte er da gesehen?

Lange dachte er nach, bis er endlich wieder einschlief.

In der nächsten Nacht wiederholte sich der Traum. Die Frau stand da, er stand da, aber keiner rührte sich. Irgendwie kamen ihm die Gesichtszüge dieser Frau vertraut vor. Ihre Figur, die durch das halb durchsichtige Gewand schimmerte. Ihre Haltung. Und ihr Blick.

Und doch war da etwas anders, als das, was er als vertraut empfand. Irgend wie idealer. Vollkommener.

Und in der dritten Nacht wieder. -

Er musste in den nächsten Tagen seinen Beitrag für einen Kongress vorbereiten, deshalb kam er nicht mehr dazu, das Video-Spiel fortzusetzen.

Am Abend des Kongresses saß er mit einem alten Freund, den er bei diesen Gelegenheiten immer wieder einmal traf, in der Bar des Tagungs-Hotels zusammen. Er war Psychologe, hatte am C.G. Jung Institut in Zürich studiert. Er erzählte ihm diesen Traum, der sich zwei mal wiederholt hatte. Fragte, was er davon halte.

Diethard, sein Freund, sagte: „Die Frau, die du gesehen hast, könnte Deine „Anima" sein. „Was ist denn das?" fragte er.

„Die „Anima" ist das Idealbild von einer Frau, das du in Deinem Unterbewußtsein trägst. Entsprechend hat jede Frau das Idealbild eines Mannes, des „Animus" in sich. Danach wird dann die Partnerin bzw. der Partner ausgewählt."

„Aber meine Frau entspricht dieser Frau im Traum in Vielem gar nicht!" erwiderte er.

„Ja, das ist das Rätselhafte. Man bleibt dann schließlich bei einer Partnerin oder einem Partner, die oder der dem nicht ganz entspricht, vielleicht sogar das Gegenteil verkörpert."

Er wurde nachdenklich. Damit musste er sich noch länger beschäftigen.

Der Traum wiederholte sich in den folgenden Tagen nicht mehr. Aber ihm fiel auf, daß diese Frau vor dem Monolithen doch viele Züge aufwies, die seine Frau auch an sich hatte. Von ihrem Äußeren, ihrer Figur, ihren Haaren, ihrem Blick, ihrer Haltung.

Und mit der Zeit erkannte er, daß seine Frau doch in vieler Hinsicht dieser seiner „Anima" entsprach, die er im Traum gesehen hatte. Daß er damals, als sie sich kennenlernten, Vieles an ihr wahrgenommen hatte, was dieser Frau im Traum sehr ähnlich war.

So nahm er jetzt wieder viel bewußter wahr, wie sie sich bewegte. Bemerkte wieder die anmutige Geste, mit der sie sich das kastanienbraune Haar aus der Stirne strich. Und sah ihr wieder bewusster in die Augen: Diese interessanten blau-grauen Augen, die ihn damals so unglaublich angezogen hatten.

Und sah, daß sie sich doch alle Mühe gab, ihre Ehe am Laufen zu halten. Durch die Art, wie sie das Haus in Ordnung hielt, die Blumen liebevoll pflegte, alle notwendigen Aktionen engagiert anging.

Und das veränderte ihr Verhältnis im Laufe der nächsten Zeit. Gründlich.

Er entdeckte nach und nach immer mehr an seiner Frau, das er bisher nicht beachtet hatte. Das ihm selbstverständlich geworden war. Das er eigentlich gar nicht mehr wahrgenommen hatte. Das im Trubel des „Alltags-Geschäfts" untergegangen war.

Sie war für ihn wieder interessant geworden.

Und umgekehrt nahm sie zunehmend wahr, wie er sich um sie kümmerte, wie er sie nicht nur flüchtig ansah, sondern wohlwollend, nachdenklich. Das tat ihr gut. Und öffnete ihr Inneres wieder stärker für ihn.

Ihr Verhältnis wurde wieder intensiver. Bewusster. Und Befriedigender. - - -

Erstaunlich, was man bei der Erkundung von Alpha Centauri alles entdecken kann.

EINE ANNONCE UND DIE FOLGEN

Er saß an seinem gewohnten runden Tischchen vor dem Café am Marktplatz. Vor sich einen Kakao. Es war Mai, die Bäume blühten und regneten bei starkem Wind ihre Blüten wie Schneeflocken auf den Boden. In der Mitte plätscherte ein Brunnen. Menschen schlenderten sommerlich bekleidet über den Platz. Es war Sonntag. Da war langsame Gangart angesagt.

Heute war er voll innerer Erwartung. Er hatte eine Annonce aufgegeben. „Liebevoller Mitt-Sechziger ….. sucht einfühlsame und unternehmungslustige Partnerin".

Nun hatten über zwanzig Frauen geantwortet. Einige Briefe hatte er gleich aussortiert. Allein vom Schreib-Stil und den Angaben, die sie machten, hatte er den Eindruck, daß das wohl doch nicht passte.

Heute war er mit der ersten Schreiberin verabredet, die vom Brief her den Eindruck gemacht hatte, dass „es passen könnte".

Er war schon über eine Stunde vor dem verabredeten Termin gekommen. Wollte sich innerlich auf dieses Treffen vorbereiten.

Wer würde da kommen? Würde ihr Äußeres ihm gefallen? Und was für eine Persönlichkeit hatte diese Frau?

Jeder von ihnen Beiden hatte ja schon über sechzig Jahre hinter sich. War geprägt von diesem Leben. Hatte seine und ihre Angewohnheiten und Macken.

Nachdenklich blickte er über den Platz. Ein älterer Mann mit einer abgewetzten Hose und einer Trainingsjacke setzte sich auf eine der Bänke und holte aus seiner Aldi-Tüte einige Brotscheiben hervor. Er krümelte sie vor sich auf die Erde. Im Nu war Leben um ihn her: Viele Tauben schwirrten herbei und pickten eifrig auf, was er ausgestreut hatte. „Vielleicht auch so ein einsamer Mensch wie ich" dachte er.

Er war nun schon viele Jahre allein. Einige Beziehungen, die er hatte, waren alle irgendwann zu Ende gegangen. Und dann hatte er resigniert. Sich in sich zurückgezogen. Voller Groll die lautstarken Aktionen für „die Rechte der Frau" verfolgt. „Und wer spricht von den Rechten des Mannes?" fragte er sich oft. So viele Männer werden von ihren Frauen verlassen, wer fragt nach denen? Oder werden krank, sind nicht mehr so leistungsfähig wie früher, bleiben zurück.

Und werden dadurch für ihre Umgebung – und für die Frauen – eher uninteressant.

Freunde hatten ihn immer wieder ermutigt, doch im Internet nach einer Partnerin zu suchen. Mit „Parship" oder einer ähnlichen Organisation. Auf den Werbeplakaten von „Parship", die er im Hauptbahnhof in Frankfurt immer wieder sah, stand, „alle 11 Minuten verliebt sich ein Single durch die Vermittlung von „Parship".

Und die Menschen, die da auf dem Plakat dem Betrachter entgegenlachten, waren alle jung, flott gekleidet, hatten eine makellose Gesichtshaut ohne Falten, volle Haarpracht, strahlten und signalisierten: Wenn du zu uns kommst, wirst du glücklich!

Er sagte sich natürlich: Das sind Foto-Modelle, die für diesen speziellen Zweck zurechtgemacht sind. Selbst vielleicht geschieden. Oder in einer unglücklichen Beziehung. Aber – auch wenn er sich das klarmachte – irgendwie wirkten diese Plakate.

Nun war er nicht mehr in dem Alter, dass er eine makellose Gesichtshaut hatte. Es bildeten sich schon Altersflecken. Seine Haare waren dünn geworden. Seine Stimmung meist nicht strahlend, sondern niedergeschlagen.

Und dann diese Geschichte, die er neulich gelesen hatte:

Ein deutscher Mann fängt mit einer Frau aus den USA eine Freundschaft übers Internet an. Beide finden sich sehr anziehend. Mailen und telefonieren schließlich oft miteinander. Eines Tages sagt er, er wolle sie in den USA besuchen. Da wird sie plötzlich ganz zurückhaltend. Er insistiert, schließlich gibt sie nach.

Und dann die Überraschung: Die Frau erweist sich als 20 Jahre älter, als sie angegeben hatte. Ist in der persönlichen Begegnung ganz anders als beim abendlichen Plausch am Telefon.

Es stellt sich dann heraus, dass Sie verheiratet ist. Wo ihr Mann denn sei, fragt er. Denn sie wohnt anscheinend allein in ihrem Haus.

Nach langem Zögern geht sie mit ihm in den Keller, wo eine große Kühltruhe steht. Sie öffnet den Deckel: Unter einer Folie liegt ihr Mann, tiefgefroren.

Er ist schon seit einigen Jahren tot. Er ist zu Hause gestorben. Sie hat den Tod nicht gemeldet. Konnte sich von ihm nicht trennen. Und hat deshalb kurz entschlossen seinen Leichnam eingefroren.

Immer wieder in den Jahren nach seinem Tod war sie an die Kühltruhe gegangen, um ihn zu sehen, über seine eiskalten gefalteten Hände und sein Gesicht zu streichen, die Vorstellung in sich zu nähren, er sei noch da.

Später stellte sich heraus, daß der Mann eines natürlichen Todes gestorben war. Und die Frau musste die Rente, die sie seit dem Tod des Mannes bezogen hatte, zurückzahlen. - - -

So etwas wollte er nicht erleben. Er wollte die Frau, die auf seine Annonce geschrieben hatte, direkt kennenlernen.

Deshalb hatte er diesen Weg gewählt.

Er sah auf die Uhr. Halb vier! Noch eine halbe Stunde!

Er wurde langsam etwas unruhig.

Bei der netten Kellnerin bestellte er jetzt noch einen Latte Macchiato koffeinfrei.

Schaute sich die Menschen an, die sich auf dem Platz bewegten. Vielleicht war sie ja dabei? Beobachtete ihn aus der Ferne? Er hatte sein Aussehen und seine Garderobe, die er an diesem Tag anhaben würde, genau beschrieben.

Das mit dem Beäugen aus der Ferne schien eine verbreitete Methode zu sein, erst mal vorsichtig zu sehen, ob dieser Mensch überhaupt in Frage käme. Freunde hatten ihm davon berichtet. Sie hätten dann in manchen Fällen gleich kehrt gemacht.

Für ihn wäre das nichts. Er legte mehr Wert auf die Gesamt-Persönlichkeit einer Frau, ihre Ausstrahlung, ihre Erfahrungen, ihre Interessen und Gefühle. Und das konnte man am Äußeren nicht unbedingt ablesen.

Jetzt war es fast 16 h. Er blickte aufmerksamer in die Runde. Könnte es diese Frau in Jeans und orangenem T-Shirt sein, die auffällig langsam über den Platz schlenderte? Sie war so etwa in dem Alter, das die Briefschreiberin angegeben hatte.

Aber sie schlenderte vorüber, sah noch nicht einmal in seine Richtung.

Es wurde 16 h. Niemand kam. Er wartete bis 16.15 h, immer noch niemand. Bis 16.30 – er war enttäuscht. Warum kam sie nicht zum ausgemachten Termin? Hatte sie ihn aus der Ferne begutachtet und gleich gesagt: Der ist nichts für mich?

Er blieb noch eine Weile sitzen. Widerstreitende Gefühle bewegten ihn. War er denn so unbedeutend in den Augen der Briefeschreiberin, daß sie nicht einmal ein Gespräch mit ihm führen wollte?

Andererseits: Wenn eine Frau so handelt, was ist das für eine Perspektive für eine mögliche zukünftige Beziehung?

In dem Moment, in dem er bezahlen und aufbrechen wollte, kam plötzlich eine Frau auf ihn zu und rief: „Hallo, Martin! Du hier?"

Er zuckte zusammen. Wer kannte ihn denn hier? Das war ihm noch nie passiert, daß ihn eine Frau auf offener Straße angesprochen hatte.

Er schaute genauer hin: War das nicht Dietlind, seine frühere Studien-Kollegin von der Uni Marburg?

Ja, tatsächlich, sie war es! Sie begrüßten sich herzlich, sie setzte sich zu ihm.

„Ja, gibt es denn so was?" sagte sie ein ums andere Mal. „Daß man sich nach so viel Jahren mal wieder trifft!"

Sie bestellte einen Cappuccino. Er war innerlich aufgewühlt: Sie hatte ihm schon damals im Studium gut gefallen. Aber sie hatte einen festen Freund, er eine feste Freundin. Sie trafen sich fast jeden Tag in der Mensa. Mit einer kleinen Gruppe von Studien-Kollegen. Es ging immer sehr lustig her. Es wurde viel gelacht. Und über die Professoren und auch einige Kommilitonen und Kommilitonen gelästert. Das war ein richtiger Sport. Und natürlich die Politik kommentiert.

Sie sah ihn aufmerksam an. „Du hast dich kaum verändert. Wenn man mal davon absieht, daß Deine Haare etwas grauer sind als damals." Das tat ihm schon gut. Er gab das Kompliment zurück. Ihre Haare hatten einen dunklen Farbton, mit einem Hauch von Kastanienbraun. Sicher gefärbt. Aber es sah gut aus.

Ihr Gesicht und ihre Haut waren natürlich auch gealtert, aber ihre Ausstrahlung hatte nichts von ihrer Intensität verloren.

Das hübsche hellblaue Kleid stand ihr gut. Umschmeichelte ihren immer noch schlanken Körper.

„Was hast du denn in der ganzen Zeit so gemacht?" fragte sie. Er erzählte, etwas unsicher, von seinen Beziehungen und beruflichen Entwicklungen. So viel Vorweisbares gab es da nicht.

Sie berichtete von ihrer Ehe mit Horst, ihrem damaligen Freund. Sie hatten bald nach dem Examen geheiratet, hatten eine bürgerliche Ehe geführt. Sich weiterhin gut verstanden. Aber er war vor einigen Jahren an einer unheilbaren Krankheit gestorben. Seitdem lebte sie allein.

„Kein neuer Mann?" fragte er. Nach einigem Zögern: „Nein – nur ein paar oberflächliche Freundschaften, aber keine ernste Beziehung mehr." Nach einer Weile: „Diese tiefgehenden Gespräche, die wir damals im Studium hatten, habe ich später selten mit anderen Menschen führen können. Es bewegte sich alles mehr an der Oberfläche. Und das war mir zu unbefriedigend."

Er spürte eine leichte Aufwallung von Genugtuung. Er hatte das ähnlich erlebt nach dem Studium. Eine kleine Hoffnung begann sich in ihm zu regen: Vielleicht könnten sie an die Zeit von früher anknüpfen, das an Gedankenaustausch weiterführen, was damals – neben dem Studium – ihr Lebenselixier gewesen war. -

Sie erzählte weiter: Ihre beiden Kinder, eine Tochter und ein Sohn, waren erwachsen, sie hatte jetzt viel Zeit.

Wohnte in der Nachbarstadt und war heute zu einem Bummel hierhergekommen. - - -

In der Folge trafen sie sich öfter.

Restaurants, Theater, Konzerte, Ausflüge.

Er besuchte sie in ihrer stilvoll eingerichteten Wohnung.

Sie ihn.

Akzeptierte seinen Junggesellen-Haushalt.

Ein gemeinsames Wochenende.

Ein gemeinsamer Urlaub.

Die alte Zuneigung zueinander flammte neu auf. Und konnte sich jetzt erst richtig entfalten.

„Sie haben sich gefunden", wie man so schön sagt.

An die Frau, auf die er damals aufgrund seiner Annonce gewartet hatte, dachte er nur noch ab und zu. Oder war das doch Dietlind, die damals gekommen war? Und es nicht sagen wollte, daß sie auf eine Annonce reagiert hatte?

Sie haben das Thema nie mehr angesprochen. - - -

Ja, eine Annonce hat manchmal ungeahnte Folgen. - -

WACHSTUMS-IMPULS

I. Der Unfall

Sie waren auf dem Weg von Süddeutschland ins Rhein-Main-Gebiet.

Hatten einige Tage Urlaub in einem Tagungshaus gemacht. Sie, Susanne, um die 50, Lehrerin an einer Grundschule. Fächer: Französisch und ev. Religion.

Er, Martin, um die 60, ebenfalls Lehrer. Er unterrichtete an der Uni das Fach Religionswissenschaft.

Sie kannten sich nun schon drei Jahre, unternahmen gerne etwas gemeinsam. Hatten viele Themen, die sie diskutierten.

Der Travel-Pilot hatte einen 10 km langen Stau angekündigt. Sie hatten die Autobahn verlassen und fuhren nun auf einer Bundesstraße. Felder und Wiesen, so weit man sehen konnte. Das Auto, von ihr gesteuert, glitt wie schwerelos dahin. Er schaute in die Karte, ob sie wohl noch einen kleinen Abstecher nach Maulbronn machen könnten. Zeigte ihr, wie dann die Route verlaufen würde. Sie schaute kurz hin, dann bremste sie plötzlich scharf. Er sah auf, mitten in der Pampa war da eine Kreuzung. Die Ampel war gerade auf Gelb gesprungen. Er musste sich festhalten, so jäh kam der Wagen zum Stillstand.

Er spürte etwas wie Gefahr. Da machte es einen Riesen-Knall. Beide wurden nach hinten, an die Kopfstützen geschleudert, dann wieder vor in die Gurte. Und wieder nach hinten.

Nach einer Schreck-Sekunde brach es aus ihr heraus: Oh nein, kein Unfall!

Sie hämmerte mit beiden Fäusten gegen das Lenkrad. Er war auch wie unter Schock, konnte kein Wort herausbringen.

Sie stiegen wegen des weiter vorbeiflutenden Verkehrs vorsichtig aus. Der BMW hinter ihnen hatte sich ganz an ihr Auto herangeschoben. Er hatte ein leicht eingedelltes Vorder- und Hinterteil.

Aber das Auto dahinter hatte sich unter seinen Wagen geschoben, der ganze Motor-Raum war gestaucht, die Motor-Haube weggeflogen. Eine junge Mutter kletterte kreidebleich heraus, holte ihre beiden etwa 2- und 3-jährigen Kinder vom Rücksitz und setzte sich mit ihnen an den Straßenrand. Die Kinder schrien vor Angst, die Mutter weinte.

Eine Auto-Fahrerin, die angehalten hatte, rief: Ist jemand verletzt? Ja, die Kinder, sagte die Mutter. Notfall-Nummer der Rettungswache. „Wir verständigen die Schutz-Polizei zur Sicherung!"

Riesen-Stau auf beiden Seiten. Sie zitterte, er streichelte ihr den Rücken. Dann war die Rettungswache da. Die beiden schreienden Kinder wurden gleich im Wagen versorgt, dann ins Krankenhaus gebracht, zusammen mit ihrer Mutter. Die Schutz-Polizei kam, sicherte den Unfall-

Ort. Ihm war mulmig zumute. Hoffentlich krachte nicht doch noch ein weiteres Auto in diesen Unfall hinein.

Dann kam die Verkehrs-Polizei. Unfall-Aufnahme. Die Frau hatte gesagt, sie habe sich gerade zu ihren Kindern umgedreht, als der Mann vor ihr scharf bremste, sei fast ungebremst in ihn hineingefahren. Passanten, die sich aus anderen Autos inzwischen versammelt hatten, rieten ihr, das ja nicht zu Protokoll zu geben. Das könnte Auswirkungen auf ihre Versicherungs-Leistungen haben. Aber jetzt war sie ja schon im Krankenhaus, wurde wohl dort zum Protokoll gebeten.

Alles lief wie am Schnürchen: Zwei Abschlepp-Wagen kamen, nahmen die beiden beschädigten Fahrzeuge huckepack und fuhren damit in eine Werkstatt. Der Fahrer des Autos, auf das die Frau aufgefahren war, stand stumm da, holte per Handy Freunde, die ihn abholen sollten. Das Wenige, was er sagte, klang nach rumänischem Akzent.

Beide waren erschüttert. Eben noch in flotter Fahrt in der weiträumigen Landschaft, in gehobener Stimmung, im nächsten Moment das: Es hätte noch viel schlimmer ausgehen können. Die Polizisten sagten, die Kinder seien nicht verletzt, es sei nur der Schock gewesen, der sie habe schreien lassen. Erleichterung.

II. Die Folgen

In dieser Nacht schliefen sie schlecht. Bewegten sich unruhig im Bett, er mußte öfter als sonst raus auf die Toilette.

Beim Frühstück sagte sie: „Was hätte da noch passieren können – gar nicht auszudenken – wir haben unglaubliches Glück gehabt. Vielleicht sogar einen Schutzengel. Und die anderen Beteiligten auch.

Und wenn es schlimmer ausgegangen wäre, würde unser Leben jetzt plötzlich anders aussehen." Er kaute nachdenklich sein Brötchen mit Quark und Marmelade, sagte aber nichts.

Am Abend saßen sie auf der Terrasse. Er las, sie arbeitete mit ihrem Laptop.

Nach einer langen Zeit des Schweigens nahm er den Faden wieder auf. „Das mit dem Schutzengel – na, ich weiß nicht. Wenn man nochmal gut davongekommen ist, wird der bemüht. Was ist mit denen, wo es schief gegangen ist? Die verletzt sind? Oder querschnittsgelähmt?"

Sie blickte auf, sah eine Weile nachdenklich vor sich hin. „Ja, das ist schon schwierig, sich das zu erklären. Warum sind wir davongekommen, andere aber nicht? Und nach einer Pause: Ich denke jetzt immer öfter darüber nach, daß wir in unserem Leben, auch in unserer Beziehung, doch eine ziemliche Routine erlangt haben. Daß Vieles „wie am Schnürchen" abläuft. Wir über Vieles gar nicht mehr nachdenken. Sondern einfach so dahin leben."

Er, nachdenklich: „Ja, mir kommt das auch manchmal so vor. Ist halt bequem, nicht ständig neue Entscheidungen treffen zu müssen. Im Gewohnten und Vertrauten zu bleiben. Neue Entscheidungen brauchen ja auch Kraft. Hat sich doch alles gut eingespielt!

Aber in der letzten Zeit habe ich öfter das Gefühl, da fehlt noch was. Gut, Erfüllung im Beruf – haben wir Beide. Freunde, Kinder, die was geworden sind. Partys, Geburtstagsfeiern, alles schön und gut."

Sie: „Nicht zu vergessen die Konzerte, die Urlaube. Da erleben wir doch so viel Schönes!

„Aber trotzdem fehlt da was! Irgendwie ist auf die Dauer alles so trivial, es wiederholt sich alles!"

„So ein-dimensional meinst Du"? „Ja, genau."

„Und was könnte die Dimension sein, die dazu kommen müsste, damit es nicht so trivial weitergeht"?

Sie waren in ihren Gesprächen schon ab und zu in die Nähe dieser Thematik gekommen, hatten sie aber nicht weiter vertieft. Es schien bisher keinen Anlaß dazu zu geben.

Sie als Religionslehrerin und er als Religionswissenschaftler hatten in ihrem Beruf ja ständig mit dem Thema „Transzendenz" zu tun, auf je ihre Weise. Kann ein „innerweltliches" Leben einen Menschen wirklich ganz erfüllen? Bleibt nicht immer ein Rest, der unbefriedigt ist? Und was ist dieser Rest? Und wie kann man damit umgehen?

III. Die weiteren Folgen

An diesem Abend kamen sie nicht weiter. Aber einige Wochen später, in den Herbst-Ferien, fuhren sie auf die Nordseeinsel Föhr. Hatten dort eine Ferienwohnung in einem reetgedeckten Friesenhaus gemietet. Sehr idyllisch gelegen und eingerichtet.

In den ersten Tagen waren sie viel unterwegs. Es gab so viel zu sehen und zu entdecken: Die weite Marsch-Landschaft direkt vor der Tür. - Die Ruhe und Stille während der Nacht und auch tagsüber beruhigte die Nerven ungemein. Und Anregungen gab es in Wyk, wo ein Geschäft am anderen für Abwechslung sorgte.

Dann kam das „Schietwetter". Sturm und Regen. Den ganzen Tag und die Nacht hindurch. Hörte gar nicht mehr auf.

Das Telefon in der Ferienwohnung ging nicht. Das Handy hatte im Haus keinen Empfang. Man musste zum Telefonieren raus in den Regen. Dort tropfte es ununterbrochen vom Reetdach.

Sie hatten also genug Zeit und Muße, zu reden.

Da kam das Thema nochmal auf.

Sie saßen im Wohnzimmer, draußen fauchte gefährlich der Wind ums Haus, der Regen prasselte gegen die Scheiben.

Und irgendwie bewegte sich das Gespräch wieder auf den Unfall hin und auf das, was er in ihren Gefühlen ausgelöst hatte..

„Wir sollten in Zukunft mehr darüber nachdenken, welche Bereiche unseres äußeren und inneren Lebens wir bisher vielleicht vernachlässigt haben. Wir konnten doch schon Vieles von unserem Potential verwirklichen, aber wir können bestimmt noch Manches erschließen, was bisher ungenutzt in uns geschlummert hat" meinte Sie.

„Ja, das ist ein Weg. Da sollten wir drangehen. Aber selbst wenn wir nun noch Einiges entdecken, was wir noch verwirklichen können: Ich glaube, selbst dann wären wir nicht wirklich ganz erfüllt."

Es war eine seltsame Stimmung entstanden. Es dämmerte langsam, wurde etwas kühler nach dem langen Tag.

Sie holte ein Windlicht, entzündete es. Die etwas unruhige Flamme warf ein wechselndes Licht auf ihre Gesichter.

Sie hatten in ihrer Beziehung schon viele Aufs und Abs gehabt, hatten sich sogar einmal gefragt, ob sie sich trennen sollten. Hatten aber immer wieder zueinander gefunden. Und das lief in der letzten Zeit eigentlich reibungslos. Wenn dieser Unfall nicht gekommen wäre!

Sie kannten Beide den Kommilitonen, der in Marburg mit ihnen studiert hatte: Evangelische Theologie. Er war nach einem Auto-Unfall querschnittsgelähmt. Hatte große Mühe, sich im Rollstuhl die vielen steilen Straßen in der Altstadt hoch- und runter zu bewegen. Wirkte aber stets fröhlich und zuversichtlich. Bis er sich eines Nachts in seiner Studenten-Bude die Pulsadern aufschnitt und verblutete.

Oder den Skilehrer, der nach einer Nacht mit viel Neuschnee die Spur für die Abfahrt der Schüler legen wollte, plötzlich in voller Fahrt in eine Kuhle geriet, die er wegen des Tiefschnees nicht sehen konnte, sich überschlug. Er wachte im Krankenhaus auf und war querschnittsgelähmt.

Darüber hatten sie oft gesprochen. Wenn es so etwas wie einen „liebenden Vater im Himmel", eine „ausgleichende Gerechtigkeit" gibt, wie kann man sich diese furchtbaren Situationen erklären?

Waren diese Menschen schuldiger als andere? War das eine Strafe für irgend etwas in ihrem Leben? Oder ein blindes Schicksal, das eben heute den trifft und morgen den? Das letztlich unberechenbar ist? Wo man auch nicht rechten kann?

Sie kamen nicht weiter mit ihren Gedanken.

Aber die Überlegung, daß es mehr geben muß als das, was sie hier erleben konnten, beschäftigte sie seit diesem Unfall immer wieder.

Gab es etwas „Heiliges" jenseits des Profanen? Eine Möglichkeit, so etwas wie Erfüllung jenseits des banalen Alltags, der sich immer wieder endlos wiederholte, zu erlangen?

Und stimmte ihr Gottesbild, das vor allem die liebevolle Seite Gottes betonte? Vielleicht hatte er, falls es ihn denn gab, ja ganz andere Seiten, die nicht verständlich sind, sondern unverständlich und schwer zu verkraften?

IV. Die Freunde

Wieder zurück und zuhause ging das gesellschaftliche Leben wieder los: Theater, Konzerte, Ausstellungen. Besuche bei Freunden.

Mit Evelyn und Kurt saßen sie eines Abends wieder zusammen. Beide waren erklärte Humanisten. Er Naturwissenschaftler, sie in einem Consulting-Büro tätig. Beide sozusagen „mitten im Leben".

Das Gespräch kam auf den Unfall. Sie teilten ihre Überlegungen den Freunden mit. Kurt hörte mit einem Lächeln zu, was sie da über Gott oder Schicksal sagten. Nach einer Weile rückte er mit seiner Meinung heraus. „Ich denke, daß es so etwas wie Schicksal oder Vorsehung nicht gibt. Wir Menschen sind ja wie ein Staubkörnchen im Universum. Eigentlich bedeutungslos für das Ganze der Welt. Das können Manche nicht verkraften. Deshalb blähen sie ihre Persönlichkeit auf und versuchen durch die Religion, doch etwas Wichtiges zu sein. Einen besonderen und einmaligen Wert zu haben. Das ist für mich Narzissmus. Der braucht so etwas wie Transzendenz. Das ist verständlich, aber letztlich ist diese sogenannte Transzendenz eine Projektion. „

Evelyn stimmte ihm zu. Sie hatte die ganze Zeit an ihrem Drink genippt, jetzt stellte sie ihn ab. „Und die Menschen können es nicht ertragen, daß sie eines Tages sterben werden und daß dann alles zu Ende ist. Deshalb haben sie die Vorstellung von einem „Leben nach dem Tode" entwickelt. Weil sie das endgültige Ende für sich nicht akzeptieren können."

„Und wie ist es mit dem Sinn des Lebens? Jeder muß doch einen Sinn in seinem Leben haben!" erwiderte Susanne.

Jetzt reagierte Kurt wieder: „Der Sinn des Lebens ist das Leben!" - so sehe ich das! Ich brauche keinen tieferen Sinn in meinem Leben. Ich kann auch ohne Religion gut leben. Meine Endlichkeit akzeptieren. Und mit Leid, Krankheit und Tod auch so umgehen. Das haben wir bisher geschafft, das werden wir auch weiterhin schaffen!"

Evelyn ergänzte: „Wir führen ein glückliches Leben. Unsere Kinder sind erwachsen, haben einen guten Job, uns geht es gut. Was will man mehr?"

Das Telefon klingelte. „Geh du", meinte Kurt.

Evelyn ging ins Arbeitszimmer. Erschreckte Laute kamen von dort. „Was? Wo? Nein, das kann doch nicht sein! "

Sie wankte ins Wohnzimmer, totenbleich. Ließ sich auf die Couch fallen.

„Unsere Tochter ist auf Mallorca in einen schweren Auto-Unfall verwickelt worden. Sie liegt im Krankenhaus, auf der Intensiv-Station. Hat bisher das Bewußtsein nicht wiedererlangt."

Betroffene Stille. Keiner wagte etwas zu sagen. Oder sich auch nur zu bewegen.

Draußen sang eine Amsel verträumt ihr Abendlied.

SPÄTSOMMER

Da saßen sie nun: Die „drei von der Tankstelle", wie sie sich manchmal nannten, oder die „drei Männer im Schnee".

Pensionäre inzwischen, grauhaarig in verschiedenen Stadien zwischen grau und weiß. Saßen in dem Lokal direkt am Ufer des Steinhuder Meeres und sahen hinaus auf die weite Wasserfläche, die vom Abendwind leicht gekräuselt wurde. Es war Spätsommer, das Licht des beginnenden Abends war sanft, ein leichtes Rosa streifte die Wellenkämme. Die Sonne verschwamm im Dunst des jenseitigen Ufers, das nur undeutlich als dunkler Streifen zu erkennen war. Der Wind trieb raschelnd gelbe und rote Blätter über die Promenade.

Diethard, Reinhold und Uli hatten sich ein paar Tage von den Terminen ihres Rentner-Daseins freigeschaufelt, um sich wieder einmal gemeinsam auf eine Exkursion zu machen, Neues kennenzulernen, sich auszutauschen. So wie sie es inzwischen schon einige Jahrzehnte gehalten hatten.

Diesmal waren sie im Kloster Loccum untergekommen. Einer Evangelischen Akademie nicht weit vom Steinhuder Meer. Sie nahmen an keinem Programm teil, hatten sich ihr eigenes Programm zusammengestellt.

Durch viele Wechselfälle ihres Lebens waren sie nun schon gegangen, hatten sich gegenseitig begleitet, sich ausgesprochen über ihre Erfolge, ihre Niederlagen, ihre Sorgen und Nöte.

Jetzt war eine geruhsame Stille eingekehrt, eine Abgeklärtheit, die für den Augenblick einen Ruhepunkt bildete, bevor wieder neue Ereignisse ihr Leben und ihre Gefühle aufstören würden.

Sie hatten Besuch von Erika, die aus Hannover gekommen war. Reinhold kannte sie von früheren Jahren. Sie war interessiert an den Berichten der drei, wie ihr Leben ausgesehen hatte.

Uli begann, aus seinem Leben zu erzählen:

Er berichtete zuerst über seine letzten Wander-Touren durch den Taunus. Uli war lange Jahre Gemeinde-Pfarrer gewesen, musste dann aber wegen eines Hör-Sturzes sehr viel früher in Pension gehen. Hörte nur noch durch die Unterstützung von extra starken Hör-Geräten. Und das mühsam.

Und auch in seinem persönlichen Leben gab es Turbulenzen, und das nicht zu knapp:

Er hatte zum zweiten Mal geheiratet, zur damaligen Zeit noch ein riskantes Unterfangen – Pfarrer hatten in ihrer Ehe zu bleiben und sich nicht scheiden zu lassen. Seine Scheidung führte dazu, daß er ein Jahr lang „aus dem Verkehr gezogen", d.h. In den „Wartestand" versetzt wurde.

Die Frau, die er dann geheiratet hat, war zu der Zeit, als sie sich kennenlernten, mit einem anderen Pfarrer verheiratet. Das hatte die Situation verschärft.

Mit seiner neuen Partnerin verlebte er dieses Jahr in einem Wohnwagen auf einem Camping-Platz. Mit ihr, die sehr viel jünger ist als er, hatte er dann drei Kinder. Die sind inzwischen erwachsen. Aber er lebt seit einigen Jahren wieder allein. Seine zweite Frau hat sich von ihm getrennt. Und das einige Wochen, nachdem er in Pension gegangen war.

Und das ging so:

Diethard und Reinhold waren auf der fulminanten Abschieds-Feier für Uli. Viele Jahre war er in dieser Gemeinde gewesen, kannte alle wichtigen Leute. Das geräumige Dorf-Gemeinschafts-Haus war brechend voll. Der Bürgermeister, der Propst, evangelische Kollegen, katholische Kollegen, die Leiterin des Kindergartens, der Vorsitzende des Kirchenvorstandes, alle hielten eine Rede. Diethard und Reinhold standen, an die Wand gelehnt, und staunten über die Popularität und Sympathie, die ihrem Kollegen und Freund da entgegengebracht wurden. Neben ihnen stand seine zweite Frau. Reinhold sagte zu ihr: Na, das wird eine neue Situation für Euch geben, wenn Uli jetzt jeden Tag zu Hause ist und ihr euch von morgens bis abends seht. Darauf sie – ganz cool und sachlich: Die Halbwertszeit unserer Ehe ist schon längst abgelaufen!

Das kam so nüchtern und selbstverständlich, daß es Reinhold kalt den Rücken herunter lief. Was sollte das bedeuten? Hörte sich nach Trennung an.

Das war im Oktober. Am 1. Januar beim Frühstück eröffnete sie ihm, „er solle sehen, wie er Land gewinnt". Sie wolle mit ihm nicht mehr zusammenleben.

Einige Zeit darauf zog er aus. In eine winzige Wohnung in Bad Homburg. Mit vielen Büchern, niedergeschlagen und deprimiert. Das einzige Vergnügen, das ihm blieb, waren seine weiten Wanderungen und das Lesen der vielen Bücher, vor allem vieler Fach-Bücher der Religionswissenschaft, die er immer hatte lesen wollen, wozu er aber bisher nicht gekommen war.

Erika unterbrach seinen Bericht. Sie fragte spontan, wie das denn gekommen sei, daß seine zweite Frau solch eine distanzierte Haltung zu ihm bekommen hat. Das sei doch nicht von selbst gekommen. Da habe er doch auch einen Anteil gehabt.

Er erklärte das so, daß seine Frau nach der Geburt des 3. Kindes monatelang in einer tiefen Schwangerschafts-Depression gewesen sei. Jedesmal, wenn man sie ansprach, begann sie haltlos zu weinen. Gerade schaffte sie die täglichen Arbeiten. Und sexuell habe sie sich seitdem extrem zurückgezogen.

Das habe ihn tief frustriert.

Er habe dann allerdings nach einiger Zeit eine Außen-Beziehung angefangen. Aber das habe der Beziehung zu seiner Frau überhaupt nicht gut getan. Eine zunehmende Entfremdung habe sich breit gemacht, unterbrochen von Zeiten der Annäherung.

Nun war er allein, seit Jahren, hatte wohl Freundinnen, aber das jeweils nur für relativ kurze Zeit. Den größten Teil des Tages und der Woche war er allein. Darunter litt er sehr. Er versuchte, dieses Kontakt-Vakuum mit seinen Wander-Touren zu füllen.

Die Sonne neigte sich nun dem Horizont zu, die Farben wurden weicher, alle bestellten noch eine Runde Getränke.

Erika fragte: Diethard, und wie war das bei Dir?

Zögernd fing Diethard an zu erzählen. Es fiel ihm nicht leicht.

Er war über 25 Jahre verheiratet gewesen, hat 3 Töchter, seine Frau ist Schweizerin. Er ist ein sehr liebevoller Mensch, kann sehr gut zuhören, hat sich in seiner Gemeinde, in der er viele Jahre war, in außergewöhnlicher Weise für seine Gemeindeglieder eingesetzt. Vor allem war er ein guter Seelsorger. Oft kamen Ehepaare erst spät abends zu ihm, um sich beraten zu lassen in ihren Ehekrisen. Damit die Dorfbewohner nicht mitkriegten, daß sie Probleme hatten, kamen sie erst nach Einbruch der Dunkelheit.

Diese Beratungen dauerten dann manchmal bis Eins, Zwei Uhr morgens. Und am nächsten Tag ging es dann um 7 h weiter: Die Mitarbeiterinnen des Kindergartens standen vor der Tür und wollten etwas geklärt haben, oder Kindergarten-Eltern wollten dringend mit ihm sprechen. Zwei Kindergärten zu verwalten – das bedeutet viel Verwaltungsarbeit – und Vermittlungs-Arbeit, Mediation.

Die Ehe schien über viele Jahre gut zu gehen. Seine Frau war ausgebildet in einem theologischen Seminar bei Basel in der Schweiz. Sie konnte ihn ab und zu vertreten, Gottesdienste übernehmen. Wenn er mit den beiden

Freunden und der Arbeitsgruppe Exkursionen zu Neuen religiösen Gemeinschaften machte. Das war dann eine Zeit, in der er einmal Abstand zur stressigen Gemeinde-Arbeit hatte. Wo er mal durchatmen konnte. Und an sich denken, konnte, statt immer an die Anderen.

Das ging Jahrzehnte gut. Bis die jüngste Tochter plötzlich Essens-Probleme bekam. Sie nahm immer mehr ab, der Zustand wurde bedrohlich. Er suchte mit seiner Frau und der Tochter einen Facharzt auf. Der erklärte, das Problem nur lösen zu können, wenn eine Familien-Therapie durchgeführt werde. Das heißt, daß die Eltern und die Tochter über längere Zeit an dem Problem arbeiteten.

Nach einigen Sitzungen meinte der Psychologe, es sei jetzt nur noch der Besuch der Mutter mit der Tochter nötig.

Diese Therapie zog sich über einen längeren Zeitraum hin. Er bemerkte zunächst keine Veränderung am Verhalten seiner Frau. Aber dann kam der Knall: Sie erklärte ihm, dass sie ihn verlassen werde und zu dem Therapeuten ziehen wolle. Es hatte sich eine Beziehung zwischen den beiden entwickelt, in deren Verlauf sie sich entschieden hatte, ihren Mann zu verlassen und den Arzt zu heiraten. Das tat sie dann auch und ließ Diethard allein im Pfarrhaus zurück.

Nicht lange danach machten die „drei Männer am See" eine Exkursion in den Schwarzwald, um dort einige Gruppen aus dem Bereich der Neuen religiösen Bewegungen zu besuchen.

Eines Morgens, nach einem vorausgegangenen anstrengenden Besuch in einer indischen, hinduistischen Gruppe, wachte Diethard morgens auf und stellte zu seinem Entsetzen fest, dass er nicht mehr sprechen konnte: Schlaganfall!

Er wurde sofort in die „Stroke Unit" einer Klinik in Karlsruhe gefahren. Es schlossen sich eine intensive Therapie und Reha an. Während der Reha-Maßnahmen erlitt er einen zweiten Schlaganfall, glücklicherweise ohne Folgen. Nach der Beendigung der Rehabilitations-Maßnahmen konnte er wieder gut sprechen – aber nur, wenn er sich nicht aufregte! Aber es dauerte sehr lange, bis er sich wieder ganz flüssig ausdrücken konnte.

Für einen Pfarrer eine Katastrophe. Die Sprache, das Wort, sind ja die Haupt-Kommunikations-Möglichkeiten eines Geistlichen.

Die Kirchenleitung versetzte ihn in den Wartestand, weil er seinen Dienst ja nicht mehr ausüben konnte. Nach einem Jahr wurde er dann in den Ruhestand versetzt.

Es fiel ihm sehr schwer, nach solch einem intensiven und erfüllenden Leben als Pfarrer nun plötzlich als Ruheständler zu gelten. Aber mit der Zeit entwickelte er eine eifrige Vertretungs-Tätigkeit in Kirchengemeinden der Landeskirche, in Freikirchen und auch in der katholischen Kirche. Er hatte bald mehr Freunde und Kontakte in der katholischen als in der evangelischen Kirche.

Er engagierte sich in Seminaren der Religionswissenschaft an der Universität in Frankfurt am Main.

All diese – seinem gesundheitlichen Zustand angemessenen – Aktivitäten wurden eingeengt durch viele Arzt-Besuche der verschiedenen Fach-Ärzte, die ständig nötig waren.

Und er musste jeden Tag eine Unmenge von Tabletten schlucken, um die Wiederholung eines Schlaganfalls möglichst auszuschließen.

Nach einigen Jahren ist dann der Mann seiner früheren Frau gestorben. Wer würde ihn beerdigen? Er war nicht Mitglied der Kirche gewesen.

Schließlich machte Reinhold, der Dritte im Bunde, die Trauerfeier. Keine leichte Aufgabe, bestanden die drei Frauen aus den früheren Ehen des Verstorbenen und deren Kinder darauf, dass alle, auch die problematischen Seiten, an der Person ihres früheren Mannes bzw. Vaters deutlich benannt werden müssten. Die Witwe hingegen wollte ein harmonische Trauerfeier mit möglichst wenigen Problemen. Aber es wurde dann doch eine Linie gefunden, die allen weitgehend gerecht wurde.

Vor 1 ½ Jahren begab sich Diethard im Hochsommer auf eine Pilgerfahrt mit einer katholischen Gemeinde. In der Hitze erlitt er einen Schwäche-Anfall, stürzte zu Boden. Sein Herz setzte kurzfristig aus. In der Klinik bekam er einen Herz-Schrittmacher eingesetzt. Nun muss er doppelt aufpassen, daß er sich nicht übernimmt und überfordert. Ein vorsichtiges Leben zwischen Tätigkeits-Drang und Rücksichtnahme ist seither seine Aufgabe, die er jeden Tag neu ausbalancieren muss.

Es folgte ein langes Schweigen. Alle waren berührt von diesem Schicksal, die beiden Anderen kannten die Lebensgeschichte ja, für Erika war sie neu.

Eine etwas schwermütige Stimmung breitete sich aus. Das Bewußt-Werden der eigenen Verletzlichkeit, der Endlichkeit auch des eigenen Lebens war in einer dichten Weise, die man spüren konnte, präsent.

Der Dritte im Bunde, Reinhold, hatte bisher noch geschwiegen und zugehört. Jetzt wandten sich alle ihm zu und baten ihn, Stationen aus seinem Leben zu erzählen, die ihm wichtig waren.

Die Sonne war jetzt untergegangen, ein mildes Abendrot erfüllte den westlichen Himmel. Es spiegelte sich auf dem See, gab einen sanften Widerschein. Während seiner Erzählung wurde es langsam dunkler, die warmen Farben verblassten, die blauen und schwarzen Töne nahmen allmählich zu.

Reinhold war noch während des 2. Weltkriegs geboren worden, 1943. Als er etwa ein halbes Jahr alt war, gab es einen Großangriff auf Frankfurt, wo seine Eltern mit ihm lebten. Das ganze Ostend wurde mit Tausenden von Spreng- und Brandbomben in Brand gesetzt. Alles brannte. Die Eltern kamen nicht mehr aus dem Luftschutzkeller heraus, in den sie sich geflüchtet hatten. Das Haus war über ihnen zusammengestürzt und hatte den Eingang verschüttet. Aber es gab einen Durchbruch zum Nachbarhaus. Den nutzten sie, hatten nasse Decken übergehängt gegen Rauch und Flammen. In diesem Keller waren alle tot: Erstickt durch die giftigen Gase. Als sie ins Freie kamen, berichtete der Vater später, „war das wie in der

Hölle": Alles brannte, 10 m hohe Flammen erzeugten eine tödliche Hitze, das Knattern der Flammen, das Bersten der Mauern und Dachstühle, die zusammenstürzenden Häuser – es muss furchtbar gewesen sein. Ein Stück Heimat war verloren, Vertrautes zerstört, Orientierung-Punkte des Lebens verschwunden.

Die in dieser Nacht Ausgebombten wurden vom Ostbahnhof aus in Güterwagen aus Frankfurt heraus transportiert. Es hieß dann: Idstein: 2 Familien, Camberg: 5 Familien, usw. Die Eltern kamen mit ihm als Säugling auf ein kleines Dorf bei Limburg.

Hier wurden sie bei einer Bauern-Familie einquartiert, die deswegen enger zusammenrücken musste. Alle waren hier, in der Nähe von Limburg, dem Bischofs-Sitz, katholisch. Die Familie gehörte zu den ersten Evangelischen seit Menschengedenken, die hier auftauchten.

Mit ihnen kamen auch Flüchtlinge aus Schlesien, die waren aber ebenfalls katholisch.

Der kleine Reinhold wuchs in diesem Dorf auf. Er empfand seine Umgebung als interessant und abwechslungsreich: Die vielen Bauernhöfe mit Kühen, Pferden, Schweinen, Schafen , Ziegen, Hunden, Katzen, Hühnern und Gänsen waren die unmittelbare Verbindung zur Natur. Und Mäuse gab es. Mit den Kindern aus der Straße spielte er auf Heuhaufen draußen auf dem Feld oder in Scheunen, in denen das Stroh bis unters Dach gelagert war. Der würzige Geruch des Heus und der etwas herbere des Strohs hat sich seinem Geruchs-Gedächtnis tief eingeprägt.

Der Jahreslauf von Frühling, Saat, Wachstum und Ernte war für 10 Jahre prägend für ihn. Die Natur so unmittelbar um sich zu haben, quasi in der Natur zu leben, das war eine beglückende Erfahrung.

Nicht so beglückend war manchmal der Umgang mit den Kameraden. Das waren alles stramme Bauern-Söhne, die auch gerne mal zuschlugen, er dagegen galt als „Städter", der eigentlich nicht hierher gehörte. Der zwar wortgewandt war, aber nicht so stark wie die an harte körperliche Arbeit gewohnten Dorf-Jugendlichen.

Dennoch ergaben sich im Laufe der Zeit Freundschaften, die zum Teil noch bis heute bestehen. Er ist jetzt – nach vielen Jahren der Distanz – auch wieder bewusstes Mitglied des „Jahrgangs", seiner ehemaligen Klasse, die sich über die Jahrzehnte immer wieder in regelmäßigen Abständen trifft.

Dieses Dorf war für ihn die Welt. Die Gerüche nach Heu und Stroh, aber auch der herbe Stall-Geruch und der streng riechende Mist, der immer wieder auf die Felder ausgebracht wurde, prägten sein Geruchs-Gedächtnis. Oder der würzige Geruch nach frischen Kuh-Fladen und Pferde-Äpfeln, die jeden Tag auf der Straße lagen. Der Geruch nach Rauch aus den Kaminen, der schweren, streng riechenden Rauchschwaden der Kartoffelfeuer im Herbst.

Diese Gerüche wurden ihm erst Jahrzehnte später wieder bewusst, als er in Indien unterwegs war. Dort gab es auf dem Lande auch offene Feuerstellen, Rauch, der träge über die Dörfer und Felder zog, den Geruch nach Kuh-Dung.

Dort aber auch der würzige Geruch der Räucher-Stäbchen in den Tempeln und den von Ingwer, Kardamom, Kreuzkümmel in den stark gewürzten Speisen und im indischen Chai.

Ab und zu fuhren seine Eltern mit ihm nach Limburg, dort wurde eingekauft, dort gab es größere Häuser, eine verwinkelte Altstadt, einen, wie ihm damals schien, riesigen Dom.

Gefahren wurde mit der Eisenbahn, 3. Klasse, vorne eine Dampf-Lokomotive. Enorme Rauch-Entwicklung, oft flogen winzige Kohle-Stücke in die Augen, wenn er sich zum Fenster hinauslehnte. Damals konnte man noch die Fenster öffnen. Man musste einen breiten Lederriemen, der an einem Haken befestigt war, dort herausziehen und das Fenster dann langsam herunterlassen.

Aber ab und zu fuhr er mit dem Vater nach Frankfurt. Dort wohnten die meisten Verwandten, die hatten Glück gehabt, waren nicht ausgebombt worden. Aber in den ersten Jahren nach dem Krieg glich Frankfurt einem Trümmerhaufen. Dem Jungen war das interessant: Nicht nur glatte Häuser-Fronten, sondern halb eingestürzte Häuser, leere Fensterhöhlen, riesige Schutthaufen: Hier hatte die Phantasie Raum, sich auszubreiten. Das war anregender als die wohl geordneten Häuser und Straßen in Limburg und im heimatlichen Dorf.

Immer wieder einmal kamen merkwürdige Gestalten vom Bahnhof ins Dorf: Meist Kinder und Jugendliche, ausgemergelt, blaß, dünn, mit tiefen Rändern unter den Augen: Das waren Menschen aus Frankfurt, die nicht genug zu essen hatten. Sie hatten Tischdecken, Bettzeug,

Silberlöffel, Schmuck mit sich und wollten das gegen Lebensmittel tauschen. Viele Bauern taten das, andere hatten die Standard-Formulierung parat: „Mir hun sebst naut!" Das war der dortige Westerwälder Dialekt, den der junge Reinhold fließend sprach – auf der Straße mit den Kameraden. Zu Hause und in der Schule wurde eine andere Sprache gesprochen: Hochdeutsch.

Eines Tages fiel ihm auf, dass er auf der Straße andere Worte benutzte, andere Redewendungen, als zu Hause. Aber für ihn war das kaum bemerkbar. Er war also ohne es zu wissen zweisprachig aufgewachsen.

Einiges erinnerte schon noch an den Krieg. Eines Tages fand er auf einem Acker, halb vergraben, einen Stahlhelm. Er hatte vorne, wo die Stirn war, ein eingestanztes Loch. Stolz brachte er sein Fundstück nach Hause. Aber die Eltern waren entsetzt: Wirf das sofort wieder weg! Das ist ja furchtbar!

Sie schraken auch jedesmal zusammen, wenn die Sirene heulte. Etwa bei Probe-Alarm für die Feuerwehr. Das erinnerte sie an die Nächte, in denen die Bomber-Geschwader angekündigt wurden und sie in den Luftschutzkeller mussten. Mit dem Luftschutzkoffer, in dem alle wichtigen Dokumente waren.

Und eine Mauser-Pistole. Als seine Mutter die später entdeckte, fragte sie ganz erstaunt, wozu mein Vater eine Pistole eingepackt hatte.

Nach längerem Zögern sagte er: Wenn wir verschüttet worden wären bei einem Bomben-Angriff, und nicht mehr aus dem Keller herausgekommen wären, hätte ich Dich, das Kind und mich lieber erschossen, statt elendiglich zu ersticken!

Von den letzten Kriegstagen berichteten die Dorfbewohner, dass britische Jagdflieger Jagd auf die Bauern und Bäuerinnen machten, die auf dem offenen Feld gearbeitet haben. Sie flogen im Tiefflug an und feuerten ihre 2 cm – Geschosse aus ihren Bord-Kanonen auf die Wehrlosen, die auf dem Feld kaum Deckung fanden. Höchstens in Furchen, einem Graben oder hinter einem Busch.

Und in vielen Nächten sah man vom Dorf aus, wie der Himmel über Frankfurt blutrot war: Es brannte wieder lichterloh nach einem Bombenangriff.

Die Geschwader flogen, von Norden kommend, über das Dorf. Aber ihre Bombenlast warfen sie über Frankfurt ab.

Die Eltern von Reinhold hatten sehr unterschiedliche Temperamente.

Der Vater war ein hochgewachsener, gut aussehender Mann mit starkem Willen und Durchsetzungskraft. Die Mutter eher ruhig, zurückhaltend, nach innen gewandt. Sie wollte ursprünglich Diakonisse werden, lernte dann aber seinen Vater kennen und heiratete. Sie war tief religiös, vermittelte dem Sohn durch ihr Vorbild die Dimension des Lebens, die ihn am Tiefsten prägen sollte.

Der Vater, eher weltzugewandt, brachte ihm die Liebe zur Natur nahe. Ging oft mit ihm spazieren und erklärte ihm Pflanzen, Bäume und Vogelstimmen. Mächtige Habichte kreisten über den vielen Wiesen auf Suche nach

Beute. Ihr Schrei, der sich fast wie das Weinen eines Kindes anhörte, hat sich ihm tief eingeprägt.

Er lehrte ihn, auf die Vogelstimmen zu hören und sie zu unterscheiden.

Einmal gingen sie Flußkrebse im nahen Bach fangen. Die saßen unter Steinen im Wasser in dem kleinen „Emsbach", der durch die Wiesen im Tal floß. Man musste nur schnell genug einen Stein hochheben und mit der anderen Hand den darunter hervorschießenden Krebs fangen. Aber die Tiere wurden wieder freigelassen.

Nach 10 Jahren zog die Familie wieder zurück nach Frankfurt. Reinhold war in die Sexta des Gymnasiums gekommen. Aber nicht nach Limburg, was nahe lag, sondern nach Laubach in Oberhessen. Dort gab es das Kaiser Friedrich Magnus Alumnat, eine evangelische Schule mit Internat. Die Trennung von den Eltern fiel ihm sehr schwer. Das war ein Schock, den er tief in sich spürte, aber nicht artikulieren konnte.

Durch den Umzug kam er in ein Gymnasium in Frankfurt. Das besuchte er aber nur bis zur Untertertia. Er hatte keine Lust mehr am Lernen, andere Dinge waren ihm wichtiger. Zum Beispiel Sport, Bewegung in frischer Luft, Erkundungs-Touren mit dem Rad. Oder ganze Sonntage im Garten seines Onkels August in Rödelheim.

Er musste die Schule verlassen und machte eine dreijährige Lehre als Groß- und Außenhandels-Kaufmann.

Das war für ihn eine harte Zeit: Ein plötzlich eingeschränkter Bewegungs-Drang, 8 Stunden an einem Schreibtisch sitzen, immer die gleichen automatischen

Arbeiten ausführen, morgens vor Arbeits-Beginn die Post am Haupt-Postamt holen, abends noch Abendkurse in Steno, Schreibmaschine und Kaufmännischer Buchführung.

Um 7 h verließ er das Haus, um 20 h kam er zurück. Total erledigt. Ausgebrannt. Ohne Motivation. Ohne Anregungen, die seinen Geist weitergebracht hätten.

In dieser Zeit stieß er zum „Jugendbund für Entschiedenes Christentum". In den Bibel-Stunden fand er zunächst Orientierung und Halt. Emotionale Nahrung und innere Sicherheit. In dieser Zeit kam er für sich zu dem Entschluss, Theologie zu studieren. Sein ganzes Leben der Religion, der Verkündigung zu widmen. Dazu aber brauchte er das Abitur.

Dieser „Jugendbund" erwies sich auf die Dauer für ihn als zu eng und zu dogmatisch. Eine zeitlang war er hilfreich gewesen, aber jetzt merkte er, daß Religion doch einen weiteren Horizont umfasst als diese praktizierte, oft einseitige Sichtweise. Deshalb Theologie, von der er sich einen weiteren Horizont erwartete. Zu Recht.

Tatsächlich schaffte er es, nach Abschluss der Lehre den Direktor eines Gymnasiums in Frankfurt zu finden, der ihn aufnahm und ihm damit die Möglichkeit eröffnete, das Abitur zu machen.

Er war an vielen Gymnasien gewesen und hatte mit den Direktoren verhandelt. Aber hatte überall Absagen bekommen. Die meisten argumentierten, ein drei Jahre älterer Schüler würde Unruhe in die Klasse bringen. Einer sagte: Das wäre ja eine zweite Feuerzangen-Bowle!

Der Direktor, der ihn dann doch annahm, war ein bewusster Christ.

Reinhold hatte ihm von seinem Werdegang erzählt und davon, dass er fest vorhabe, Theologie zu studieren und Pfarrer zu werden. Zunächst schwieg der Direktor. Sah ihn lange an. Und sagte dann: Solche Leute wie Sie brauchen wir! - Ein Stein fiel ihm vom Herzen: Sollte es doch möglich sein, das Abitur nachzuholen und dann studieren zu dürfen?

Nach dem Abitur begann er mit dem Lernen der Alten Sprachen Griechisch und Hebräisch. Latein hatte er schon an der Schule mit dem Großen Latinum abgeschlossen. Voraussetzung fürs Theologie-Studium. Er war inzwischen 24.

Kurz nach dem Abitur starb sein Vater. Ein großer Schock, eine Erschütterung seiner bis dahin doch stabilen Umwelt, in der er sich doch geborgen fühlte.

Die Mutter war seit vielen Jahren fast blind. Sie hatte eine Netzhaut- Ablösung erlitten, die nicht mehr operiert werden konnte. Sie war alleine zu Hause in einer kleinen 2-Zimmer-Wohnung in Frankfurt am Dornbusch. Er aber musste, um Theologie studieren zu können, Griechisch und Hebräisch lernen. Danach zur Uni gehen, erst nach Mainz, dann in die Kirchliche Hochschule nach Neuendettelsau. Das war hinter Würzburg. Dann nach Marburg. Er war hin- und her gerissen zwischen dem Drang nach Unabhängigkeit und Freiheit und der Verantwortung der Mutter gegenüber, die nun allein in ihrer Wohnung saß und kaum nach draußen kam. - - -

Bis zu diesem Abend haderte er mit sich, daß er sie, die ihn immer so von Herzen liebevoll begleitet und gefördert hatte, nun so oft alleine ließ. Aber das Studium war eben auch das, was sie sich immer für ihn gewünscht hatte. Ein Konflikt, der sich nicht auflösen ließ.

Er beendete das Studium in Marburg. Schon nach dem Abitur hatte er auf einer Reise nach Frankreich Renate kennengelernt, die später seine Frau werden sollte. Die Zeit in Marburg war eigentlich die schönste in seinem Leben. Viele Anregungen durchs Studium, die intensive Beziehung zu Renate, die Kommilitonen und Kommilitoninnen, mit denen jeden Tag diskutiert wurde, die herrliche Altstadt und Umgebung.

Seine Mutter starb 1972. Das war der härteste Einschnitt in seinem Leben bisher. Sie war die Seele der Familie und die seines Lebens gewesen. Immer liebevoll, immer verstehend, immer verzeihend, immer unterstützend. Er fühlte sich plötzlich allein gelassen in einer kälter gewordenen Welt. -

Seine Trauer hielt viele Jahre lang an. Auch seine Verlobte, Renate, konnte diesen Schmerz nicht wirklich mildern.

Nach dem Ersten Theologischen Examen kam er als Vikar an die Zentral- Kirche einer hessischen Kurstadt. Drei Jahre besuchte er neben der Gemeinde-Tätigkeit das Theologische Seminar in Friedberg. Mit vielen heftigen Diskussionen über die Rolle der Kirche in der „kapitalistischen Gesellschaft". Viele der Kommiliton*innen waren „links" und äußerst gesellschaftskritisch. Pfarrer, die nicht in ihrem Sinne politisch aktiv waren, bezeichneten sie als „Steigbügelhalter des Kapitalismus". Damit musste er sich nun, der eher aus einem spirituellen Hintergrund kam, auseinandersetzen.

Nach dem 2. Examen heiratete er seine langjährige Verlobte Renate.

Ein Höhepunkt seines bisherigen Lebens. Sie feierten mit Freunden und Verwandten im Schloß der Kurstadt.

Er nahm eine Pfarrstelle in der Nähe an. Sie zogen in das dortige Pfarrhaus. Renate war Referendarin am Gymnasium, hatte eine arbeitsintensive Zeit. Er ebenfalls in der Gemeinde.

Sie musste jede Unterrichts-Stunde neu konzipieren, konnte nicht auf vorhandenes Material zurückgreifen. Und war an eine Schule versetzt worden, die 40 km entfernt war. Mit SchülerInnen auch aus sozialen Brennpunkten, die sich manchmal während des Unterrichts gegenseitig blutig schlugen.

Hier in dieser Gemeinde sammelte er erste Erfahrungen im Umgang mit Gemeindegliedern, Kirchenvorsteher-Innen, SeniorInnen, Kindergottesdienst-HelferInnen, Gesprächskreis-Mitgliedern. Mit dem Schreiben von Predigten. Jeden Sonntag hatte er zwei Gottesdienste zu halten. Aber er entwickelte so seine literarischen Fähigkeiten. Die Predigten kamen gut an. Es bildete sich eine kleine „Fan-Gemeinde". Aber es gab auch strikte Gegner seiner liberalen Theologie.

Durch die intensive Arbeit blieb ihnen kaum Zeit, ihre Beziehung zu pflegen. Sie entfernten sich fast unmerklich mehr und mehr voneinander. Ein Prozess, den sie spürten, aber irgendwie nicht aufhalten konnten.

Er hatte nicht immer die Kraft, die Gemeindearbeit so weit einzuschränken, daß genügend Zeit für ihre Zweisamkeit blieb. Meist war etwas anderes wichtiger. Ein Pfarrer war ja für seine Gemeinde immer ansprechbar. Eine tragische Entwicklung.

Nach drei Jahren in dieser Gemeinde, die für ihn und Renate sehr schwer waren, brauchte er eine Aus-Zeit.

Renate war schwanger. Er wollte seit Jahren mit ihr nach Indien, sein Traumland. Aber sie wollte nicht mit. Hatte Angst, ihre Stelle als Lehrerin zu verlieren.

Also fuhr er mit ihrem Einverständnis für einige Wochen nach Indien, das er ja schon seit Jahren kennenlernen wollte. Sagte sich, wenn das Kind erst da ist, möchte ich auch ganz da sein. Dann wird das Reisen auf einige Jahre sehr eingeschränkt sein.

Nach der Geburt des gemeinsamen Sohnes, Martin, verließ sie ihn. Von heute auf morgen. Martin war da gerade 6 Monate alt.

Wie sich herausstellte, hatte sie schon seit einer geraumen Zeit eine Beziehung zu einem Pfarrers-Kollegen am Ort aufgenommen. Der verließ wegen ihr seine Frau und drei halbwüchsige Kinder. Sie zog mit ihm zusammen.

Das war ein weiterer schwerer Schlag für ihn. An diesem brutalen Bruch in seinem Leben litt er danach noch jahrelang. Sein Vertrauen in die Zuverlässigkeit von Beziehungen war in den Grundfesten erschüttert.

Er litt vor allem darunter, daß er seinen Sohn Martin nur alle 2 Wochen für 2 Tage sehen konnte. Und ihn dann unerbittlich wieder zur Mutter zurückbringen musste. Er hatte die Erziehungsberechtigung für seinen Sohn beantragt, hätte 3 Jahre im Beruf ausgesetzt, aber das Amtsgericht Frankfurt sprach Martin der Mutter zu. Dennoch hat sich im Laufe der Jahre eine tiefe Beziehung zu seinem Sohn entwickelt.

Das waren sehr schwere Jahre für ihn. Gott sei Dank hatte er treue Freunde, die ihn immer wieder seelisch unterstützten. -

Er war dann 6 Jahre lang Krankenhaus-Pfarrer in Frankfurt. Danach 10 Jahre lang der „Beauftragte für neuere religiöse Bewegungen und Weltanschauungs-fragen" der Ev. Kirche in Hessen und Nassau.

Unterrichtete als Dozent an den Universitäten in Frankfurt und Marburg, zuletzt an der Universität des 3. Lebensalters an der Goethe-Universität in Frankfurt.

Hat dann nach vielen Jahren wieder eine Frau gefunden, mit der er jetzt in einer beglückenden Beziehung lebt.

Jetzt war er Ruheständler. Genoß mit seinen Freunden diese Zeit am Steinhuder Meer. Die Gegenwart dieser beiden Kollegen, die mit ihm immer wieder seine Situation durchsprachen. Die ihm Perspektiven aufzeigten für das weitere Leben. Und umgekehrt: denen auch er riet, so gut er konnte. -

Es war inzwischen fast ganz dunkel geworden. Nur ein schmaler roter Streifen am Horizont zeigte an, daß die Sonne weitergewandert war.

Lange saßen sie schweigend da. Jeder hatte aus seinem Leben erzählt. Und Erika hatte still zugehört. Auch sie war sehr nachdenklich geworden.

So viel Schönes, aber auch so viel Leid und so viele Brüche im Leben jedes Einzelnen!

Vieles hätte anders sein können, aber wäre das der bessere Weg gewesen?

Gut, daß Sie jetzt noch einmal darüber sprechen und dadurch die Vergangenheit wieder ein kleines Stück hinter sich lassen konnten! - Sie fühlten sich innerlich erleichtert, irgendwie „gereinigt" von den vielen Bedenken, die oft kamen, vom Bedauern über das, was versäumt wurde.

Gut, Freunde zu haben, die zuhören und verstehen. Aus eigenem Erleben heraus mitfühlen. Und sich dadurch gegenseitig Entlastung und Erleichterung verschaffen können.

Nun waren sie ja schon älter, der Spätsommer ihres Lebens war gekommen, alles, was sie im Leben aufgeregt und beschäftigt hatte, erschien nun in einem milderen Licht. In einem herbstlichen Licht sozusagen.

Sie hatten sich nach langem Ringen doch mehr oder weniger mit ihrem Schicksal versöhnt. Die eigenen Grenzen akzeptiert. Die eigene Existenz doch angenommen, so, wie sie jetzt war.

Auf dem Rückweg durch das raschelnde Laub kamen Reinhold die Worte von Max Frisch über den Herbst und die „Trauben von Abschied" wieder in den Sinn, die er oft gelesen hatte. Er kannte sie inzwischen auswendig:

„… und wieder lodert das Welken an den Hauswänden empor, klettert das Laub in glühender Brunst der Vergängnis. Daß Jahre vergehen und manches geschieht, wer sieht es! Alles ist eins, Räume voll Dasein. Nichts kehrt uns wieder, alles wiederholt sich. Unser Dasein steht über uns wie ein einziger Augenblick, und einmal zählt man auch die Herbste nicht mehr. Alles Gewesene lebt wie die Stille über den reifenden Hängen. Am Weinstock des eigenen Lebens, siehe, so hangen die Trauben von Abschied."

Spätsommer – Zeit der Reife und der Ernte.

MARTY KAFFANKE–FUCHS

EIN MASKENBALL

Die beiden Koffer stehen schon gepackt in ihrem Zimmer. Am Montag wird sie frühmorgens mit dem Zug abreisen und damit das erste große Kapitel ihres Lebens – das Elternhaus und die Stadt ihrer Jugend – abschließen und ein neues beginnen. In einer großen Stadt, an einer anderen Arbeitsstelle, mit neuen Chefs und fremden Arbeitskolleginnen und -kollegen. Zum ersten mal allein wohnen, in einem möblierten Zimmer, das sie über eine Zeitungsannonce gefunden hat. Sie ist voller Neugier und Elan und wenn sie auch nur ein Fünkchen Angst verspürt, so gesteht sie dies nicht einmal sich selbst ein. Sie müsse langsam selbständig werden, hatte sie ihrem älteren Bruder nach Hamburg geschrieben und der hatte ihr zu diesem Schritt gratuliert und damit auch den Eltern ein wenig von ihrer Sorge um die damals dreiundzwanzigjährige Tochter genommen.

Aber heute – es ist einer der Fastnachtssamstage der frühen 1960er Jahre – will sie noch einmal mit ihren Freundinnen den traditionellen Turner-Maskenball in der Orangerie des Stadtschlosses miterleben, in der großen Menge mitfeiern, mittanzen. Und das zu schmissiger Musik in allen Räumen, dem Weißen, dem Roten und dem Kleinen Saal, mit dem bunten Treiben, das auch in den Fluren wogt, bis hinunter zur Sektbar im Keller, wo der Lärm etwas abebbt und sich Pärchen zu intimem Geplauder und Schmusereien zurückziehen.

Einige der Mädchen, mit denen sie den Ball besucht, sind schon beizeiten da und haben einen großen Tisch besetzt, nicht zu nah an der Musikkapelle und nicht zu weit von der Tanzfläche entfernt. Sie halten für die anderen Plätze frei. Sie selbst ist mit dem Zug aus ihrem Dorf gekommen, hat die Tasche mit ihrer Wechselkleidung zu der Freundin am Universitätsplatz gebracht, mit der sie nun zum Ball geht und bei der sie auch übernachten wird.

Es ist frostig kalt, aber trocken und angenehm. Schon als sie den Schlossgarten betreten, hören sie das Schmettern der Musik von dem erhöht liegenden, palaisartigen Gebäude der Orangerie her. Die Klänge verstärken sich, als sie über die elegante Barocktreppe zum Tanzsaal eilen. Sie bewirken bei ihr einen gehörigen Adrenalinstoß, wie immer wenn sie sich auf ein Tanzvergnügen freut.

Im Foyer herrscht bereits großes Gedränge. Die meisten Mädchen und jungen Frauen sind kostümiert oder maskiert oder beides, die jungen Männer jedoch überwiegend in nur angedeuteter Verkleidung. Ein Cowboyhut, ein Matrosenhemd plus weißes Käppi, eine Clownsnase auf rot-weißer Schminke, eine Indianerperücke. Das Gesicht bleibt frei, so ist es Brauch. Sie und die Freundin lösen ihre Eintrittskarten, 3 DM pro Person, und bringen ihre Mäntel zur Garderobe im Untergeschoss. Noch ein Blick in den großen Spiegel im Flur: ein schwarzer Teufel schaut ihr entgegen mit roter Kappe, langen Hörnern und schwarz-rot geflammtem Röckchen, unter dem rückwärtig ein langer Schwanz aus schwarzem Samt hervor baumelt.

Schwarz auch die Augenmaske und das Tuch, welche das Gesicht bedecken. In der Hand der Pletscher aus Pappe, der wichtigste Gegenstand an einem Abend wie diesem. Denn nur heute und nur mit Maske können sich die Mädchen ihre Tanzpartner selbst aussuchen. Ein leichter Schlag auf die Schulter – von vorn oder auch von hinten – und der Erwählte muss der verhüllten Dame auf die Tanzfläche folgen.

Und damit beginnt das Rätseln und Feixen. Der angestrengte Blick des Burschen in die Sehschlitze der Maske, zu wem gehören diese Augen? Ist es die Figur und Größe der Schwester des Freundes? Nein, die ist etwas molliger und hat nicht so dunkles Haar. Das Mädchen tanzt zu gut, die Kollegin aus der Buchhaltung seiner Firma kann es deshalb auch nicht sein, mit der hatte er mehr schlecht als recht beim letzten Betriebsfest getanzt.

„Sag mal was, du kleiner Teufel, damit ich dich an der Stimme erkenne!", fordert der Tänzer sie auf. Aber es kommt nur ein Kichern.

Dann ist der Tanz vorbei, man strebt auseinander, in verschiedene Richtungen. Im Weißen Saal, dem größten der drei, brodelt die Stimmung. Sie sucht ihren Tisch. Sechs oder acht Mädchen sitzen zusammen. Sie trinken Cola mit dem Strohhalm aus der Flasche. Sie sind sparsam – sechzig Pfennig für eine Cola, das ist ein sündhafter Preis. Sie halten sich deshalb an einer einzigen über Stunden fest, vielleicht später noch eine zweite, wenn der Durst zu groß wird und bis dahin kein Kavalier ein Getränk spendiert.

Ein bunter Schwarm sind sie: *Liane, das Mädchen aus dem Urwald* in engem hautfarbenem Trikot mit wilden Haaren aus Bast (der Film über dieses Naturkind läuft gerade im Kino), eine süße *Unschuld vom Lande* mit blonden Zöpfen, Puffärmelchen und engem Mieder, eine *Juliette Greco* mit schwarzem Schlapphut und Rollkragenpullover und langer Zigarettenspitze, eine *Matrosenbraut*, ein *Harlekin*, eine *Squaw* mit Lederstirnband und steiler Bussardfeder am Hinterkopf. Die meisten haben sich ihre Kostüme selbst gebastelt.

Auf der Bühne im Weißen Saal spielt die Kapelle *Fritz Herber*. Die acht Musiker sind eine weit über die Stadt hinaus bekannte und beliebte Tanzkapelle. Sie beherrschen das gängige Repertoire der Schlager- und Volksmusik, der Faschings- und Schunkellieder, des Jazz und des Rock 'n Roll.

Wenn ein Tanz beginnt, schwärmen die Mädels mit ihren Pletschern in der Hand aus. Oder sie streifen sowieso überall durch die Säle, schauen sich um, wer da ist, Kollegen und Kolleginnen aus dem Büro, ehemalige Schulkameradinnen, vor allem aber, ob irgendwo ein gutaussehender Junge, scheinbar gelangweilt und uninteressiert dreinschauend, ohne Tanzpartnerin herumsteht und sich – genauso wie die Mädchen sonst – den Kopf zerbricht, warum ihn noch keine zum Tanzen aufgefordert hat. Oder sie stehen in Gruppen vor der Theke im Roten Saal, trinken Bier, rauchen und tun so, als interessiere sie nur ihr Gespräch mit den Kumpels, um dann, wenn sie der Pletscher auf der Schulter trifft, herumzufahren, wissend, was das zu bedeuten hat und unter dem Feixen der Freunde von der Maskierten auf die Tanzfläche geschleppt zu werden.

Auch sie schlängelt sich durch die Menge. Es beginnt warm zu werden im Saal und die Luft ist schon jetzt schlecht. Mit dem Strom nach dem letzten Tanz wird sie in den Roten Saal geschoben und läßt sich weitertreiben. Da, lässig am Türrahmen lehnend, steht ein junger Mann, schaut auffallend unauffällig in die Runde, über die Menge hinweg, dennoch mit Späherblick. Groß ist er, schlank, in kariertem Hemd und Rangerhut, darunter dunkle Haare, hohe Stirn, sieht intelligent aus. Sie bahnt sich den Weg zum Ausgang, nicht zu nah an ihm vorbei, er soll sie (noch) nicht bemerken. Sie muss erst einmal ins Untergeschoss, einen Moment verpusten, die Maske abnehmen, Toiletten-gang, das Make-up erneuern, das sich so schnell ver-schmiert, sich noch einmal vor dem großen Spiegel mus-tern. Dann zurück. Wenn die Musik wieder spielt, will sie oben sein. Überall auf den Treppenstufen sitzen Pärchen. Sie steigt vorsichtig über Füße und Knie, stützt sich an fremden Schultern ab. Ob er noch da steht? Leider nein, schade. Sie stellt sich auf die Zehenspitzen, reckt den Hals. Ah, dort, an einer der offenen Flügeltüren vom Roten zum Weißen Saal, wo sich die Männer stauen.

Jetzt aber hin, bevor ihn eine andere abklatscht.

Mit dem Pletscher die Schulter tätscheln, nicht zu fest, aber er soll die Aufforderung schon spüren. Er wendet sich um, sein Blick merkt auf, ein Lächeln,

„Meinst du mich?"

„Ja, wen sonst, willst du mit mir tanzen?"

Sie bahnen sich den Weg zur Tanzfläche. Ein Walzer. Auf diesem vollen Parkett, ob das was wird? Er umgreift beherzt ihre Taille, erfasst ihre rechte Hand und los geht's. *Oh, diesmal einer, der wirklich führen kann,* denkt sie. Geschickt versteht er es, sie vom Rand der Tanzfläche in die kleinen Lücken zwischen zwei Tanzpaaren zu lenken, sodass immer wieder eine halbe Drehung, ein neuer kleiner Schwung im Dreivierteltakt möglich ist, ohne dass es zu heftigeren Zusammenstößen mit anderen kommt. Sie lachen, das heißt, sie hört nicht nur, sie *sieht* auch sein Lachen, er ihres hingegen nicht, das verhindert die Gardine unterhalb ihrer Augenmaske.

„Da bin ich aber mal gespannt, was sich unter diesem Taschentuch verbirgt", sagt er, schreit es eher an ihr Ohr bei der lauten Musik, und studiert ungeniert, was drumherum zu sehen ist. Stirn, Haare, Ohren, Hals – und die Augen.

„Also blaue Augen hast du! Du siehst, meine sind grün!"

„Ja, erstaunlich", muss sie zugeben.

Grüne Augen hat sie bei einem Mann noch nicht gesehen.

Sie sind unversehens in die Mitte der Tanzfläche geschoben worden und stehen in der Menge. Warten auf das nächste Musikstück, es ist ein Slowfox – etwas zum Ausruhen. Dazu braucht man nicht viel Platz, sie bleiben in der Mitte. Auch bei diesem Tanz stimmen sie rhythmisch gut überein, es macht Spaß.

„Wohnst du in der Stadt", fragt er.

„Nein, ich komme vom Dorf", antwortet sie kokett.

„Vom Dorf! Von dort kommt doch sonst nur süße Unschuld. Dass da auch schwarze Teufel wachsen, wusste ich nicht.“

„Siehst du, da hast du was gelernt“, gibt sie zurück. Beide lachen.

Es ist wirklich eng auf der Tanzfläche, aber es stört sie nicht. In der zweiten Tanzpause behält er den Arm um ihre Taille. Dann legt die Kapelle im dritten Teil der Tanzrunde mit einem der erwarteten großen Hits des Abends los: *Buona sera, Signorina, buona sera.* Das Lied steht momentan mit an vorderster Stelle in der Schlagerparade. *It is time to say good-bye to Napoli.* Es beginnt schmeichelnd und schmachtend, ein wiegender Rhythmus. Der Text, den der Sänger auf der Bühne singt, handelt von Mondschein und Meer, Sternenschimmer und Abschiedsküssen in *bella Napoli.* Ach Italien! *Das* Urlaubssehnsuchtsland der Deutschen! Er singt es *legato*, zunächst auf englisch, dann auf deutsch – und dann explodiert die Musik zu einem Feuerwerk schriller Töne von allen Instrumenten, dem Saxophon, den Trompeten, der Gitarre, dem Bass und natürlich dem Schlagzeug. Der Rhythmus schwingt vom Tango zum Swing und kulminiert in wildem Rock 'n' Roll. Die Tanzpaare lösen sich voneinander, tanzen Figuren, die Männer schleudern ihre Mädels in einer Drehung nach außen, reißen sie wieder zu sich heran, drehen sich selbst um die eigene Achse, alles hüpft, tanzt, springt in ausgelassenem Taumel und sie beide mittendrin – bis die Musik plötzlich abbricht, die eben noch klirrenden Becken des Schlagzeugs verstummen, weil der Schlagzeuger sie mit einem Griff stoppt, das Saxophon mit einem Klagelaut erstirbt und der Sänger sein letztes *„Kiss me good-night“* heraus presst und sich dabei am Mikrofonständer krümmt. Tosender Applaus rauscht auf wie eine Brandung. Die Tänzer und Tänzerinnen, schwitzend und erschöpft, klatschen und jubeln – lösen sich dann langsam von der Tanzfläche, verteilen sich in alle Richtungen.

Er schaut sie an.

„Und jetzt?", scheint sein Blick zu fragen und er sagt „Hast du einen Platz am Tisch, soll ich dich dorthin bringen?"

„Puhh, nein, hier drin ist es mir zu warm, ich muss erst einmal raus."

„Dann begleite ich dich."

Er fasst sie ganz selbstverständlich an der Hand und lotst sie zwischen den Tischen nach draußen.

„Wollen wir uns auf die Treppe im Flur setzen, schau, da ist gerade eine Lücke. Ich besorge uns zwei Cola. Nicht weglaufen, ja?", sagt er lachend und fort ist er.

Na, der geht aber ran, ich hatte ja noch gar nicht Ja gesagt, denkt sie, *aber nett ist er und tanzen kann er wie ein Gott.* Sie setzt sich auf den freien Platz auf der Treppe, sieht zu, dass sie ihren Samtschwanz eng neben sich drapiert, damit er nicht versehentlich abgetreten wird. Sie hatte ihn noch am Nachmittag mit der Hand genäht, zum Teufel gehört auch ein Schwanz, fand sie und ihre Mutter hatte den Kopf geschüttelt.

Auf der Stufe unter ihr schmust ein Torero mit seiner Biene Maja. Neben ihr balanciert gerade ein Clown zwei

Gläser Sekt zu einer Hexe mit schwarzem Hut und Riesennase.

Die hier sitzen, haben schon ihre Masken abgenommen. Damit wird sie ihn noch eine Weile zappeln lassen – falls er wiederkommt. Da ist er aber schon, lässt sich neben ihr nieder, reicht ihr die Colaflasche mit Strohhalm.

„Jetzt musst du wohl deinen Vorhang lüften."

Er schaut sie erwartungsvoll an.

„Ooch, das geht auch so."

Sie schiebt die Flasche unter die Stoffmaske, trinkt durstig.

„Bis Mitternacht zur Demaskierung will ich aber nicht warten!"

„Ah, du bist einer von den Ungeduldigen!"

„Ja, ich brenne darauf, zu sehen wie du aussiehst."

„Ich warne dich, ich bin hässlich wie die Nacht."

„Mädchen, die gut tanzen können, müssen einfach hübsch sein."

„Da sei dir nicht so sicher."

Sie trinken beide von ihrer Cola.

„Ah, das tut gut – danke, das war eine gute Idee von Dir. Aber wer sind wir eigentlich? Wie heißt du? Wohnst du direkt in der Stadt oder bist du auch vom Dorf?"

„Ich sage dir erst, wie ich heiße, wenn ich dein Gesicht gesehen habe! Aber Gegenfrage: Wie heißt DU denn? Du kennst mein Gesicht, dafür erfahre ich Deinen Namen!"

„Hmm, da hast du recht, das ist nur fair. Also: ich heiße Kathi, das kommt von Katharina."

„Kathi – das klingt schön. Also, jetzt muß ich aber wissen, ob der Name zu dir paßt, bestimmt bist du genau so schön!"

„So schnell gibst du nicht auf, was?"

„Ich gebe nie auf, das wirst du noch merken."

Er lacht wieder, zeigt seine Zähne und mustert sie.

„Angeber", denkt sie und kichert.

„Was machen wir mit dem angebrochenen Abend? Willst du wieder tanzen, wenn wir ausgetrunken haben?"

„Auf jeden Fall! Und danach nehmen wir wieder hier Platz – ich finde es gemütlich hier draußen. Aber später muss ich nochmal zu meinen Freundinnen, die werden sich sowieso schon fragen, wo ich abgeblieben bin nach dem letzten Tanz."

Die Kapelle spielt jetzt eine Runde Fastnachtslieder. Sie werfen sich in das allgemeine Gewoge, mehr als sich darin miteinander zu wiegen ist nicht möglich. Auch an den Tischen wird geschunkelt und gesungen. *Wenn das Wasser im Rhein gold'ner Wein wär'… / Loreley mir dein Herz und sei lieb zu mir… / Kornblumen blau ist der Himmel … / Du kannst nicht treu sein…* Sie singen die Lieder zum Teil mit, strahlen sich an, eine Unterhaltung ist bei der Lautstärke nicht möglich.

So ganz ist die Musik aber nicht das Richtige, nicht für sie, nicht hier. Darum verlassen sie die Tanzfläche und streben wieder „ihrem" Platz auf der Treppe zu. Es bedurfte keines gegenseitigen Fragens.

„Weißt du was? Ich habe einen Mordshunger. Dort im Kleinen Saal gibt es Frikadellenbrötchen. Willst du auch eins?"

„Wenn du mich so fragst …" erwidert sie zögernd.

Er kommt mit zwei Brötchen zurück.

„Nun hole ich uns noch etwas zu trinken."

„Und jetzt?" fragt er, als er sich wieder setzt.

„Was jetzt?"

„Jetzt nimmst du die Maske ab, wie willst du sonst essen?"

„Du hast mich reingelegt – das hast du schon so geplant!"

„Vielleicht - aber du hättest es ahnen können! Also: Achtung, Fertig, Los – und Vorhang auf!"

Mein Gott, wie seh ich aus, denkt sie, *die Schminke wird ganz verschmiert sein.* Sie löst die Maske vom Gesicht und grinst etwas verlegen zu ihm hinüber.

Er hat ihr gespannt zugesehen. Lächelt, sein Blick wandert über ihr Gesicht.

„Ich hab Recht gehabt, Mädchen, die gut tanzen können, sind auch lecker anzusehen, trotz verschmierter Schminke!"

Er nähert sich ihrem Gesicht.

„Du weißt schon, bei der Demaskierung ist ein Kuss fällig!"

„Ja, aber das gilt hier nicht, das war eine Überrumpelung!"

„Auch das hättest du wissen können!"

„Okay – aber nur ein kleiner!"

Sie lässt ihn näher kommen und dann vergisst sie, die Lippen zu spitzen, wie sie es eigentlich vorhatte…

Mit Appetit essen sie die Frikadellenbrötchen, trinken diesmal ein Bier, fragen sich aus, sie nach seinem Namen – er heißt Enno –, wie alt sie sind, wo sie wohnen, welchen Beruf sie haben, was sie sonst in ihrer Freizeit machen, welche Filme und Bücher sie lieben und schließlich, was ihre nächsten Zukunftspläne sind. Er ist Matrose bei der Handelsmarine und wird demnächst zu einer monatelangen Reise um den halben Globus starten – nach Nordamerika, durch den Panama-Kanal, an der Pazifikküste Südamerikas entlang, um Kap Horn herum, durch den Südatlantik nach Afrika und wieder zurück nach Europa. Zur Zeit ist er auf Heimaturlaub, muss aber in wenigen Tagen nach Hamburg, wo sein Schiff am Kai liegt. Und sie ist auf dem Sprung in die große Stadt.

Sie tanzen noch mehrere Runden im heißen Saal. Die offizielle Demaskierung ist vorüber. Die Kapelle spielt nur noch Schmusi-Foxi, also Schnulzen, bei denen sich die Pärchen ermattet in den Armen liegen. Nach der bisherigen Fröhlichkeit hat jetzt – es gibt nicht mehr viel zu sagen – eine Abschiedsmelancholie die beiden erfaßt.

Längst ist Mitternacht vorbei, als sie hinaus ins Freie treten, um frische Luft zu schöpfen. Vor ihnen liegt der dunkle Schloßgarten – hinter sich im Saal hören sie den Posaunisten ein letztes Solo spielen.

Er legt den Arm um ihre Schulter, sie schmiegt sich hinein.

„Ich kann dich nur in Gedanken auf mein Schiff mitnehmen, aber du wirst mich auf der Reise begleiten."

„Du mich genau so, wenn ich im Zug sitze und mich später in der großen Stadt zurecht finden muß. Schick' mir eine Karte aus Valparaiso, das ist ein so schöner Name!"

„Versprochen. Wann reist du ab?"

„Am Montag."

„Nicht mehr viel Zeit. Wann geht Dein Zug?"

„Um 7.45 Uhr."

„Ich werde am Bahnhof sein."

DAS „KOMPLIMENT"

Ihr Kind war in der richtigen Jahreszeit geboren. Jener Sommer – es war Anfang der 1980er Jahre – war ein besonders schöner, die Temperaturen nicht zu heiß, meist mit Sonne am Tag und Regen in der Nacht. Von Anfang an hatte der Kinderwagen auf dem Balkon an der frischen Luft stehen können, wenn das Kind schlief. Und der Kleine schlief zuverlässig und ausgiebig von Mahlzeit zu Mahlzeit, gönnte nachts seinen Eltern schon bald fünf bis sechs Stunden Schlaf, ehe er sich wieder meldete. Er war freundlich, strampelte lebhaft, lächelte und gluckste, wenn sich ein Gesicht zu ihm herab beugte und ihn ansprach. Kurz, er entwickelte sich zu einem richtigen „Wonneproppen".

So genoss die Mutter die Zeit mit ihrem Kind zu Hause in vollen Zügen und beobachtete aufmerksam sein Gedeihen. Nach ein paar Wochen hielt sie es für angebracht, ihren Chef und die Kolleginnen und Kollegen der Firma, in der sie bis zur Geburt des Kindes gearbeitet hatte, zu besuchen und ihren Sohn vorzustellen. Erst recht, nachdem diese über fast die ganze Schwangerschaftszeit ihren wachsenden Bauch begleitet und auch schon mal mit dem einen oder anderen Mutterschaftstipp aufgewartet hatten.

An einem sonnigen Nachmittag versucht sie, sich so schick wie in alten Zeiten zu machen, holt eines der flotten Hemdblusenkleider hervor, die sie im Büro getragen hatte und die jetzt im Schrank an die Seite gerückt waren, denn seit der Kleine da ist, trägt sie hauptsächlich praktische, sportliche Sachen. Im Schuhregal stehen auch noch die zum Kleid passenden Leinensandalen mit den hohen Keilabsätzen. Sie wäscht und föhnt die Haare und legt Make Up mit einem blauen Lidschatten auf – gerade so wie früher, möchte vermeiden, daß der Unterschied zwischen der Direktionssekretärin, die sie war, und der aktuellen Mutter eines Säuglings optisch zu ihren Ungunsten ausfällt.

Den Kleinen steckt sie in den schönsten Strampler, der sich unter den vielen Sachen finden lässt, die sie zu seiner Geburt geschenkt bekommen hat, setzt ihm ein Hütchen als Schutz gegen die Sonne auf – süß sieht er damit aus, wie sie findet – packt ihn in den Kinderwagen und macht sich auf den Weg zur Firma, im Gepäckkorb außerdem einen Kuchen für die Kaffeerunde in ihrer Abteilung.

Durch die Gänge und Großraumbüros zu gehen, wird zum reinsten Schaulaufen – darauf ist sie vorbereitet. Es war ein relativ später Nachwuchs und als er sich dann ankündigte, war es *die* Überraschung im Kollegenkreis. Zuerst eilen vor allem die Frauen an den Kinderwagen, um das „Ergebnis" der Schwangerschaft zu begutachten und zu bestaunen. „Goldig, wie aus Marzipan, so glatte Haut!", ruft begeistert die eine. „Was für schöne braune Augen er hat!", staunt eine andere. „Gut im Futter!", meint die nächste, tippt mit ihrem Finger auf seinen Bauch und zwitschert „kicks". Der Kleine lacht. „Wonnig!", quietschen die Frauen und lachen auch. Die Blicke wandern vom Kind zur Mutter und wieder zurück, um Ähnlichkeiten festzustellen.

Nun tritt auch ein Kollege heran und schaut interessiert in den Wagen. „Wieviel hat er denn bei der Geburt gewogen?", fragt der zweifache Vater fachmännisch. Ein weiterer Kollege kommt hinzu, drängt sich in den Pulk, der sich um den Kinderwagen gebildet hat. „Ah, herzlichen Glückwunsch! Das Baby sieht ja prächtig aus. Was ist es denn, ein Junge oder ein Mädchen?" Und der erste Kollege sagt, mit entrüstetem Tonfall darüber, wie man nur so fragen kann: „Ein Junge natürlich – bei *der* Mutter!"

Armer Kollege, denkt sie, er will nett sein und greift voll daneben. Ihre Empörung verbirgt sie hinter einem Lächeln.

ABENDMUSIK

Sie waren den ganzen Tag durch die alte Hansestadt gestreift, hatten Museen besucht und Kirchen besichtigt, waren durch die kopfsteingepflasterten Straßen und Gassen, die hier *Gänge* heißen, gewandert, ihre Blicke hatten sich festgesogen an den Backsteinfassaden der ehemaligen Warenspeicher, den herausgeputzten Giebeln der Kaufmanns- und Bürgerhäuser, die auf die Prozessionen staunender Touristen herab zu lächeln scheinen. Gegen Abend war ein kräftiger Schauer niedergegangen, vor dem sie in einen Imbissladen geflüchtet waren, hatten an der Theke eilig ein paar Pizzastücke verschlungen, sie hatte eine Cola dazu getrunken und er sich ein großes Bier genehmigt. Dann war es Zeit für die *Abendmusik* in der Marienkirche. Sie sollte der besinnliche Abschluss ihres Touristikprogramms sein.

Nun betreten sie, noch immer ein wenig abgehetzt, die Marienkirche zu Lübeck, diese mächtige dreischiffige Basilika, die Mutterkirche der norddeutschen Backsteingotik. Für die Abendmusik werde die sogenannte *Totentanzorgel* im Chorraum der großen Kirche gespielt, sagt man ihnen beim Kartenkauf und empfiehlt, wegen der besseren Akustik, ganz vorn im Gestühl des Chores Platz zu nehmen.

Eine wohltuende Ruhe umfängt sie nach dem Trubel in den belebten Straßen. Die Sonne ist wieder hervorgekommen. Ihre Strahlen fallen schräg durch die hohen Seitenfenster, tauchen die ganze Kirche in ein feierliches Licht. Sie bleiben zunächst im hinteren Teil, am Beginn des Mittelgangs, stehen und lassen den riesigen Raum in seiner Wucht und würdevollen Harmonie auf sich wirken. Vor ihnen erstreckt sich das lange, hohe Kirchenschiff, flankiert von den Pfeilern zu beiden Seiten aus mächtigen, dennoch äußerst schlank wirkenden Bündeln übereinander gesetzter Backsteine, die dem schier unendlich hoch scheinenden Gewölbe zustreben. Es mündet in den fernen Chor mit den durchleuchteten Spitzbogenfenstern. Ein großes Triumphkreuz, ein Werk des Bildhauers Gerhard Marcks, hängt über dem goldenen Hauptaltar. Dieser strahlende Endpunkt des sakralen Raums zieht die Blicke der Besucher magisch an und erzeugt andächtiges Schauen und Staunen.

„Bleiben wir hier hinten oder gehen wir nach vorn?" Fragend wendet er ihr den Kopf zu. Sie fühlt sich aus der Faszination des ersten Eindrucks wie zurück gebeamt in die Wirklichkeit. Jetzt merkt sie, wie müde sie ist. Ihr Rücken schmerzt, die Beine sind schwer, die heißen Füße möchten sich der Schuhe entledigen. Was gäbe sie darum, sich jetzt ausstrecken zu können! Da kommt ihr ein Gedanke: „Weißt du was", flüstert sie, „ich bleibe hier hinten und lege mich auf eine der letzten Bänke. Niemanden wird das stören, die meisten Zuhörer sitzen schon vorn im Chor. Was meinst du?" Er schüttelt überrascht den Kopf über die bizarre Idee. „Kannst du machen, aber ich gehe nach vorne, ja?" „Okay, see you later!" und schon lässt sie sich in der vorletzten Reihe nieder.

Aah, endlich sitzen, einfach nur sitzen! Als Erstes streift sie ihre Schuhe ab und stellt die heißen Füße auf den kühlen Steinboden. Ihr Herz wird ruhiger. Langsam kommt sie an in diesem Raum, in dieser Stille und Weite. Dann erklingen die ersten Orgeltöne. Nicht gewaltig dröhnend wie zum Beginn eines Sonntagsgottesdienstes, sondern zart und getragen zu dieser Abendstunde, als wollten sie ihre Zuhörerin in ihrem erschöpften Zustand streicheln und laben. Sie schiebt ihren Rucksack unter den Kopf, öffnet den Reißverschluß ihres Anoraks ein Stück und streckt sich wohlig aus. Die Bank ist hart, aber breit genug, hier wird sie gut liegen können. Noch zweimal kommen verspätete Konzertbesucher an ihr vorbei, die sie gar nicht bemerken, und nach einer Weile der Mann vom Kassentisch, der die Kirche durch eine Seitentür verlässt. Er hat sie gesehen und nickt ihr verständnisinnig zu. Nun fühlt sie sich vollends berechtigt, hier liegen zu dürfen. Sie atmet tief durch: Das war eine gute Idee.

„Buxtehude und Zeitgenossen" steht im Programm. Die Tradition der Abendmusiken bei Kerzenschein in dieser Kirche gehe auf den alten Meister zurück, der hier von 1668 bis 1707 als Organist wirkte, so die Erklärung der Kirchenführerin am Morgen. Während sie den wohlgesetzten Molltönen einer Passacaglia lauscht, kommt ihr die Novelle von Hans Franck über die Pilgerfahrt des jungen Bach zu dem Lübecker Buxtehude in den Sinn. Der junge Organist aus Arnstadt wollte hier die Kunst des großen Meisters der Orgelmusik „behorchen" und sich als Nachfolger um die Organistenstelle in St. Marien bewerben. Statt des gewährten Urlaubs von vier Wochen blieb er ein Vierteljahr, bis er sich wieder auf die lange Fußreise zurück nach Thüringen begab. Über so vieles hatten sich die beiden Koryphäen ihres Fachs auszutauschen. Dass der Alte zur Bedingung gemacht habe, seine sehr kluge, musikalische, aber nicht eben schöne und auch nicht mehr junge, daher längst „überfällige" Tochter an seinen möglichen Nachfolger im Amt zu verheiraten, gehört zwar ins Reich der Legende, wird aber gerne immer weiter erzählt. Der junge Bach verzichtete auf beide Angebote und nahm schließlich leichten Herzens Abschied – denn zu Hause hatte er seinen Schatz Maria Barbara zurückgelassen, zu dem er sich nach der langen Zeit in der Ferne zurücksehnte.

Sie ist abgeschweift in diese hübsche Geschichte. Nun kehrt sie zurück zur Orgelmusik.

In raunenden, manchmal grollenden, dann wieder feinen und feierlichen Melodienbögen wogen die Töne durch das Kirchenschiff. Schwingen sich in Trillern und Triolen zu den gotischen Gewölben hinauf bis zu den zarten Blatt- und Blütengirlanden, die entlang der Kreuzrippen der Deckengewölbe in schwindelnder Höhe blühen. Himmelhoch reihen sie sich in neun Jochen vom Chor bis zum Westwerk aneinander. Sie scheinen den Raum nicht zu begrenzen, sondern ihn ins Unendliche zu öffnen, in den sich der Blick verliert. Sie nimmt wohlig wahr, dass sie sich in ihrer liegenden Position nicht den Hals verrenken muß, um in diesen Himmel zu schauen. Erinnert sich zurück, wie sie als Kind manchmal im Sommer auf einer Wiese lag, hinauf ins unendliche Blau blickte und zum Spiel der Wolken und dem Rauschen der Blätter in den Bäumen phantasierte.

Zwischen den *Toccaten* und *Partiten*, den *Präludien* und *Fugen* verharrt der Organist jeweils eine Weile. Dann senkt sich für einen Augenblick eine abwartende Stille wie ein weiches Tuch ins Kirchenschiff herab, in der die Tonwellen noch weiter schwingen und zwischen den Säulen und Pfeilern langsam verschweben, um dann mit dem nächsten Stück den Raum mit neuer Kraft und Spannung zu füllen.

Sie spürt weder das harte Holz der Bank noch die Unebenheiten ihres „Kopfkissens", sie liegt – hingegeben den Klängen der Musik und dem Wunderwerk des gotischen Himmels über sich – voller Andacht, innerlich abgehoben und doch auch wieder ganz gegenwärtig in dem großen, hallenden Kirchenraum. Unten hat sich bereits die Dämmerung ausgebreitet, während hoch oben die Gewölbe noch hell sind, weil die hohen Fenster etwas vom Licht des Abendhimmels halten, das zu dieser Sommerzeit noch lange leuchtet.

Als sie den Kopf ein wenig wendet, bemerkt sie, dass der sanfte Schein bis in die kleine Seitenkapelle in ihrer Nähe fällt, wo die zerbrochenen Teile der Glocke liegen, die bei dem schweren Luftangriff durch englische Bomber auf Lübeck 1942 herab stürzte. Dieses Bild der geborstenen Glockenteile hat sie nie vergessen, seit sie vor über dreißig Jahren zum ersten Mal diese Kirche betrat. Nicht der gotische Monumentalbau hatte sich in ihr Gedächtnis eingebrannt, sondern der Anblick der unschuldigen Trümmer dieser Glocke, die, so wird erzählt, noch einmal in dem brennenden Turm geläutet habe, bevor sie durch die Zwischendecken des Turmes brach und an dieser Stelle zerschellte. Die Kirche brannte völlig aus und als man sie nach dem Krieg wieder aufgebaut hatte und sie in neuer, schlichterer Schönheit und Würde erstrahlte, ließ man die Scherben unverändert am Platz ihres Aufschlagens liegen – als Mahnmal gegen den Wahnsinn des Krieges und für Frieden, denn: in der kleinen Glockenkapelle befindet sich auch ein sogenanntes *Nagelkreuz*. Es wurde aus Nägeln von Balken der zerstörten Kathedrale von Coventry geschaffen, der zuvor von der deutschen Luftwaffe bombardierten englischen Stadt. Von dort kam es als Friedenszeichen nach Lübeck: Zerstörung und Wiederaufbau, Gedenken und Vergebung – hier in diesen Sinnbildern eindrucksvoll vor Augen geführt.

Die letzte *Fuge* ist verklungen, gedämpfter Applaus erschallt vom Chor. Langsam erheben sich die Zuhörer und nähern sich dem Ausgang. Wie aus einem Traum richtet sie sich auf, schlüpft in ihre Schuhe, sieht ihrem Begleiter erwartungsvoll entgegen. Als sie zusammen in die frische Luft des Abends hinaustreten, liegt noch immer ein Lächeln auf ihren Gesichtern. Es dauert eine Weile, bis sie wieder miteinander sprechen.

BESUCH BEI EINEM FAST HUNDERTJÄHRIGEN

Sie drückt den Klingelknopf und wartet.

Sie weiß, es wird dauern; bis er kommt, falls er die Klingel überhaupt gehört hat. Wenn nicht, wird sie noch einmal klingeln. Aber jetzt erst mal warten, er soll sich nicht gedrängt fühlen, indem sie ein zweites Mal schellt. Sie späht durch eine der kleinen Scheiben in der Haustür mit der durchbrochenen Häkelgardine dahinter. Wenn er zur Tür kommt, würde sie jetzt Bewegung im Innern des Hauses ausmachen können. Aber noch rührt sich nichts. Da fällt ihr ein, sie könnte an der Terrassentür schauen, ob die offen ist. Sie geht ums Haus, schnellen Schrittes, denn vielleicht ist er ja doch schon unterwegs und dann steht niemand vor der Tür. Die Terrassentür ist geschlossen, das sieht sie schon von weitem. Also geht sie gleich wieder zurück, lugt nochmals durch die Scheibe. Ja, jetzt erscheint ein Umriss, der sich sehr bedächtig in ihre Richtung bewegt. Es dauert eben, bis er sich mühsam erhoben und in Bewegung gesetzt hat. Thomas, sein Sohn, hatte ihr am Telefon gesagt, der Vater habe sehr abgebaut. Sie wappnet sich. Dann öffnet sich langsam die Tür – und er erscheint mit dem alten vertrauten Lächeln, dem Begrüßungs-, dem Willkommenslächeln im mageren Gesicht über der gebückten Gestalt.

„Da bist du ja, Schwesterchen!"

„Ja, Bruderherz!"

Wie immer gebrauchen sie diese zärtlichen, vertrauten Anreden – er, der sehr viel ältere „große Bruder", sie auch jetzt noch die „kleine Schwester".

„Es dauert bei mir jetzt alles etwas länger, weißt du."

Seine Stimme klingt matter als sonst, auch tonloser. Wie hatte er früher immer gedröhnt, wenn er freudig erregt war. Jetzt steht er unsicher, schwer auf den Stock gestützt. Sie geht auf ihn zu, nimmt ihn vorsichtig in die Arme.

„Wie geht es dir?" fragt sie zögernd.

„Na ja, ich werde immer älter" sagt er lakonisch, und leise setzt er hinzu „es macht keinen Spaß mehr!"

Im Zeitlupentempo wendet er sich um. „Komm weiter!"

In der rechten Hand den Stock, mit der linken rudernd, nach weiteren Stützpunkten tastend, um das Gleichgewicht zu halten, arbeitet er sich Schritt für Schritt vorwärts Richtung Wohnzimmer. Ihr fällt dabei eine kleine Szene mit Maja, ihrer damals dreijährigen Enkelin, ein. Sie folgte ihm und ahmte ihn nach in seinem auch zu jener Zeit schon sehr langsamen, unsicheren Gang, probierte aus, wie sich das für sie anfühlte, schwankte, balancierte und tänzelte fast vorwärts, mit seitlich ausgestreckten Armen. „Onkel Franz, bist du alt?", fragte sie ihn mit großer Ernsthaftigkeit. Der unsichere Gang war für sie offenbar das sichtbarste Merkmal seines Alters, eines Zustandes, den sie nicht kannte, den sie aber nachfühlen wollte, um es genau zu wissen.

„Ja, ich bin alt, sehr alt!" antwortete er ganz sachlich und blickte in ihr interessiertes Gesicht. Es trennen sie genau neunzig Jahre.

In der Tat, er hat weiter dramatisch abgebaut, seit damals und besonders seit ihrem letzten Besuch vor einem halben Jahr. Langsam steuert er seinen Sessel an, lehnt vorsichtig seinen Stock daneben an die Wand. Der Akt, sich niederzulassen, erfordert seine ganze Aufmerksamkeit. Er bückt sich nach vorn, stützt sich mit beiden Armen auf die Lehnen, lässt sich sodann vorsichtig nieder, um zuletzt doch schwer und ächzend in den Sitz zu fallen.

„Mein drittes Bein", erklärt er, auf den Stock weisend, „ohne das geht gar nichts! Davon sind etliche im Haus verteilt."

„Hast du keinen Rollator?"

Er winkt ab. „Den nehme ich nur draußen."

„Mit dem Stock bin ich wendiger" grinst er, „wendig wie ein Sportwagen."

Sie setzt sich in den anderen Sessel. Auf den beiden kleinen Tischen vor und neben ihm türmen sich Bücher, Alben, eine Schachtel mit Fotos, Prospekte, die Fernsehzeitschrift, die Tageszeitung.

„Ja, hier sitze ich, lese, höre Radio, telefoniere, döse auch zwischendurch ein. So vergeht der Tag. Schön, dass du gekommen bist!"

„Ich wollte es schon längst. Corona zwang mich zu warten. Aber jetzt sind wir beide geimpft, jetzt kann uns nichts mehr passieren. Wie hast du die Zeit während des langen Lockdowns durchgestanden? War es sehr schlimm, das Eingesperrtsein, kein Besuch, keine Kontakte außer mit Thomas?"

„Ja, es war schwer. Thomas kommt ja erst gegen Abend für ein paar Stunden. Dann tut er alles für mich – und auch sonst. Wenn ich ihn nicht hätte... Das Alleinsein ging mir schon sehr aufs Gemüt. Obwohl ich an sich gut allein sein kann."

„Aber du wolltest nicht, dass Deine alte Betreuerin wieder kommt", wendet sie ein.

„Nein. Ich weiß, sie meinte es gut. Aber ihr ständiges Geplapper störte mich. Da bin ich lieber allein."

„Du bist zu bewundern. Mit deinen achtundneunzig Jahren versorgst du dich weitgehend selbst, stehst morgens auf, machst dich fertig, bereitest dein Frühstück. Das kostet dich ja gleich am Morgen alle Kraft. Gibt es auch Dinge, die dir noch Freude machen?"

„Ja, die Musik!" Die Antwort kommt prompt. „Ohne sie wäre es wirklich traurig. Ich höre viel Musik aus dem Radio, vor allem Klassik. Ich liebe fast alles, was sie bringen. Die großen Symphonien ebenso wie die kleinen Stücke aller bekannten Komponisten. Ohne Musik ginge ich wirklich ein, sie ist mein Leben."

Er kommt ins Sinnieren.

„Fast ein Jahrhundert bevölkere ich jetzt schon diesen Planeten, ich kann es kaum glauben."

„Ja, du bist der älteste in unserer ganzen großen Sippe. Noch in diesem Jahr feierst du deinen 99ten! Aber sag mir, hast du Schmerzen? Und kannst du nachts schlafen?"

„Nein. Keine Schmerzen und ich schlafe gut. Nur manchmal nehme ich eine halbe Schlaftablette."

„Da bist du besser dran als viele andere", sagt sie.

„Ja, dafür bin ich sehr dankbar. Auch wenn ich fast zehn Jahre meines Lebens verloren habe, um die man uns bestohlen hat, mich und meine Generation."

Da ist wieder der bittere Ton, in den er immer verfällt, wenn er auf diese Jahre zu sprechen kommt.

„Du meinst als Soldat im Krieg und die russische Gefangenschaft."

Es ist sein Lebensthema, das ihn die letzten Jahre immer stärker beschäftigt. Viereinhalb Jahre Soldat in Russland, dreimal verwundet, in Lazaretten zusammengeflickt und wieder zurück an die Front, dann viereinhalb Jahre Gefangenschaft. Die besten Jahre seines Lebens, neun Jahre, von neunzehn bis achtundzwanzig ein gefahrvolles, fremdbestimmtes, entbehrungsreiches Leben. Danach der schwere Neuanfang. Die Eltern konnten nicht helfen, sie waren nach der Vertreibung selbst entwurzelt und mittellos. Wie hatte er das alles geschafft? Er verfällt wieder ins Nachdenken.

„Und trotzdem hast du auch viel Glück gehabt, wie du immer betonst."

„Ja, viel Glück war dabei, ohne Glück konnte man diese Zeiten nicht überstehen.

Aber es ist noch alles gut geworden. Viel besser als man voraussehen konnte. Ich hatte einen sicheren Job bei einer Weltfirma, eine glückliche Ehe, habe zwei Söhne, drei Enkel, sogar zwei Urenkel erlebe ich noch. Wir sind viel gereist. Ich habe mein schönes Haus. Und hier sitze ich jetzt, es ist mein Refugium."

„Wie siehst du die Zeit, die noch vor Dir liegt?", fragt sie vorsichtig.

Er versteht sofort. „Ich bin bereit zu gehen. Ich bin schon zu alt."

„Fragst du dich manchmal, ob da noch etwas kommen könnte?"

„Du meinst nach dem Tod?"

Er sinnt lange nach, den Kopf in die Hand gestützt.

„Das weiß niemand", sagt er schließlich zögernd.

„Ich habe manchmal die kindliche Hoffnung, meinen Mann und unsere Eltern wiederzusehen, ich weiß, es ist verrückt."

„Du meinst, und ich Margot?" Er lächelt bei der Vorstellung, „seiner" Margot noch einmal zu begegnen.

„Ich weiß nicht, das wird wohl nicht geschehen."

„Ich meine, ob es überhaupt noch irgendwie weitergeht. Du kennst doch die letzten Zeilen in dem Gedicht „Stufen" von Hermann Hesse: *Vielleicht wird noch die Todesstunde uns neuen Räumen jung entgegen senden. Des Lebens Ruf an uns wird niemals enden. Wohlan denn, Herz, nimm Abschied und gesunde.* Für mich sind das die schönsten Worte, die man über den Tod sagen kann."

„Hmm, ich glaube, da wird nichts mehr sein."

„Aber definitiv wissen wir es nicht", entgegnet sie.

„Das ist auch wahr", lächelt er.

Jetzt greift er zu dem zuoberst liegenden Album, blättert darin. Seine Familie, seine Kinder, als sie klein waren. Ein Foto von Margot mit Peter, dem ältesten Sohn als Kleinkind auf dem Arm. Dann beide Kinder. Dann Margot und er auf einer Betriebsfeier seiner Firma, jung, strahlend.

„Margot verstand es, sich immer elegant zu kleiden. Einmal im Monat fuhr sie in die Stadt, durchstreifte die Warenhäuser. Fand immer ein paar Schnäppchen. Dann trank sie irgendwo Kaffee und kam gegen Abend zufrieden zurück. Ich gönnte es ihr. Das Kleid hier auf diesem Bild war aus Seide, das schönste, das sie je hatte."

Das schwere Album rutscht ihm beinahe von den Knien.

„Bist du müde, willst du ein wenig nicken?", fragt sie.

„Ja, ich mach mal kurz die Augen zu."

Sie verlässt leise das Zimmer, bringt ihren Koffer ins Souterrain, wo sie schlafen wird. Sie kennt sich aus im Haus, wird auch ein wenig ruhen nach der Reise.

Bis sie Geräusche oben aus der Küche hört. Offenbar Zeit für sein Abendbrot. Er schlurft in Zeitlupe zwischen Kühlschrank, Theke und Spülbecken hin und her, der Wasserkocher rauscht, jeder Handgriff erfordert vorherige Planung und dedizierten Entschluss: zwei Scheiben Brot liegen auf einem Brettchen in der Durchreiche zum Esszimmer, ein Messer, eine Gabel, eine Tasse daneben. Eine angefangene Packung mit zwei, drei Wurstscheiben, ein Rest Käse. Alles für eine Person. Jede seiner Bewegungen, vollzieht sich äußerst vorsichtig und konzentriert sich einzig auf das gerade Notwendige. Sie will ihm zur Hand gehen, würde ihm gern die Vorbereitungen abnehmen. Aber sie würde ihn im Ablauf seiner Verrichtungen nur stören. Er hat im Moment vergessen, dass er Besuch hat, dass sie zu zweit zur Mahlzeit sind. So nimmt sie sich selbst auch Tasse und Besteck und sie setzen sich zu dem knapp bemessenen Aufgebot an den Tisch.

Wenig später kommt sein Sohn hinzu und wundert sich, dass die von ihm eingekauften Vorräte nicht aufgetischt sind. Sie hatte als gerade eingetroffener Gast etwas Hemmungen, sofort den Kühlschrank zu inspizieren und er hatte seinen reichlichen Inhalt einfach nicht wahrgenommen. Er vollzog den jahrelang eingeübten, täglichen Ablauf. Nur so ist er noch in der Lage, seinen Alltag zu bewältigen.

Sie besprechen den morgigen Tag. Sie bietet an, das Mittagessen zu kochen, einmal eine „richtige" warme

Mahlzeit, keine Konserven, keine Pizza. Das nehmen beide gern an. Sie haben Lust auf ein Rumpsteak mit gebratenen Zwiebeln. Noch am Abend geht sie alles dafür einkaufen. Er drückt ihr einen Geldschein in die Hand, plötzlich ganz präsent und pragmatisch. Sie selbst hatte damit nicht gerechnet.

Später die Tagesschau und ein Film über die Tierwelt an Afrikas großen Flüssen.

Thomas hat Küche und Esszimmer aufgeräumt und alle Gegenstände, die sein Vater am nächsten Morgen benötigt, an den gewohnten Stellen platziert, auch die Medikamente vorbereitet.

„Ohne Thomas könnte ich nicht existieren" betont er wieder.

Sie verabschieden sich für die Nacht, jeder geht in sein Zimmer.

Am Morgen ist es ihm zunächst nicht bewusst, dass Besuch im Hause ist. Er erschrickt furchtbar, als er ihrer nach dem Aufstehen im Flur ansichtig wird, nachdem er schon vorher ungewohnte, verdächtige Schritte gehört hatte. Mehrmals erwähnt er später, wie sehr er zusammengefahren sei, wie lange der Schrecken ihm noch in den Knochen gesteckt habe. Es tut ihr so leid. Doch am Abend hat er das Erlebnis vergessen, er erinnert sich auf ihre Nachfrage nicht mehr daran.

Das ungewohnt üppige Mittagessen ist gelungen. Er verspeist mit gutem Appetit die gleiche Portion wie sein Sohn. Er isst sehr langsam, wird als letzter fertig. Verlangt ein zweites Glas Wein, wehrt nicht ab, dass dafür eine weitere Flasche geöffnet werden muss. Wir staunen. Danach fällt er zu einem ausgiebigen Mittagsschlaf in seinen Sessel.

Gegen Abend machen sie einen für seine Verhältnisse langen Spaziergang, er jetzt mit dem Rollator. Alle paar Schritte bleibt er stehen, er ist den Weg in seiner unmittelbaren Nachbarschaft lange nicht mehr gegangen. Es fallen ihm Dinge ein, die er schon oft erzählt hat, als seien es Besonderheiten, die er ihr unbedingt mitteilen muss. Die Strecke ist ein Höchstmaß an Anstrengung für ihn, das letzte Stück schafft er unter Ächzen, aber er ist zufrieden, dass er unterwegs war.

Am zweiten Morgen, den sie im Haus des Bruders verbringt, gibt es wieder eine große Aufregung für ihn. Während sie in der Küche hantiert, ist er ins Bad gegangen. Er bleibt ungewöhnlich lange verschwunden, man hört keinerlei Geräusche, so dass sie nach einiger Zeit klopft, ob alles in Ordnung sei.

„Nein, nichts ist in Ordnung, komm herein!" raunt es hinter der Tür.

Er sitzt, zerzaust und unrasiert, in seinem Schiesser-Unterhemd vor dem Waschbecken.

„Jetzt sieh dir das an, was soll ich jetzt machen?" Er ist völlig durcheinander.

Seine Zahnprothese ist ihm heruntergefallen, die untere Hälfte zerbrochen. Schon gestern Abend sei das passiert. Er habe die ganze Nacht nicht schlafen können und sich den Kopf zerbrochen, wie das wieder in Ordnung kommen soll.

Sie versucht ihn zu trösten, der Schaden sei doch behebbar, der Zahnarzt könne das kleben, Thomas werde sich kümmern, in zwei Tagen hätte er seine Prothese wieder. Zum Frühstück könne er in Milch eingeweichte Brötchen essen.

„Da brauchst du keine Zähne, mach dir keine Sorgen."

Aber die Aufregung will sich nicht legen.

Schließlich sitzt er am Frühstückstisch.

Sie stellt einen Teller mit Weißbrotbrocken vor ihn hin, gießt heiße Milch darüber, träufelt einen Löffel Honig hinein.

„Das haben wir als Kinder immer bekommen, wenn wir krank waren, du doch sicher auch, erinnerst du dich?" sagt sie in einladendem Ton, wie zu einem Kind.

Er ergreift langsam den Löffel, beginnt zu essen, es schmeckt ihm.

Langsam beruhigt er sich. Hin und wieder schüttelt er aber immer noch den Kopf, wie konnte das bloß passieren.

„Wie gut, dass die Zähne nicht gestern zerbrochen sind, dann hättest du das Rumpsteak gar nicht essen können!" sagt sie munter, um ihn aufzuheitern.

Er begreift nicht sofort, dann erst fällt ihm wieder ein, was gestern war. Auch das außergewöhnliche Mittagessen ist in den Tiefen seines immer schwächer werdenden Kurzzeitgedächtnisses versunken.

„Ja, das ist wahr!" erinnert er sich dann doch, „aber trotzdem, so ein Mist." Fast ärgert er sich wieder.

Sie vertiefen sich noch einmal in die Fotoalben. Bei Bildern von Reisen will ihm meist nicht mehr einfallen, wo sie waren. Dann die wenigen Fotos in der Familienchronik, von der alten Heimat in Oberschlesien, vom Hof des Vaters. Er und seine Brüder als kleine Jungen, barfuß, in kurzen Hosen, später er auf seinem Pferd, dem Fuchs, auf dem er mit seinem Freund die Felder entlang ritt.

„Was haben wir arbeiten müssen beim Vater in der Landwirtschaft, mein Bruder Bernhard und ich – und immer ohne Lohn."

Auch das erwähnt er jedes Mal, die Strenge und Härte des Vaters, es klingt bitter.

Ein paar Seiten weiter ein Gruppenfoto mit ehemaligen Schulkameraden, blutjung, in Wehrmachtsuniform.

„Sind alle tot", seufzt er.

Sie fragt nicht, ob sie im Krieg umkamen oder heimkehrten und später starben.

Dann wieder ein Foto vom ersten Urlaub der jungen Familie auf Sylt, mit dem kleinen Peter als Nackedei.

„Das war unsere verspätete Hochzeitsreise. Wir sind danach nie wieder auf Sylt gewesen."

„Schau mal, hier siehst du aber nobel aus!"

Es ist ein Foto von ihm an seinem 95. Geburtstag, vor drei Jahren – er im dunklen Anzug mit Krawatte, feierliches Gesicht, ein Sektglas in der Hand. Er prostet den Gästen zu, hatte wohl gerade ein paar launige Worte gesagt. Die ganze Familie war versammelt, die noch lebenden Geschwister mit ihren Ehepartnern, seine Kinder mit ihrem Nachwuchs, die Neffen und Nichten, die Nachbarn aus seiner Straße – alle waren gekommen, am 34.698-ten Tag seines Lebens. Das hatte sein Enkel Stefan errechnet. Er lächelt versonnen, fast entrückt. Das Foto in seiner Hand zittert.

Dann ist die Zeit für ihre Abreise gekommen. Er lässt es sich nicht nehmen, sie nach draußen zu begleiten. Es ist Mai, die Luft ist erfüllt von Vogelstimmen.

Er zeigt auf den Dachfirst.

„Hörst du die Amsel? Ihr Gesang ist meine ganze Freude."

Das nimmt er noch wahr, wie tröstlich, denkt sie bei sich.

„Es war schön, dass du gekommen bist." sagt er noch einmal. Und fast bittend setzt er hinzu:

„Besuch mich bald wieder, warte diesmal nicht so lange!"

„Ja, das werde ich - bald. Versprochen."

Die schon beim letzten Mal gestellte Frage „Werden wir uns wiedersehen?", bleibt unausgesprochen und unbeantwortbar, schwingt aber mit.

Er steht neben seinem Sohn, auf seinen drei Beinen, trotzdem merklich instabil.

Sie startet den Motor und fährt an. Sie winken ihr nach, wie sie immer winken, wenn sie nach einem Besuch abreist.

STRAND–IMPRESSIONEN

Meer

Schwimmender Teppich
flüssigen Glases
fern und flirrend
im schrägen Licht
flaschengrüne
Dünung
trägt ihn
gemächlich
zum Strand.

Wellen
sich wiegend
schweben heran
gefolgt
von den nächsten
und nächsten
brechen in
rhythmischem Brausen
berühren
zahm geworden
den spiegelnden
Sand.

Wogen

In unbestimmter Ferne
lösen sich Wogen
vom Horizont
nahen
in wildem Ritt
bäumen sich auf
mit weißen Mähnen
und schnaubenden Nüstern
mächtig
gewaltig
stürzen brüllend
ans Ufer
ungehemmt
ihre Kraft verschleudernd –
schäumende Meeresrosse.

Rhapsodie der Elemente

Der Strand bei Ebbe
ist Jagdrevier
In Schwärmen
fallen Strandläufer ein
suchen picken finden

Vornehme Einzelgänger
die Austernfischer
rotbeinig
rotschnäbelig
staksen und stechen
im Sand

Den Luftraum
beherrschen
die dreisten Möwen
kreisen im Wind
stoßen herab
durchtauchen die Wellen
ihre spitzen Schreie
übertönen
Wellengebrüll und Windrauschen
in brechenden Kadenzen

Kampf der Kreaturen
Rhapsodie der Elemente.

Am Wasser entlang...

Wind rauft das Haar,
streicht um Wange und Hals
nach Salz
riecht das Meer
rauscht in den Ohren
der Atem geht schwer
im Gegenwind
die Jacke
flattert knattert
am fröhlichen Kind
Wellen necken
und lecken
den hüpfenden Schuh
am Wasser entlang
nach Treibgut im Tang
geht der Suchblick
wünscht Finderglück
schweift und verschwebt
und findet kein Ziel –
man denkt hier viel.

Sand von Juist

Sand
schneeweiß mehlfein
wasserbewegt
windgetrieben
gewellt und verwirbelt
zu Dünengebirgen
gehäuft und gepresst
zu Strandburgen
geglättet geleckt
an der Wasserkante.

Last und Spielzeug
formbar und flüchtig
rieselndes
blendendes
zauberisches Faszinosum
Sand.

WALBURGA MÜLLER

LIEBGEDRÜCKT

Anton sitzt in seinem Garten und schaut an den Tannen hoch, die im hinteren Teil wachsen. Seit dem halben Jahrhundert, das er hier am Stadtrand wohnt, erscheinen sie ihm wie vertraute Gefährten. Sie erinnern ihn an die Ferien mit Josefine im Odenwald und an das Haus am Waldrand, in dem sie früher oft wohnten.

Eine Stimme reißt ihn aus den Gedanken. Er kehrt aus dem Garten in das Haus zurück und schließt die Terrassentür.

Er geht die Treppe hoch und ruft: „Josi, ich komme.“

„Anton.“ Ihre Stimme, klagend.

„Liebes, ich bin bei dir.“ Anton streichelt ihre Hand. Josefine liegt im Bett und hat geschlafen, aber irgendetwas muss sie aufgeschreckt haben. Er streicht ihr das Haar aus dem Gesicht, berührt ihre Wange und wartet auf ihr Lächeln, das irgendwann kommen wird. Anton hat sich an ihre langsamen Reaktionen gewöhnt. Er bleibt noch einen Moment sitzen, bis sie einschläft, und verlässt das Schlafzimmer.

Er denkt daran, wie er Josefine kennengelernt hat. Er hatte einen Auftrag zum Innenausbau eines Hotels in einem Dorf bekommen. Einheimische Hölzer waren gewünscht, es war schließlich ein kleines Dorf, das mit dem

Tourismus noch nicht in Berührung gekommen war. Aber einige Gäste hatten den Ort für sich entdeckt, der etwas abgelegen auf einer Anhöhe lag. Anton kam spät an, es war schon Abend und er hatte es versäumt, sich um eine Herberge zu kümmern. Der Hotelier zuckte mit den Achseln, er hätte ihm gern geholfen, doch das Hotel sei ja noch nicht beziehbar. Aber einen Bauernhof am Ende des Dorfes gebe es, wo manchmal Zimmer vermietet wurden, vielleicht habe er Glück.

Anton erreichte den Bauernhof und lief den von alten Bäumen gesäumten Weg zu dem Wohnhaus entlang. Ein Hund kläffte, Hühner flogen gackernd auf, es war kaum Licht zu sehen. Die Tür ging auf und ein Mann kam heraus, schaute ihn misstrauisch aber nicht abweisend an. Hinter ihm zwei junge Männer und eine junge Frau, wahrscheinlich seine Kinder. Anton war erfreut, dass der Bauer ohne Umstände auf seinen Wunsch einging und ihm ein Zimmer anbot. Es gebe auch eine Hütte direkt am Bach, wo manchmal Saisonarbeiter wohnten, wenn sie ihm auf dem Feld halfen, ergänzte er und Anton nahm das Angebot dankend an.

Er geht wieder ins Schlafzimmer und legt sich neben Josefine ins Bett. Er sieht sie an, ihr Gesicht, immer noch hübsch und fast ohne Falten, und er sieht in ihr die junge Frau, die damals vor seiner Hütte stand, um ihn zum Essen in den Hof einzuladen, in ihrem bunten Sommerkleid, die Haare mit einem Tuch zusammengebunden, das freundliche, offene Gesicht, das unschuldige Lächeln. In diesem Moment verliebte er sich in sie. Josefine spürte nichts von seiner Verliebtheit und es sollte noch ein Jahr dauern, bis sie ihn wiedersah. Über den Winter stellte er die Arbeiten ein, er hatte noch andere Aufträge, die er erfüllen musste, und versprach, im folgenden Frühjahr den Einbau fertigzustellen. Josefine verspürte eine merkwürdige Leere und Verlassenheit und fragte sich, ob es die Abwesenheit des Schreiners war. Als er im Frühjahr wieder heraufkam und die Hütte bezog, war es, als wäre er nie weg gewesen, und Josefine wurde klar, sie wollte, dass er sie nie mehr noch einmal für so lange Zeit allein ließ.

Manchmal fragte er sich, ob es falsch war, sie von dem Berg zu holen, weg von dem Bauernhof mit den Tieren, den Feldern und der Natur, in der sie aufgewachsen war. Für Josefine stand es außer Frage, dass sie dahin zog, wo ihr Mann wohnte und seine Werkstatt hatte. Sie empfand es wie ein weiteres Naturgesetz, so wie man es sich auch nicht aussuchen konnte, wann man den Weizen säte, das Obst erntete und die Kühe von der Weide holte.

Ein langgezogenes Bubuubu lässt Anton aufhorchen. Es ist der Schrei des Kauzes, den Josefine aufgezogen hatte und der seitdem in der Baumhöhle der Tanne wohnt. Anton muss im Bett halb sitzend eingeschlafen sein, sein Rücken schmerzt, als er sich erhebt.

„Josi, das Frühstück ist fertig." Anton ist noch müde, die Nacht war kurz. Er nimmt Josefine an der Hand und führt sie an den Frühstückstisch. Er schenkt Kaffee ein, streicht Butter auf das Brötchen und legt es in ihre Hand. Sie legt es zurück und nimmt das Brötchen von Antons Teller. „Nein", sagt er sanft, „d a s ist dein Brötchen", und gibt ihr das andere.

„Nein, nein", wiederholt Josefine und schüttelt den Kopf.

„Doch."

„Nein."

Nach einer halben Stunde hat sie ihr Brötchen gegessen, den Kaffee getrunken und ihre Tabletten eingenommen.

Es klingelt an der Tür. Der Hausarzt will nach Josefine schauen, da er gerade in der Nähe ist. Dankend nimmt er einen Kaffee an und macht sich Notizen in seinem Heft.

„Anton, Ihre Frau ist zwar erst fünfundsiebzig, aber die Krankheit ist schon sehr fortgeschritten." Er mustert Anton. „Darf ich fragen, wie alt Sie sind?"

„Achtundsiebzig."

„Und wie machen Sie das alles hier?" Der Arzt zieht mit seinem Arm einen weiten Bogen.

„Wie alles?", fragt Anton.

„Nun, es ist nicht leicht mit Ihrer Frau."

„Mit Josefine war es nie leicht." Anton lächelt kurz. Er hasst das Wort Alzheimer. „Sie hat sich verändert, unser Leben hat sich verändert, wir machen jetzt andere Dinge als früher." Er hält inne und sieht zu seiner Frau. Sie hat in die Hände geklatscht und schnalzt mit der Zunge.

„Josefine, er hört uns nicht, wir müssen das Fenster aufmachen. Entschuldigen Sie, Herr Doktor, aber sie ruft nach dem Kauz." Er lässt den Arzt stehen und geht mit Josefine zum Fenster. Sie lehnt sich hinaus und streckt ihren Arm nach vorne. Ein Schatten löst sich von der Tanne, macht einen Bogen und bleibt auf der Dachrinne sitzen. Neugierig äugt der Kauz zum Fenster und lässt sich sanft auf Josefines Arm nieder.

„Wie hat das mit dem Kauz angefangen?", will der Arzt wissen. Er zuckt kurz zusammen, als der Kauz seine Flügel ausbreitet und dann wieder schließt, um sich auf Josefines Arm niederzulassen und die Körner zu picken, die sie ihm hinhält. Sie stützt ihren Arm auf der Fensterbank ab und streichelt mit der anderen Hand sein braun-weiß gesprenkeltes Gefieder. Ihre Finger gleiten über die harten Flügelfedern und verweilen kurz an den Enden, um dann die weiche Brust zu kraulen. Sie spürt das kleine, klopfende Herz und drückt es kurz. Der Kauz dreht seinen Kopf und schaut sie für einen Moment mit seinen runden, schwarzen Knopfaugen an. In einem Anflug von Zärtlichkeit drückt sie ihn fest an ihren Körper, worauf er mit einem lauten Schrei reagiert. Josefine lässt ihn los und der Kauz rückt etwas von ihrem Arm ab, bleibt aber sitzen.

„Liebes, du tust ihm weh, wenn du ihn so drückst", weist Anton sie zurecht. Ob es sein Tonfall ist oder Antons Bewegung: der Kauz flattert auf und lässt sich in der Tanne nieder. Josefine schaut ihren Mann vorwurfsvoll an, aber Anton kennt sie gut genug, um zu wissen, wie er sie ablenken kann. Er nimmt ihren Arm und führt sie ins Wohnzimmer zum Sofa. Dort holt er einen großen Korb aus einem Schrank und gibt ihn Josefine. In dem Korb liegen Dutzende von Puppen, kleine, handgestrickte mit weicher Füllung, große aus Plastik mit glänzenden Augen und langen Wimpern, die auf- und zuklappen. Dicke Puppen mit karierten Kleidchen und Echthaar, Sprechpuppen und Babypuppen, die Mama sagen, wenn man den Körper beugt. Josefine holt jede einzelne heraus, setzt sie auf ihren Schoß, streicht über die Haare, drückt und küsst sie.

Anton sagt zu dem Arzt: „Ich weiß nicht, wen sie lieber mag, den Kauz oder die Puppen. Wissen Sie, wir haben keine eigenen Kinder, aber wir hatten immer Kinder aus dem Dorf oder der direkten Nachbarschaft in unserem Garten. Sie wollten nach den Tieren schauen, die Josefine aufgezogen hatte. Hier gab es schon Kaninchen, Katzen und sogar zwei Ziegen. Josefine hatte ihnen einen Teil des Gartens eingezäunt. Einmal kam sogar ein Zirkus ins Dorf. Die Leute fragten, ob sie einen Esel für ein paar Tage unterstellen könnten. Der Kauz ist letzten Sommer noch jung aus dem Nest gefallen. Er war verletzt und Josefine versorgte ihn. Sie hat es tatsächlich geschafft, dass er ihr aus der Hand frisst, sogar Körner. Normalerweise fressen Käuze Regenwürmer, Mäuse, Insekten, aber auf die Körner ist er ganz scharf."

„Und die Puppen?"

„Wenn die Kinder kamen, hatten sie oft auch etwas auf dem Herzen, das sie zu Hause nicht sagen wollten oder konnten. Sie brachten ihre Puppen mit und Josefine tröstete mit den Puppen die Kinder und spielte mit ihnen. Manchmal war eine Puppe auch kaputt und Josefine reparierte sie. Mit der Zeit unterhielt sie eine richtige kleine Puppenwerkstatt. Diese hier sind Überbleibsel, die nicht mehr abgeholt wurden oder auch Geschenke der Kinder."

Der Arzt schaut zu Josefine, die inmitten ihrer Puppen sitzt und ihn anlächelt. Er steht auf. „Ich komme nächste

Woche wieder. Achten Sie bitte darauf, dass sie die Tabletten nimmt." Er reicht ihm eine neue Dose mit den kleinen runden Dragees und Anton legt sie auf den Küchentisch.

Am Nachmittag machen Anton und Josefine einen Spaziergang. Der Weg führt sie am Supermarkt vorbei, wo sie noch ein paar Dinge für das Abendessen einkaufen, und an der Pferdekoppel zurück ins Haus. Anton hält Josefine fest an der Hand und leitet sie sicher über alle Wege.

„Josi, das Abendessen ist fertig."

Während er in der Küche hantiert, ruht sich Josefine auf der Terrasse aus. Der Kauz ist auf Beutefang, doch ab und zu sichert er sich ein Korn von ihrer Hand und fliegt wieder auf den Baum. Anton lauscht auf das Flattern der Flügel und das freudige Glucksen von Josefine. Er deckt den Tisch im Wohnzimmer und sieht aus dem Augenwinkel seine Frau auf der Bank sitzen. Aber nach einer Weile ist irgendetwas anders. Er nimmt zuerst nicht wahr, was es sein könnte, aber dann bemerkt er die Stille, die plötzlich eingetreten ist, als hätte man ein Radio abgedreht. Er horcht, aber kein Laut kommt von der Terrasse. Kein Flügelschlagen, keine Stimme von Josefine. Langsam geht er hinaus und sieht sie, den Kauz fest an ihre Brust gedrückt. Sie blickt ihn an, eine Träne läuft über ihre Wange. Der Kauz bewegt sich nicht, der kleine Kopf hängt zur Seite über dem Arm, wie eine ihrer Stoffpuppen, die Augen sind geschlossen und Anton kommt ein ungeheurer Verdacht. Er löst den Kauz aus ihrer Umklammerung und legt ihn vorsichtig auf den Boden. Mit seinen Fingern streicht er über die Druckstelle an der Kehle und befühlt den kleinen Brustkorb. Das Herz schlägt nicht mehr.

Josefine sieht ihn an, ängstlich, unsicher und er kann an ihrem Blick erkennen, dass sie weiß, dass etwas nicht stimmt, aber nicht genau, was. Zum ersten Mal hat er das Gefühl, er schafft das Leben mit Josefine nicht mehr. Er nimmt sie in den Arm und streicht ihr über den Rücken. Sie zittert, beruhigt sich etwas und lässt sich von ihm ins Schlafzimmer bringen. Nachdem er sie zu Bett gebracht hat, geht er wieder nach unten, wickelt den toten Kauz in ein Tuch und vergräbt ihn unter der Tanne. Hoffentlich wird sie sich morgen nicht mehr an den Kauz erinnern, denkt er. Er hat nicht vor, Josefine von dem Unglück zu erzählen.

MR. ALRIGHT

Das Dorf schmiegt sich mit seinen Feldern sanft an den Taunuskamm und wie eine Perlenschnur begrenzen die Apfelbäume und das Grün der Streuobstwiesen bis heute den dunklen Wald. Weiße Tupfer, die beim näheren Betrachten die Schafherden in der weitläufigen Landschaft darstellen, täuschen eine friedliche Idylle vor. Der hohe Dom steht wie eine feste Burg, um die sich die niedrigen Häuser drängen, als wollten sie von ihm bis heute beschützt werden vor fremden Eindringlingen.

Tatsächlich gab es in den vergangen Jahrhunderten viel zu verteidigen. Tapfer bewahrte sich das Dorf seine katholische Identität inmitten protestantischer Umgebung und ließ sich nicht von den feinen kurstädtischen Nachbarn beeindrucken, die gerne auf die einfachen Bauern herabschauten. Die Dorfbewohner entwickelten ihre ureigenen Feste und Vereine, pflegten einen fröhlichen Umgang mit jedem bei einem Glas frischem Apfelwein und waren sich nie zu schade für einen derben Schlagabtausch – verbal - versteht sich, was sich auch auf ihre Alltagssprache auswirkte. Wohlgemeinte Worte klangen manchmal wie übelste Beschimpfungen. Verirrte sich ein Fremder in das Dorf und hörte einer Unterhaltung zu, so missverstand er diese oft als einen Streit. Dabei hatten sich vielleicht zwei

Frauen lediglich über ihre Kochkünste austauschen wollen. Eine Besonderheit waren auch die *Unnamen*, die eigentlich nur eine Umschreibung einer besonderen Eigenschaft, Kuriosität oder eines Berufsstandes für ihren Träger bezeichneten. Rief man jemanden z.B. *Brotkasper*, dann war sein Vorfahre der Bäcker gewesen, der Kaspar hieß. Die *Fleischwurst* hatte einen Metzger in ihrer Linie. Die *Unnamen* wurden zur Unterscheidung einer Sippe angewandt, denn die wenigen Nachnamen stammten noch aus der Zeit, als man gerne innerhalb der eigenen Kreise heiratete und die Zuordnung zu einer bestimmten Familie schwierig war. Dies war aber wichtig, um zu wissen, wie man mit demjenigen umzugehen hatte. Denn Vorurteile gab es auch.

Meine Geschichte handelt nun von einem Mann, der auf den Namen *Mr. Alright* hörte.

Es war die Zeit vor der Jahrhundertwende. Ferdinand war das jüngste Kind einer Metzgerfamilie. Er war klein von Gestalt und um sich unter seinen Geschwistern behaupten zu können, legte er sich ein großes Mundwerk zu. Die wenigen Jahre in der Schule betrachtete er als eine lästige Pflicht. Lieber streifte er durch die Felder, stibitzte hier und da einen Apfel, jagte ein Kaninchen und stöberte Fuchsbauten auf. Kam er dann spät nachmittags nach Hause, schimpfte sein Vater, der ihn in der Schlachterei gebraucht hätte. Aber Ferdinand hatte einen Traum. Wenn er auf der Wiese lag und in den Himmel schaute, dachte er an die Geschichten, die er gehört hatte, Geschichten über Amerika, wo man es zu ungeahntem Reichtum bringen konnte, wenn man nur über etwas Mut und Geschick verfügte. Er stellte sich vor, wie es wäre, mit dem Schiff in den

Hafen von New York einzulaufen, die Schule, das karge Essen und die enge Stube hinter sich zu lassen und ein neues, ganz anderes Leben zu beginnen. So erfüllt war er von seinem Traum, dass er sich eines Tages seinem Vater anvertraute. Der Vater schimpfte ihn aus. Es gab kein Pardon. Ferdinand wurde in der Metzgerei gebraucht und so musste er sich fügen.

Der Strom der Auswanderer nahm kein Ende, doch für viele, und gerade für die jüngeren Söhne einer Familie, gab es wenige Perspektiven. Da oft das Erbe eines Hofes oder eines Handwerks an den ältesten Sohn fiel, mussten sich die jüngeren Geschwister einen anderen Broterwerb suchen. So erging es auch Ferdinands Familie. Als die zwei älteren Brüder nach einigen Jahren die Metzgerei übernahmen, stand Ferdinands Entschluss fest, nach Amerika auszuwandern, und diesmal ließ er sich von seinem Vater nicht beirren. Schließlich sah der Vater ein, dass dem Jüngsten ja wirklich nichts blieb. Und Ferdinand versprach: Wenn du mir etwas Geld gibst für die Reise, werde ich es dir hundertfach zurückgeben, denn ich werde zurückkommen, wenn ich es zu Reichtum gebracht habe. Der Vater war einverstanden und drei Wochen später schiffte sich Ferdinand in Bremerhaven ein.

New York! Was für eine Stadt. Noch Wochen nach seiner Ankunft war Ferdinand überwältigt von den vielen Menschen, die sich durch die Straßen drängten, ihre Handkarren hinter sich herzogen und ihre Waren anboten. Wer Glück hatte, konnte sich einen festen Laden leisten, aber die meisten Geschäfte wurden auf der Straße getätigt. Fasziniert blieb Ferdinand vor einem Schuhputzer stehen, der seine Bürsten und Lappen auf den Bordstein neben sich gestellt hatte und auf Kunden wartete. So etwas hatte er noch nie gesehen und einen Moment überlegte er, ob er sein Geld nicht damit verdienen könnte.

So wie vielen deutschen Auswanderern erging es auch Ferdinand. Das Problem hatte er vom ersten Tag an. Er konnte kein Wort Englisch. So sehr er auch versuchte, sich in die neue Sprache einzufinden, es gelang ihm nicht. Jeden Tag ging er die langen Straßen New Yorks entlang und fragte an den Marktständen oder in den Läden nach Arbeit. Doch meistens erntete er ein Achselzucken, sobald die Geschäftsleute merkten, dass er sie nicht verstand. Nachts schlief er eingerollt in seine Decke auf einer Bank und wußte oft nicht, wie er den nächsten Tag überleben sollte. Das Geld, das der Vater ihm gegeben hatte, würde bald aufgebraucht sein.

Die Tage wurden kürzer und der Winter zog in New York ein. Ferdinand hüllte sich in seine Decke und dachte an seine Familie, an den Kohleofen, der die Stube wärmte, und nur das Versprechen, das er dem Vater gegeben hatte, hielt ihn davon ab, von seinem letzten Geld eine Rückfahrkarte zu kaufen.

Eines Tages betrat er eine Bäckerei, um sich etwas zu Essen zu kaufen und sich die kalten Finger am Ofen zu wärmen. Bis auf den Bäckermeister, der hinter der Ladentheke stand, und einen jungen Mann war niemand in dem Laden. Der Meister, ein Mann mit grauem Haar und einem Schnurrbart, war in ein Gespräch mit dem jungen Mann vertieft, der seinen Hut in der Hand hielt und den Bäcker scheu ansah. Soviel verstand Ferdinand, dass der Ältere Fragen stellte und der Jüngere eifrig darauf antwortete. Schließlich reichte der Ladenbesitzer dem Anderen die

Hand und sagte: *alright*. Der junge Mann strahlte daraufhin, erwiderte ebenfalls *alright* und band sich sogleich eine Schürze um. Ferdinand war sofort klar: hier hatte gerade ein Arbeitssuchender eine Arbeit bekommen. Nach diesem Vorfall beobachtete er die Menschen genau und erkannte die Wirkung , die das Wort *alright* mit sich brachte: Sobald dieses Wort in einer Unterhaltung gesagt wurde, ein Handschlag erfolgte und die Leute zufrieden auseinander gingen, wurde ein Handel besiegelt, ein Zuschlag erteilt oder ein Abschluss bestätigt.

Ferdinand fasste neuen Mut. Wenn durch dieses Zauberwort die Türen geöffnet wurden, dann sollte ihm das auch gelingen. Und wenn schon das Metzgerhandwerk das Einzige war, was er konnte, dann wollte er so lange nach einer Metzgerei suchen, bis er aufgenommen wurde. Er hatte Glück. Das Weihnachtsfest nahte und die wohlhabenden Leute aus den feinen Stadtvierteln New Yorks strömten in die Geschäfte, um großzügig Geld auszugeben. Die Händler kamen bald nicht mehr mit ihrer Lieferung nach und benötigten händeringend Personal. Ferdinand fand eine Metzgerei, an deren Tür eine Stellenanzeige angeschlagen war und trat ein. Er hatte sich die Sätze genau überlegt und tatsächlich nickte der Metzgermeister, woraufhin Ferdinand *alright* sagte und ihm die Hand entgegenstreckte.

Von da an benutzte er das Wort bei jeder Gelegenheit. Wenn ein Kunde eine Frage hatte, oder der Meister etwas von ihm wollte, sagte er *alright* und erledigte schnell das Anliegen. Er war sich für keine Arbeit zu schade und seine hilfsbereite Art wurde über die Ladentheke hinweg von allen wohlwollend registriert. Die New Yorker nannten ihn

Mr. Alright und lachten über den lustigen Vogel aus Deutschland mit seinem spärlichen Wortschatz, doch sie luden ihn nie zu einer Gesellschaft oder einem Männerabend ein. Getrieben von der Gier nach Wohlstand und einem sorgenfreien Leben war sich jeder selbst der Nächste und niemandem kam es in den Sinn, sich um einen kleinen, dummen Einwanderer aus der deutschen Provinz zu kümmern. Ferdinand schloss zwar keine Freundschaften, doch er war zufrieden mit seinem Leben. Er hatte eine Arbeit gefunden und bald darauf bezog er eine kleine Wohnung in der Nähe des Ladens.

Doch wenn er abends in seiner Stube saß und die Briefe aus der Heimat las, kamen die Erinnerungen wie ein Stein, der sich auf seine Brust drückte, und er sah sich wieder im weichen Gras liegen, über sich den blauen Himmel und aus der Ferne hörte er den leisen Klang der Schafsglocken. Er vermisste das ruhige, stille Leben im Dorf, die sanften Felder, ja sogar das enge Haus erschien ihm hier in der Fremde wie ein Ort der Geborgenheit und der Zuflucht. Besonders wenn der Winter durch die Straßenschluchten tobte, wurde die Sehnsucht nach der Heimat immer größer.

Ferdinand wollte so schnell wie möglich Geld verdienen. Er verbrachte mehr Zeit im Geschäft als die anderen Gesellen und eignete sich die Buchhaltung an. Er erkannte, dass er ein Gespür für Zahlen hatte, und feilschte mit den Kunden über Preise, sodass der Metzger nur so mit dem Kopf schüttelte. Er lernte bei seinem Meister das, was er bei seinem Vater versäumt hatte und nutzte sein Verkaufstalent. Die Metzgerei wurde zu einem prosperierenden Unternehmen, das bald auch in den anderen Stadtteilen bekannt war. Die Kundschaft kam aus der aufstrebenden Bank- und Finanzwelt, die begierig auf erstklassige Fleischwaren zu fairen Preisen war, und die Kunden bestellten großzügig bei Ferdinands Metzgerei.

Es war an einem lauen Sommerabend, als der Meister ihm eröffnete, dass er etwas Wichtiges mit ihm zu besprechen hätte. Der Laden war schon geschlossen und Ferdinand war dabei, die Theke zu säubern und die Fleischwaren in das Kühlhaus zu tragen. Er zog seine Schürze aus und sah seinen Meister an. Es war ihm nicht entgangen, dass er seit einiger Zeit müde und oft erschöpft aussah und den Gesellen immer mehr Arbeiten überließ. Doch das Angebot, dass er zu hören bekam, verschlug ihm die Sprache. Der Meister wollte ihm die Metzgerei vermachen, da er fürchtete, nicht mehr lange zu leben. Ferdinand zögerte und erbat sich Bedenkzeit. Sollte er das Angebot annehmen und sich endgültig in Amerika niederlassen? Mit einer eigenen Metzgerei wäre er ein gemachter Mann und könnte sich ein eigenes Haus leisten und vielleicht auch eine Familie gründen.

Während er sich noch unschlüssig war, wie er sich entscheiden sollte, kam ein Brief aus der Heimat an. Es waren keine guten Nachrichten: In Europa tobte der erste Weltkrieg und seine beiden Brüder waren im Krieg gefallen. Dem Vater ginge es schlecht und es wäre niemand da, der die Metzgerei weiter führen könne. Ferdinand zögerte keinen Moment. Hatte er nicht seinem Vater versprochen, nach Hause zurückzukehren? Und war Amerika, dieses Land, das ihm zwar Wohlstand geschenkt katte, nicht doch immer ein fremdes Land geblieben?

Mit dem nächsten Schiff, das nach Europa aufbrach, kam Ferdinand wieder zu Hause an. Der Vater, nun ein alter und gebrechlicher Mann, empfing ihn mit Wohlwollen und war stolz auf seinen wohlhabenden Sohn. Ferdinand kaufte Ländereien, baute ein Haus und bald florierte dank seines Geschäftssinns die väterliche Metzgerei. Manchmal spotteten die Einheimischen über ihn, den Großmäuligen, der unbedingt weg wollte und jetzt wieder in die Heimat zurückgekehrt war. Aber Ferdinand erkannte hinter dem Spott die Bitterkeit über das Leid, das der Krieg über die Familien gebracht hatte, und versuchte die Menschen mit Späßen aufzuheitern. Immer wieder erzählte er, wie er zu seinen Namen *alright* gekommen war, bis er im ganzen Dorf nur noch *der alright* genannt wurde.

Mit der Zeit verblasste die Erinnerung an die 15 Jahre, die er in Amerika verbracht hatte und hätte er nicht noch den zweiten Weltkrieg erlebt, hätte er niemals damit gerechnet, jemals wieder auf Amerikaner zu treffen.

Nach dem Ende des Krieges zogen die amerikanischen Besatzer in die Dorfschule ein und errichteten eine Verwaltung. Eines Tages wurde Ferdinand in die Schule gerufen. Auf seinen Stock gestützt machte sich der nun achtzigjährige Mann auf den Weg zur Schule und erfuhr, dass er beim Übersetzen helfen sollte. Man hätte gehört, dass er einmal in Amerika gewesen war, und da er der einzige im Dorf war, der Englisch sprechen konnte, bräuchte man seine Hilfe. Ferdinand versuchte so gut es ging, die Fragen der Amerikaner zu beantworten, bis er bemerkte, dass einige Soldaten, kaum älter als zwanzig Jahre, anfingen zu grinsen und zu tuscheln. Ferdinand fing ein paar Sätze auf. Die Soldaten machten sich über sein mangelhaftes

Englisch lustig. Da richtete er sich auf, straffte die Schultern, schaute den Soldaten direkt in ihre jungenhaften Gesichter und sagte in seinem besten Englisch: „Meine Herren, ich kann vielleicht nicht so gut Englisch wie Sie, aber ich kann es schon viele Jahre länger."

Das ist eine der vielen Geschichten über die Besonderheiten der Namen in Ferdinands Dorf, die immer wieder gerne bei Familientreffen erzählt wurden.

Quellen: Lorenz Schipp, Urgroßvater von Christina Walter, geb. Schröder

Geb. 1864 + 1953

1890 nach USA, 1900 zurück

In der Geschichte verändert: 1890-1915 in den USA

TABUZONE

Der Brief kam an einem Freitag, als Till mit seinem Fahrrad vom Markt zurückkehrte. Jasper, sein Hund, lief ihm schwanzwedelnd entgegen. Till las den Absender und seufzte. *Ministerium für Marktforschung und Analyse* stand auf dem Brief.

„Unsere jährliche Befragung", sagte er mit bitterer Stimme.

„Sie heißen Tillmann von Ahrensburg, sind 58 Jahre alt und wohnen mit ihrem Hund Jasper im Falkensteiner Weg 32 in Hamburg. Sie sind unverheiratet und leben auch nicht in einer aktuellen Beziehung. Von Beruf sind Sie Zahnarzt und bauen in ihrer Freizeit Schiffsmodelle. Ist das richtig?"

Till nickte und betrachtete den Mann, der ihm gegenüber saß. Er kannte Brian schon von der Befragung vor einem Jahr. Diesmal trug er ein hellgrünes Shirt mit der Aufschrift *beach club Florida*, hatte immer noch einen blonden Schnauzer und das lockige Haar nach hinten gegelt.
Die Arme waren muskulös und braun gebrannt, die helle Hose reichte bis zu den Waden. Till schätzte, dass er etwa halb so alt war, wie er selbst. Sie waren allein in dem Raum im dritten Stock des Ministeriums, zwei Sessel, ein Schreibtisch und an der Wand ein Gemälde von Paul Klee.

Brian hatte sein Tablet auf dem Tisch stehen und den Fragebogen geöffnet.

„Wie sieht es mit Freunden aus? Wir haben festgestellt, dass Sie seit zwei Jahren keine einzige Freundschaftsanfrage beantwortet haben. Schon letztes Jahr haben wir Sie darauf hingewiesen, wie wichtig soziale Kontakte sind. Nach unseren Informationen haben Sie lediglich vier Freunde, mit denen Sie sich einmal die Woche zum Billard treffen. Wollen Sie etwas dazu sagen?"

Till schüttelte den Kopf und versuchte, sich seinen Ärger nicht anmerken zu lassen. Er war sich sicher, dass Brian sogar seine Gefühle speicherte, deshalb verbarg er sie, so gut er es konnte.

„Till, Sie wissen, dass wir einmal im Jahr den Datencheck durchführen müssen, um Ihre Bedürfnisse, Wünsche und Ziele zu kennen. Nur so können wir auf Sie eingehen und Ihren Lebensstandard optimieren. Aber was wir über Sie wissen, ist nicht viel: Sie haben lange in Darmstadt gewohnt und sind dann in die alte Hofreite Ihrer Eltern gezogen, nachdem diese verstorben sind. Warum haben Sie Darmstadt verlassen?"

„Ich wollte an die Küste, ich liebe das Segeln."

Brian tippte etwas in sein Tablet und Till stöhnte leise auf. Er war sich sicher, er würde in den nächsten Tagen seinen Postkorb voll von Fachlektüre über Segeln finden.

Er spielte in Gedanken die Sätze durch, die er Brian gerne an den Kopf geworfen hätte:

Ich habe Darmstadt verlassen, weil Natalie dort nicht mehr lebte. Wir hatten vor zu heiraten, aber nachdem sie zu mir gezogen war, war ihr plötzlich alles zu eng geworden. Meine Nähe, meine Wohnung, meine Stadt. Sie hat ein Angebot ihrer Firma in Kanada angenommen und ist dort glücklich, wie sie mir berichtete. Ab und zu schreiben wir uns. Und du weißt nichts davon? Natalie ist dir entkommen, bevor eure Kontrollmaschine unser gesamtes Leben erfassen konnte.

Die Hofreite habe ich vermietet und bin in das Gartenhaus gezogen. Meinen Beruf übe ich nicht mehr aus, die Mieteinnahmen reichen zum Leben. Als du noch in den Windeln lagst, bin ich jedes Wochenende mit meinem Boot rausgefahren. Heute macht es mir keinen Spaß mehr, auch auf dem Wasser bin ich nicht mehr vor eurer Überwachung sicher.

Stattdessen sagte er: „Es erstaunt mich, dass Sie so wenig von mir wissen."

„Wir wissen viel aus Ihrer Vergangenheit, Till. Ihre Eltern haben sogar noch die Berliner Mauer gesehen …"

„Sie wohnten in Ostberlin."

… „und ihr Großvater hat den zweiten Weltkrieg als junger Mann erlebt. Aber uns interessiert, was Sie heute bewegt."

„Sowohl meine Eltern als auch mein Großvater wussten, was es heißt, unter Überwachung zu leben."

„Sie sehen das viel zu negativ. Wir möchten Sie nicht überwachen, sondern nur besser kennenlernen."

„Ich bekomme jeden Monat ein Update meiner Blutwerte und täglich wird mir mein Kalorienverbrauch übermittelt. Ich möchte, dass Sie damit aufhören."

„Till, so kommen wir nicht weiter, sehen Sie sich doch an. Sie tragen ein kariertes Hemd und eine beige Trekkinghose. Die haben Sie am 25. April 2049 im Onlineportal von *tribun* gekauft. Das ist sechs Monate her und völlig out und seitdem haben Sie nichts mehr bei *tribun* bestellt. Wenn Ihnen unser Portal nicht gefällt, bieten wir Ihnen gerne ein anderes an."

„Ich bin sehr zufrieden damit."

„Zufrieden? Gefällt mir- ja." Brian tippte ein *Like* mit einem Stick in den Fragebogen.

„Nein, lassen Sie das. Ich möchte keine weiteren Angebote von *tribun*."

„Till, jetzt haben wir doch etwas, was Ihnen gefällt. Wenn Sie mit der Kleidung von *tribun* zufrieden sind, dann interessieren Sie sich bestimmt auch für die aktuelle Kollektion von Outdoor-Artikeln bei *Weltenbummler.de.*"

Brian lächelte. „Sie gehen jeden Tag morgens um sieben Uhr und abends um acht Uhr mit Jasper spazieren. Dafür brauchen Sie robuste Kleidung. Ich werde Sie für *Weltenbummler.de* registrieren. Wo wir schon mal bei Haustieren sind: Welches Futter bevorzugt Ihr Hund?"

Er bemerkte die Schweißtropfen auf Tills Stirn und machte eine Pause. Mit einem Druck auf einen Knopf in der Leiste seines Schreibtisches öffnete sich die Tischplatte einen Spalt. Ein Glas Wasser fuhr auf einer Schiene von unten herauf und blieb vor Till stehen.

„Bitte, bedienen Sie sich", bot Brian ihm an.

Till trank einen Schluck Wasser, es war frisch und kühl. Er schielte auf den Fragebogen, den Brian bis zur Hälfte abgearbeitet hatte. Till wusste, was jetzt kam.

„Kommen wir zu einem anderen Thema. Ihre Eltern besaßen ein Kino, welches im hinteren Teil Ihres Parks an das Nachbargrundstück angrenzte. Nachdem der Nachbar gestorben war, haben Sie ein Teil seines Grundstückes gekauft und das Kino erweitert. Außerdem haben Sie es im letzten Jahr renoviert."

Brian lehnte sich vor und fixierte Till.

„Warum in aller Welt investieren Sie so viel Geld in ein Objekt, welches in der heutigen Zeit nicht mehr benötigt wird? Nach unserem Wissen hat jeder Einwohner von Hamburg ein Abspielgerät für Filme, sogar in 3 D, jeder Zweite hat die Möglichkeit, sofort nach Ausstrahlung der Premieren die Filme herunterzuladen und der letzte Schrei: jeder Fünfte hat schon die Technik, womit er sich seine Filme selbst zusammenstellen kann. Ein Klick auf die einzelnen Szenen und sie werden zu einem Film zusammengefügt. Alles animiert, ohne Schauspieler. Und Sie bauen ein herkömmliches Kino in Ihren Garten, das ist doch lächerlich."

Brian warf seinen Stick auf den Tisch. Es sollte lässig wirken, aber Till merkte, dass er wütend war.

Till lehnte sich zurück und knöpfte den obersten Hemdknopf auf. Trotz der Klimaanlage, die den Raum angenehm temperierte, fühlte er sich verschwitzt.

„Wie Sie schon sagten, es ist ein Erbstück, und so etwas sollte man hegen und pflegen."

Den Rest verschwieg er. Brian würde nicht verstehen, dass er immer sonntags die roten Samtsitze abbürstete, bevor die Vorstellung begann. Auf jeden Platz stellte er einen Becher und eine kleine Flasche Wasser sowie eine Tüte Erdnüsse. Den Eingang hielt er bewusst dunkel, nirgends hing ein Plakat und das Dach war noch zusätzlich mit einer dunklen und schalldichten Platte versehen, um nicht von den Drohnen entdeckt zu werden. Till konnte es nicht ertragen, dass Filme wie *Der Pate* oder *Forrest Gump* in Vergessenheit gerieten, der wundervolle Robin Williams in *Good morning Vietnam*, ein Gesicht, in dem sich Schmerz und Humor vereinten, Mitleid und Verzweiflung sichtbar wurden. Wer kannte heute noch *Harry und Sally* mit der hinreißenden Meg Ryan? Quentin Tarantinos *Django unchained*, *Gran Torino* mit dem großen Clint Eastwood *oder Spiel mir das Lied vom Tod?* Till hatte zuerst seinen Freunden am Billard-Tisch von seinem Kino erzählt, und wie er es sich gewünscht hatte, sprach es sich herum. Eine wöchentliche Vorstellung inklusive eine Flasche Wasser und Erdnüsse. Manchmal bot er Wein aus seinen eigenen Beständen an. Die Besucher kamen und Till schaute sich die Menschen an.

In der dritten Reihe vorne saß immer Emma - er wusste nicht, ob sie wirklich so hieß, aber er gab jedem seiner Besucher einen Namen. Sie trug roten Lippenstift und oft einen kleinen weißen Hut. Oder der lange Ben mit den schlaksigen Armen. Stets kam er in einem dunklen Anzug und einem Homburg auf dem Kopf und blieb noch sitzen, nachdem die Vorstellung zu Ende war. Manchmal setzte sich Till dazu und trank ein Glas Wein mit ihm. Sie unterhielten sich über den Film, die Schauspieler, kritisierten die ein oder andere Szene, aber vermieden es, allzu vertraut und persönlich zu werden.

Die Tür öffnete sich und eine große Frau mit blonden Locken ging auf Brian zu. Sie trug ein anthrazitfarbenes Kostüm, eine lachsfarbene Bluse und High Heels. Ihre Lippen waren üppig und die braunen Augen schauten Till mit einem herausfordernden Blick an. Till fand sie sehr attraktiv, die winzigen Lachfältchen um ihre Augen herum weckten in ihm sofort ein Gefühl von Vertrautheit. Sie ist nicht viel jünger als ich, dachte er und lächelte ihr zu. Aber sie wandte sich ab und hielt Brian ein Smartphone hin.

„Die Daten der nächsten Besucher, die Sie checken wollten." Ihre Stimme hatte den Klang, als ob der Sommerwind durch frisches Gras striche.

„Danke, Delia."

Er nahm es entgegen und schaute aufmerksam hinein. Till schien er einen Moment vergessen zu haben. Delia verließ das Büro und Till schaute ihr hinterher. Wenn ich hier schnell fertig bin, könnte ich sie noch abfangen, dachte er. Vielleicht hat sie Lust, mit mir etwas trinken zu gehen.

Plötzlich hob Brian den Kopf.

„Das glaube ich jetzt nicht, Till. Ich dachte, dass Frauen Sie nicht mehr interessieren. So, jetzt noch ein *Like* bei Frauen. Danke, Till, dass wir Sie weiter optimieren konnten." Brian schaute ihn zufrieden an.

Tills Magen begann, sich umzudrehen. Wie konnte Brian diesen kurzen Blick bemerken? Er schaute doch die ganze Zeit in sein Smartphone. Erst jetzt entdeckte er die kleine Kamera an der Tür, die Bilder an Brians Smartphone zu senden schien. Till wurde übel, das Bild an der Wand verschwamm vor seinen Augen.

„Brian, mir ist nicht gut, ich möchte gehen."

„Einen Augenblick noch, wir sind fast fertig. Eine letzte Frage, die wir jedem stellen müssen, da es um die innere Sicherheit unseres Landes geht. Seit einiger Zeit versucht eine unbekannte Person uns ein Duell zu liefern. Sie bietet unter dem Namen *Tabu* ein Portal an, in dem man sich anonym herumtreiben kann, Messages versenden, Einkäufe erledigen, ohne jegliche Registrierung. Es ist ja wohl klar, dass wir das nicht durchgehen lassen können. Wissen Sie etwas darüber? Kennen Sie die Personen, die dahinter stecken? Till, was ist mit Ihnen? Um Himmels Willen! Delia!"

Die blonde Frau stürzte zur Tür herein und schaute besorgt auf den Mann, der zusammengesunken und mit blassem Gesicht im Sessel saß. Sie drückte eine Tablette aus einem Blister, gab sie Till auf die Zunge und setzte ein Glas Wasser an seine Lippen. Till schnupperte ihr Parfum und beruhigte sich etwas. Sein Gesicht bekam wieder Farbe und er richtete sich auf.

„Danke", sagte er und schaute Delia direkt in die Augen. Triumphierend bemerkte er, dass sie etwas von ihrer Selbstsicherheit verloren hatte und ein schiefes Lächeln aufsetzte.

So schnell, wie sie gekommen war, verließ sie den Raum.

Brian schaute Till fragend an. „Und?"

Till musste einen Moment nachdenken, dann erinnerte er sich an die Frage. Er erhob sich. „Es tut mir leid, Brian, aber wie Sie schon sagten, ich habe nur vier Freunde und komme auch nicht allzu viel herum, ich kann Ihnen nicht helfen." Er gab Brian die Hand und verließ das Büro. Er schaute in das Vorzimmer, aber Delia war nicht mehr zu sehen, dafür standen ihre Schuhe am Schreibtisch. Schnell steckte er seine Visitenkarte in einen Schuh und machte sich auf den Weg nach Hause.

Jasper kam und leckte ihm die Hand.

Completely deleted. Till ließ die Finger über die Tastatur seines Computers laufen und löschte die Daten seines Portals. Dann sendete er eine verschlüsselte Nachricht an seine vier Freunde: *sofort Tabu beenden*. Das ging nochmal gut, dachte er. Sie würden sich eine andere Tür in die Freiheit suchen müssen, um Brian zu entkommen. Er schaltete das Licht aus, da blinkte sein Smartphone. Er lächelte, als er das schöne Gesicht von Delia erkannte.

ZUR DEMO GEHT'S EIN ANDERES MAL

Heute sollte es wieder ein kühler Maitag werden und die Sonne würde auch diesmal die graue Wolkendecke nicht durchbrechen. Es war so kalt geworden, dass Philipp die Heizung in seinem Auto einschaltete. Aus seinem Taxi sah er den Menschen zu, die sich den Mantelkragen hochstellten, sobald sie aus dem Hauptbahnhof heraus kamen. Vereinzelt sah er Passanten in dicken Sweatshirts, die Kapuze tief ins Gesicht gezogen, in den Händen Schilder mit Aufschriften *Hamburg sieht Rot* oder *Die Revolutionäre*. Philipp sah gleichmütig an ihnen vorbei und hielt Ausschau nach Kunden, von denen er sich einen lukrativen Fahrpreis erhoffte. Die, die er in die Hotels an der Außenalster bringen durfte. Er rieb sich die kalten Finger und legte sich den Kaschmirschal um den Hals, den Vera ihm geschenkt hatte. Sie hatte es immer gemocht, wenn er stilsicher angezogen war und darin war er mit ihr einer Meinung gewesen.

Eigentlich gefiel ihm sein neuer Beruf als Taxifahrer gut. Er kannte sich in seinem Viertel aus, in dem er jetzt lebte und er wusste, welche Viertel er lieber meiden sollte. Auch wenn er sich das Ziel seiner Fahrgäste nicht aussuchen konnte, war er froh, wenn er nicht in das Schanzenviertel fahren musste. Ein Taxi mit der Marke Mercedes wäre da fehl am Platz gewesen.

Als er mit seiner Musikhandlung Konkurs anmelden musste, fürchtete er Veras Reaktion. Die Arbeitslosigkeit ängstigte ihn weniger. Irgendetwas würde sich ergeben. Vera sah in ihm einen Versager und einen Träumer und sie hatte sich schon immer daran gestört, dass er mehr Zeit auf Flohmärkten verbrachte, als mit der Familie. Verantwortungslos. Ja, dieses Wort hatte sie dann doch ausgesprochen. Vielleicht wären sie noch ein Paar geblieben, wenn sie ihn mal angeschrien und ehrlich ihre Meinung gesagt hätte. Stattdessen Schweigen, strafende Blicke, ein leiser Seufzer und rollende Augen. Wie bei ihren Schülern im Gymnasium in Eppendorf, wenn sie nicht auf sie hören wollten.

Sie hatten sich ohne Streit getrennt. In ruhigen Worten hatte sie ihm eines Tages eröffnet, dass sie mit Lisa in eine andere Wohnung ziehen würde. Natürlich könne er seine Tochter jederzeit sehen und es müsse auch nichts überstürzt geschehen, aber sie hätte sich ihre Zukunft anders vorgestellt. Er war über sich selbst entsetzt gewesen, dass er ihrer Logik folgen konnte und sogar zustimmend genickt hatte. Als wäre ihre Ehe nach einem Stundenplan verlaufen, dessen Rahmenbedingungen sich nach achtzehn Jahren geändert hätten. Und als hätte es nie die langen Abende gegeben, an denen Philipp sie mit Geschichten zum Lachen gebracht hatte.

Gedankenverloren schaute er auf den kleinen Anhänger aus Holz, der von seinem Rückspiegel herabhing. Er stellte einen geschnitzten Schrumpfkopf aus Afrika dar, den er zusammen mit Lisa auf einem Flohmarkt erstanden hatte und sofort zu ihrem Lieblingsstück wurde.

Der Schrumpfkopf fing heftig an zu wackeln, als die Tür seines Taxis aufgerissen wurde. Ein Schwall Kälte drang in das Innere des Wagens, gefolgt von einer jungen Frau, die ihren pinkfarbenen Kopf Philipp entgegenstreckte.

„Zur Roten Flora, schnell", rief sie ihm entgegen. In ihrer Hand hielt sie ein Plakat an einer Stange. Eine Faust und das Wort Kapitalismus durchgestrichen, konnte Philipp entziffern. Bevor er etwas entgegnen konnte, saß die Frau schon auf seiner Rückbank und schob die Stange dicht an Philipps Gesicht nach vorne bis zur Windschutzscheibe und stieß dabei gegen den Anhänger.

„So geht das aber nicht", protestierte er.

„Fahren Sie los, ich habe es eilig", unterbrach ihn die Frau. „Bitte", fügte sie hinzu. Philipp brummte missbilligend, setzte aber schließlich das Auto in Bewegung. Rund um den Hauptbahnhof waren Polizeikräfte unterwegs und Philipp stellte sich auf eine lange Fahrt ein, wenn er überhaupt in die Nähe des Schanzenviertels kommen sollte. Er wollte gerade seinen Fahrgast über die schwierige Verkehrssituation aufklären, als sie ihn mit einer Frage überraschte.

„Was ist das überhaupt?" Sie nickte in die Richtung, wo der Schrumpfkopf hing.

Es war das erste Mal, dass sich ein Passagier für den Anhänger interessierte. Insgeheim freute sich Philipp darüber und er gab bereitwillig Auskunft.

Die junge Frau hörte aufmerksam zu und Philipp fuhr fort:

„Ich war oft auf Flohmärkten und habe Ausschau nach kleinen Miniaturen gehalten, die ich in einen Setzkasten stellte. Mit der Zeit wurde aus dem Setzkasten ein Regal, das jetzt bis an die Zimmerdecke heranreicht."

„Ach", erwiderte sie, „und was steht da so drin?"

„Geigen, Trompeten, Klaviere, verschiedene Flöten, ein Notenständer. Alles, was mit Musik zu tun hat." Er verschwieg, dass er wöchentlich das Regal leerräumte, alle Miniaturen abstaubte und sie wieder an ihren Platz stellte. Pedantisch, das hatte Vera auch gesagt.

„Sie haben ja ein merkwürdiges Hobby", fuhr die junge Frau fort.

Genau das Gleiche meinte auch Vera, schoss es Philipp durch den Kopf. Am Anfang hatte sie es noch scherzhaft seine Kuriositätensammlung genannt, dann hatte sie es als ein merkwürdiges Hobby empfunden und zum Ende ihrer Ehe waren es für sie nur noch Kindereien gewesen.

Der Verkehr quälte sich durch die Innenstadt und der Verkehrsfunk, den er seit dem Vormittag abhörte, warnte vor einer Vollsperrung auf der Lombardsbrücke. „Diese Demonstrationen haben gerade noch gefehlt", knurrte er.

„Genau da will ich hin, zu den Demos", tönte es angriffslustig aus dem Fond. „Können Sie nicht etwas schneller fahren?"

„Schnell geht heute überhaupt nicht", konterte er.

Philipp hielt sich Richtung Neustadt, aber am Rathaus hinderte ihn eine Kolonne von Polizeifahrzeugen mit Blaulicht an der Weiterfahrt, und er musste in eine Nebenstraße abbiegen. Sofort stand er im Stau. Philipp fluchte leise, die Frau schaute besorgt auf die Autoschlange vor Ihnen. Im Rückspiegel sah sich Philipp seinen Fahrgast genauer an. Wie eine militante Demonstrantin wirkte sie nicht auf ihn. Sie hatte keinen Rucksack dabei, in dem sie möglicherweise Farbbeutel oder Ähnliches aufbewahren könnte. Nicht auszudenken, wenn ein Farbbeutel aufplatzen und sein Taxi verschmutzen würde, dachte er. Ihre dunklen Augen waren mit schwarzen Kajal betont und an ihrem Hals schaute ein Tattoo hervor. Eine Kette mit einer silbernen Schlange schaute unter ihrer schwarzen Jacke hervor. Sie könnte in Lisas Alter sein, dachte er. Sie trägt die Haare genauso kurz und der Ohrring, so einen hat Lisa doch auch.

Irgendwann musste ihm auch Lisa abhanden gekommen sein, ohne dass er es gemerkt hatte. Bei dem Auszug aus der gemeinsamen Wohnung hatte sie Philipp bereitwillig ihren geliebten Schrumpfkopf gegeben. Als er sie zum Abschied umarmt hatte, drückte ein harter Gegenstand an seine Brust. Es war ein kleiner silberner Totenkopf gewesen, der an einer Kette von Lisas Hals hing. Er hatte ihr in die Wange gekniffen und scherzhaft nach der Herkunft des Anhängers gefragt, sie mein kleines Mädchen genannt und hatte ihr den Schrumpfkopf wieder geben wollen. Sie hatte seine Hand weggezogen und ihn ernst mit einem Anflug von Vorwurf angesehen. Sie wolle das alte Zeug nicht in die neue Wohnung mitnehmen und sie sei kein kleines Mädchen mehr, hatte sie erklärt.

„Kennen Sie ein Mädchen mit Namen Lisa?", fragte er aus dem Gedanken heraus. Die junge Frau sah ihn irritiert an.

„Nein, wer soll das sein?", fragte sie zurück.

„Lisa, meine Tochter. Sie ist 19 Jahre alt geworden, vor drei Monaten."

„Und, waren Sie auf ihrem Geburtstag?", fragte die Frau und blickte aus dem Fenster.

„Ja, aber nicht sehr lange. Meine Ex-Frau war auch da. Natürlich, sie wohnt ja bei meiner Ex-Frau. Lisa hatte damals die Haare so kurz wie Sie, an die Haarfarbe kann ich mich nicht mehr erinnern. Ich glaube, sie ändert sie ständig. Lisa habe ich seit dem nicht mehr gesehen.

„Warum nicht?"

Plötzlich wurde es ganz still, sogar der Autolärm erstarb und das Blaulicht, das auf der Straße unaufhörlich seine Runden drehte, schien in der Bewegung innezuhalten. Was habe ich nur gesagt, fragte sich Philipp. Wie konnte ich vor einem fremden Menschen so von meiner Familie sprechen? Er spürte ihren Blick im Nacken und schaute in den Rückspiegel. Und richtig, sie sah ihn mit dunklen Augen ernst und durchdringend an und als eine pinkfarbene Strähne in ihre Stirn fiel, pustete sie sie langsam aus dem Gesicht, ohne den Blick von ihm abzuwenden.

„Darf ich fragen, wie Sie heißen?", fragte Philipp zurück.

„Caro", sagte sie nach einer Ewigkeit.

Hastig schaute er auf die Straße, wo eine Lücke zwischen ihm und dem vorderen Auto entstanden war. Philipp trat auf das Gaspedal, da hörte er einen dumpfen Aufprall, bremste und sah eine Hand, die langsam an seinem Kotflügel abrutschte.

„Mann, passen Sie doch auf", schrie Caro. Sie stieg aus und beugte sich über einen verletzten Fußgänger, der vor dem Taxi lag. Philipp blieb regungslos sitzen und zitterte am ganzen Körper.

„Er ist am Kopf verletzt, wir müssen ihn mitnehmen", rief Caro und gab Philipp ein Zeichen, dass er ihr helfen solle, ihn ins Auto zu tragen. Sie riss die Fahrertür auf und schüttelte Philipp, aber als er nicht reagierte, schlug sie die Tür wieder zu. Philipp verkrampfte seine Hände um das Lenkrad und keuchte. Wie aus der Ferne nahm er das Hupen der Autos hinter ihm wahr und wunderte sich, wieso niemand zu Hilfe kam. Irgendwie schaffte es Caro schließlich, dem Verletzten aufzuhelfen und auf den Beifahrersitz zu schieben. Sofort verbreitete sich ein Geruch von Schweiß im Auto und Philipp wurde es übel. Die langen Haare des Mannes fielen in dünnen Strähnen in sein Gesicht und aus einer Wunde an der Schläfe sickerte Blut. Er hatte die Augen geschlossen und stöhnte leise. Der Gedanke, die Wunde würde nicht aufhören zu bluten und der Mann könnte in seinem Taxi sterben, löste Philipp aus der Schockstarre. Er hielt die Luft an, beugte sich über den Verletzten und nahm aus dem Handschuhfach Verbandsmaterial heraus, um die Wunde, so gut es ging, abzudecken. Er fand auch eine Flasche Wasser und reichte sie dem

Verletzten, der wieder etwas zu sich kam und Philipp verwundert ansah.

„Wir müssten die Polizei informieren, immerhin habe ich Sie angefahren", sagte Philipp. „Nein, keine Bullen", erwiderte der Mann. Er nahm einen großen Schluck aus der Flasche und schüttete sich etwas Wasser in den Nacken.

„Keine Bullen", wiederholte er und schloss die Augen. Caro, die völlig außer Atem auf dem Rücksitz saß, schubste Philipp an.

„Fahren Sie los, wir müssen ihn ins Krankenhaus bringen. Vielleicht hat er eine Gehirnerschütterung." Philipp musste ihr Recht geben. Aus dem Verband drang schon Blut durch. Er wendete und fuhr zurück Richtung Hauptbahnhof, ins Stadtviertel St. Georg.

„Ich muss ins Schanzenviertel", stöhnte der Mann neben ihm.

„Zur Demo geht's ein anderes Mal", sagte Philipp. Der Mann wollte widersprechen, da legte Caro ihre Hand auf seine Schulter.

„Da wollte ich auch hin, aber ich komme mit dir ins Krankenhaus." Als das Gebäude in Sichtweite kam, vibrierte Philipps Handy.

Vera leuchtete auf dem Display. Das fehlte mir noch, dachte er, als er auf *Anruf entgegennehmen* drückte. Sie hatten ausgemacht, dass sie im Notfall gegenseitig erreichbar wären und er konnte ihren Anruf nicht ablehnen.

„Vera, ist etwas passiert?"

„Lisa ist seit heute Morgen bei einer Demo. Ich war total dagegen, aber sie hatte mir versprochen, mich stündlich anzurufen. Bis jetzt hat sie sich noch nicht gemeldet und ich kann sie nicht erreichen. Bis du zufällig in der Nähe?"

„Nein, bin ich nicht", entgegnete er. „Wieso will sie denn zur Demo? Sie hat sich doch nie für Politik interessiert."

„In der letzten Zeit schon. Sie guckt ständig Nachrichten, vor allem das Neueste aus den USA, du weißt schon Trump und so. Und mit ihren Freunden hatte sie sich getroffen und überlegt, welche Banner und Plakate sie malen, aber ich habe das nicht so ernst genommen. Ich hätte nie gedacht, dass sie tatsächlich auf eine Demo geht."

„Ich auch nicht. Sie hatte auch nie etwas in die Richtung erwähnt."

Einen Moment war Stille.

„Wann hast du sie denn das letzte Mal gesprochen?"

„Auf ihrer Geburtstagsparty."

„Das ist doch drei Monate her!"

„Ja, aber du weißt doch, der Stress mit dem Abi und sie hatte auch nie Zeit. Ich wollte sie einfach in Ruhe lassen."

In dem Moment wurde Philipp bewusst, dass seine Insassen durch die Freisprechanlage das Gespräch mithören konnten und er wurde rot. Er traute sich nicht, in den

Rückspiegel zu schauen, aus Angst vor den schwarzen Augen.

„Du interessierst dich auch keinen Schimmer für sie", fuhr Vera fort. „Du hättest dich schon längst mal bei ihr melden können."

„Es ist gut, Vera. Ich rufe sie an. Ich verspreche es. Aber ich muss jetzt auflegen, ich habe Gäste im Auto."

„Das sagst du immer."

„Ich verspreche es, ich rufe sie an."

„Hm, ich schicke ihr eine Nachricht, dass du sie anrufen wirst. Vielleicht geht sie ja bei dir dran."

Er hörte eine leise Resignation heraus und drückte auf *Anruf beenden*.

Philipp hielt vor dem Krankenhaus und stellte den Motor ab.

Caro wollte ihm das Fahrgeld geben, aber Philipp wehrte ab. „Wofür?", brummte er. Ich habe Sie ja noch nicht mal bis zum Ziel gebracht."

Sie musterte ihn einen Moment.

„Vergessen Sie nicht, Lisa anzurufen", sagte sie. „Ich weiß, wie das ist, wenn man kein Lebenszeichen von seinem Papa hat. Es ist, als würde man ein Bild anschauen, das langsam verblasst. Die Konturen verschwimmen und irgendwann ist da nur noch eine weiße Fläche. Mein Vater hat mich rausgeschmissen, als er mich mit Drogen erwischt hatte. Es war nur ein einziges Mal, es war ihm mehr peinlich, als dass er Angst um mich gehabt hätte. Er hat sich seitdem nicht mehr gemeldet. Wissen Sie, er ist Polizist, und ich hatte keinen Bock darauf, ihn hier im Bahnhof zu sehen. Wo sie alle stehen und kontrollieren. Deshalb, danke fürs Mitnehmen." Sie klopfte ihm kurz auf die Schulter, stieg aus und half dem verletzten Mann aus dem Auto. Als die Tür zufiel, fing der Schrumpfkopf sachte an zu wackeln. Philipp schaute ihnen nachdenklich hinter her. Er nahm sein Handy in die Hand und schaute in das dunkle Display. Heute würde er Lisa anrufen. Versprochen.

LIEBE IN ZEITEN VON CORONA

Endlich nur sie und ich, dachte Nick. Er lag mit dem Rücken auf dem Wasser, drehte kurz den Kopf, um nach Clara zu schauen und seufzte erleichtert, als er sie alleine auf dem nassen Sand sitzen sah. Alleine, ohne seinen Bruder Marc, der oben am Strand auf der Matte lag. Mit der nächsten Welle ließ er sich zum Ufer tragen, tauchte unter ihr durch und kam vor Clara zum Stehen. Er reichte ihr die Hand, doch sie lachte und winkte ab, richtete sich auf und lief vor ihm den Strand hinauf. Der verordnete Abstand machte es Clara so verflucht leicht, sich ihm zu entziehen. Es war so ungerecht. Er kannte Clara länger als sein Bruder. Während des Lockdowns hatten sie sich jeden Abend verabredet, um ihre Klausuren durchzugehen. Im Nebenzimmer zockte Marc auf seiner Playstation. Bis zu dem Tag, als er herüberkam, Nick über die Schulter schaute, und nachher fragte, wer das Mädchen denn sei. Seitdem skypte Clara nach ihrer Stunde mit Marc. Lange. Nick hatte ihr Lachen aus dem Nebenzimmer gehört. Und dabei Bier oder Härteres getrunken.

Auf Claras Rücken bildete sich ein leichter Sonnenbrand. Plötzlich blieb sie stehen und fast wäre Nick auf sie gefallen. Er wollte seine vom Wasser gekühlte Hand auf die heiße Stelle legen, da drehte sie sich um und lächelte ihn flüchtig an. Ihr Blick wanderte die Dünen hinauf und sie lief davon. Nick sah, wie sein Bruder Clara eine

Kusshand zuwarf und seine Hand ballte sich zu einer Faust. Er verspürte einen brennenden Durst. Einige Meter entfernt gab es eine kleine Strandbar, er kannte die Kellnerin gut. Sie hieß Marina. Aber seine Maske lag auf seinem Strandtuch, und Clara lag jetzt hingestreckt daneben, ihren Arm auf Marcs Bauch.

Der Durst wurde stärker und das Verlangen nach Alkohol überwältigte Nick fast. Er wusste, dass er nicht nachgeben sollte, ein Schluck und dann kam sofort wieder der Absturz. Er schaute von Clara und Marc zur Bar hin und her und ganz automatisch setzten sich seine Füße in Bewegung. Die Kellnerin lächelte unter ihrer Maske, als sie ihn kommen sah. Sie war hübsch und ihre dunklen Augen strahlten ihn an. Er zuckte hilflos mit den Schultern, sie lachte, langte unter die Theke und hielt ihm eine Maske hin. Er nahm sie entgegen und spürte die Wärme ihrer Hand, ohne sie zu berühren.

Nick unterdrückte den Impuls, zurück zur Liegestelle zu schauen und lächelte Marina an. Dann bestellte er eine Cola.

SYLTA PURRNHAGEN

BALKON ZUM HINTERHOF

Er war schlicht konstruiert und sah so aus wie die meisten Balkone von Mietshäusern, die Anfang des vergangenen Jahrhunderts erbaut worden waren. Eine Fläche von nur etwa fünf Quadratmetern, grauer Betonboden, ein schmiedeeisernes Gitter an zwei Seiten. Der kleine Eckbalkon in meiner Heimatstadt Hagen war nicht besonders ansehnlich, aber zweckmäßig. Vor der einen Wand aus unverputzten Mauersteinen standen Besen, Putzeimer und im Sommer die Zinkwanne, in der wöchentlich gebadet wurde, denn Badezimmer gab es in den alten Häusern nicht.

Für mich als Kleinkind war der Balkon ein kleines Paradies und in den Sommermonaten mein liebster Spielplatz. Hier saß ich auf einem Fußschemel – später in einem Liegestuhl – spielte mit meinem Stoffhund, beobachtete die Katze vom Nachbarhaus oder die Hühner in ihrem Gehege.

Durch die geöffnete Balkontür hörte ich das Rattern der Nähmaschine und hinter dem Fenster neben der Tür war der gebeugte Lockenkopf meiner Mutter zu sehen. Sie war Schneiderin und saß täglich mehrere Stunden über ihren Näharbeiten. Im Türrahmen hing gewöhnlich eine braune klebrige

Papierspirale, um die Fliegen aus dem Hühnerstall im Hof abzuwehren.

Wenn ich mein Gesicht nahe an die Gitterstäbe auf der einen Seite drückte, konnte ich unten im Hof die glänzende Teppichstange sehen, an der die Mieter unseres Hauses ihre Teppiche ausklopften und an der ich gerne an den Armen hängend hin und her schwang. Als ich etwas größer und im Turnverein war, gelang es mir, sie auch mit den Kniekehlen zu umfassen und kopfüber eine umgekehrte Welt zu bestaunen.

Ich erinnere mich daran, dass mein Vater, der damals noch rauchte, in den Nachkriegsjahren auf dem Balkon Tabakpflanzen zog und sie, als sie groß genug waren, an einer Schnur zum Trocknen aufhängte. Mit den trockenen Tabakblättern stopfte er dann seine Pfeife oder rollte sich Zigaretten.

In der Vorweihnachtszeit brachte mein Vater einmal eine lebende Ente mit, die er von einem Kollegen für eine Gefälligkeit geschenkt bekommen hatte. Sie trug ein schwarz-grünlich schimmerndes Gefieder mit weißem Latz an Hals und Brust und verbrachte ein paar Tage in einer Bretterkiste auf dem Balkon. Ich vergaß, wofür sie bestimmt war und fütterte sie mit allem, was ihr schmeckte, bis ihr kurz vor Weihnachten von meinem Vater der Kopf abgeschlagen wurde. Mutter servierte dann Heiligabend einen knusprigen, lecker riechenden Entenbraten, doch ich konnte keinen Bissen davon hinunter bekommen.

Im Hof stand auch ein kleines altes Fachwerkhaus, in dem eine Witwe mit ihrem Sohn lebte; sie waren die Besitzer des Hühnerstalls. Ich beobachtete häufig, wie Frau Zeppenfeld die Stalltür öffnete, um die gackernden Hennen und den einzigen farbenprächtigen Hahn zu füttern. Danach ging sie in den Verschlag und kehrte mit frisch gelegten Eiern, die sie in ihrer gerafften Schürze trug, wieder zurück. Einmal, als Frau Zeppenfeld das Haus mit ihrer Einkaufstasche verlassen hatte, sagte ich zu meiner Mutter: „Ich geh' ein bisschen spielen im Hof."

Um an den Beutel mit dem Hühnerfutter zu gelangen, musste ich mir einen Stuhl holen, der neben der Eingangstür des kleinen Hauses stand. Ich nahm eine Handvoll Körner heraus, drehte den hölzernen Bolzen der Stalltür und betrat den Hühnerhof. Besonders die kleinen wolligen Küken hatten es mir angetan. Mit „Tuuk, tuk, tuk, tuuk" lockte ich sie herbei und freute mich, wenn einige Mutige mir die Körner aus der Hand pickten. Doch plötzlich ein wütendes schrilles Krächzen und heftiges Flügelflattern und ehe ich wusste, was geschah, saß der Hahn auf meinem Kopf. Seine spitzen Krallen bohrten sich in meine Kopfhaut und sein Schnabel schimpfte und zupfte an meinen langen Zöpfen. Wild mit den Armen fuchtelnd gelang es mir, den Hahn von meinem Kopf zu scheuchen, ich rannte durch die angelehnte Stalltür und schlug sie schnell hinter mir zu.

Meine Mutter erschien auf dem Balkon und wollte wissen, was los sei. Das Herz pochte mir im Hals, aber mit unschuldiger Miene gab ich zur

Antwort: „Der Hahn hatte nur einen kleinen Streit mit einer Henne!"

Als ich ein Schulkind war, kauften meine Eltern einen neuen Liegestuhl, in dem ich nachmittags gern saß und las, denn ich war schon immer ein gefräßiger Bücherwurm. Bei diesem Tun überraschten mich hin und wieder Klaviertöne, denen ich einfach lauschen musste – mal temperamentvoll jazzig, mal klassisch gefühlvoll. Sie kamen aus einem Haus in der Seitenstraße, aus einer offenen Balkontür schräg gegenüber. Dort mussten neue Mieter eingezogen sein. Jedes Mal, wenn die Musik verstummte, erschien auf dem Balkon ein hoch gewachsener Junge mit einem blonden Haarschopf, der sich ausgiebig räkelte.

„Er sieht nett aus und spielt so schön", dachte ich bewundernd, auch ein wenig neidvoll.

Eines Tages kaufte ich ein paar Lebensmittel in dem kleinen Laden an der Ecke ein, wo die Ware noch gewogen und in Papiertüten verpackt wurde. Ich stand vor der Ladentheke und verstaute Zucker, Brot und Käse in einen Beutel.

„Möchtest du sonst noch etwas, Sylta?" fragte mich die Besitzerin.

„Ja, ich hätte gern noch 100 Gramm von den weichen Karamellbonbons."

Da sagte eine mir fremde Jungenstimme hinter mir: „Die mag ich auch sehr gern!", und als ich mich umdrehte, blickte ich in die Augen des blonden Klavierspielers. Verwirrt und sprachlos fiel mir nichts anderes ein, als ihm die Tüte mit den Bonbons hinzuhalten.

„Danke, ich bin der Hartmut. Ich habe dich schon ein paar Mal auf dem Balkon gesehen, Sylvia."

„Ich heiße nicht Sylvia, sondern Sylta."

„Sylta? Ein schöner Name, den habe ich noch nie gehört." Ich war erleichtert, denn nun hatte ich ein Gesprächsthema. Ich erzählte ihm, dass mein Vater auf der Insel Sylt geboren und aufgewachsen sei und ich die Taufe in Keitum erhielt, wo auch ein etwas älteres Mädchen mit dem gleichen Name lebe. Ihr Vater sei Schwede und der Name wahrscheinlich dänisch oder schwedisch.

Als wir den Laden verließen, bemerkte ich, dass Hartmut leicht hinkte und an einem Fuß einen komischen Schuh trug.

„Seit wann wohnst du in der Buscheystraße?", fragte ich ihn.

„Vor zwei Monaten sind meine Mutter und ich hierher gezogen. Wir haben vorher in Arnsberg gewohnt."

Sein Gesicht war ernst geworden und seine hellen Augen verdunkelten sich, so dass ich nicht weiter fragte.

Ich war zwölf Jahre alt und Hartmut löste in mir bisher nie empfundene Gefühle aus. Jedes Mal, wenn ich ihm begegnete oder ihn nur von weitem erblickte, empfand ich ein eigenartiges Bauchgrimmen und mein Herz klopfte wie verrückt.

Über unsere Balkone bildeten wir eine Art „Stille Post", wir kommunizierten über eine Entfernung von vielleicht siebzig Metern lautlos miteinander – mit Mimik und Gesten.

Manchmal traf es sich, dass wir morgens ein Stück Schulweg gemeinsam gingen, wobei ich dem Zufall ein wenig nachhalf. Hartmut war einige Jahre älter als ich und besuchte das Jungengymnasium in der Stadtmitte.

Mein Schulweg war bedeutend länger, denn meine Schule befand sich in Oberhagen, so dass ich gewöhnlich mit dem Fahrrad zur Schule fuhr. Ich richtete es so ein, dass ich an der Stelle auf Hartmut stieß, wo die Buscheystraße einen ziemlich steilen, lang gezogenen Berg hinaufstieg. Mein Fahrrad hatte nur drei Gänge und so war es nur natürlich, dass ich abstieg und das Rad schob. Er freute sich über meine Gesellschaft, stellte mir viele Fragen und erzählte auch von sich. So erfuhr ich von dem tragischen Ereignis in seinem Leben, das mich noch enger an ihn band.

Vor etwa zwei Jahren fuhr sein Vater im Auto mit ihm und seiner kleinen Schwester auf einer kurvigen Landstraße, als ein entgegen kommender Lastwagen in einer engen Kurve ins Schleudern geriet, so dass der schwer beladene Anhänger umkippte und ihr Fahrzeug unter sich begrub. Sein Vater war sofort tot, seine Schwester verstarb zwei Tage später im Krankenhaus.

„Ich selbst bin mit einem kaputten Bein davongekommen", sagte Hartmut bitter. Bis dahin wusste ich nicht, was Herzschmerzen sind. Ich hatte Mühe, meine Tränen zurückzudrängen, fand keine Worte und ergriff stattdessen seine Hand.

Am selben Tag stand Hartmut nachmittags auf dem Balkon und schrieb FÜR SYLTA in Großbuchstaben in die Luft, und dann spielte er Variationen über das Schubert-Lied „Sah ein Knab' ein Röslein stehn" – und ich schmolz schier dahin.

Unsere innige Freundschaft überdauerte den Herbst, den Winter und den Frühling. Und dann war wieder Sommer, und ich erwachte jäh aus meiner schwärmerischen Verliebtheit. Wieder saß ich auf unserem Balkon und las, wieder ertönte durch die offene Tür gegenüber wunderschöne Klaviermusik, doch dann erschien auf dem Balkon nicht Hartmut, sondern ein hübsches junges Mädchen mit langen blonden Haaren – älter als ich –, das den Kopf zur Tür drehte, etwas sagte und fröhlich auflachte. Hartmut trat heraus, lächelte, legte den Arm um ihre Schulter und küsste sie leicht auf die Wange. Er winkte mir zu, und ich hob mechanisch meine Hand – doch am liebsten wollte ich sterben…

In den nachfolgenden Wochen sah ich die Beiden mehrfach zusammen. Ich mied fortan unseren Balkon, verließ morgens das Haus zehn Minuten früher, stieg verbissen in die Pedale meines Rades und strampelte die steile Buscheystraße stehend hinauf.

Nach seinem Abitur zog Hartmut in eine andere Stadt, um zu studieren, und bald darauf zogen wir um in eine größere Wohnung in Hanglage mit Bad und Balkon. Meine Mutter pflanzte bunte Blumen in Balkonkästen, und mein Vater stellte einen roten Sonnenschirm auf. Von der Wohnung hatte man einen wunderschönen Ausblick auf die bewaldeten Höhen am Horizont; unter dem Balkon spielten Kinder auf einer weitläufigen Wiese.

Der Balkon war größer, schöner und neu – doch Geschichten konnte er nicht erzählen.

DER KÜNSTLER UND ICH

Kann es angehen, dass man nach fünfundvierzig Jahren jemanden wieder zu erkennen glaubt, obwohl man ihn nur sechs Monate gekannt hat?

Es war im Jahr 2005, als im Magazin „Der Spiegel" ein Beitrag über den Maler Gerhard Richter meine Aufmerksamkeit erregte. Sein Foto, eine Porträtaufnahme, die dem Artikel vorangestellt war, kam mir so unglaublich bekannt vor. Ich blickte in ein Paar blaugraue, wache Augen hinter einer dunkel geränderten Brille, und je länger ich hinsah, umso mehr festigte sich in mir der Gedanke, diesen Menschen gekannt zu haben. Sein Vorname Gerhard bestärkte mich noch in dem Glauben, dem Mann in meiner Vergangenheit schon einmal begegnet zu sein.

Damals muss ich achtzehn Jahre alt gewesen sein. Ich besuchte nach dem Realschulabschluss die Zweijährige Höhere Handelsschule der Industrie- und Handelskammer in Hagen. Wir waren hauptsächlich Mädchen in der Klasse, ich erinnere mich nur an drei oder vier Mitschüler. Unsere Parallelklasse, die zur Wirtschaftsoberschule gehörte, bestand überwiegend aus Jungen, die nach dreijährigem Besuch der Schule ein Wirtschaftsstudium aufnehmen würden.

Wir Mädchen wurden hin und wieder zu einem Hausball in das Studentenwohnheim der Ingenieurschule eingeladen, denn dieser mangelte es an jungen Mädchen. Auf einem dieser Feste bin ich Gerhard begegnet.

Die großräumige Eingangshalle des Wohnheims war mit Girlanden und bunten Lampions geschmückt und zu einer Tanzbar mit matter Beleuchtung umfunktioniert worden. Die Musik, Rock ń Roll von Elvis Presley und Bill Haley, Boogie-Woogie oder italienische Schmusesongs, kam von einem Zehnplattenwechsler.

Mit Hilfe von Sprüchen auf Papierbändern, deren Anfänge die Mädchen und deren Enden die Studenten zogen, wurden unsere Tischherren ausgelost. Meine Klassenkameradin Ulla bekam einen netten Norweger; um den ich sie beneidete. An den von mir gezogenen Tischherrn habe ich keine Erinnerung mehr, er scheint mich wohl nicht besonders beeindruckt zu haben. Aber wenig später setzte sich an unseren Tisch ein Student, der mir sehr gut gefiel. Mehrere Studenten hatten keine Dame, er war einer von ihnen. Er trug einen flachen Kurzhaarschnitt mit Seitenscheitel, wie es der damaligen, gerade aufkommenden Mode entsprach. Mir fielen sofort seine graublauen Augen auf, sein aufmerksamer, eindringlicher Blick unter mittelblondem Haar. Meine engste Freundin Gudi und ich schwärmten damals für Männer mit blauen, grauen oder grünen Augen. Bei braunen Augen hatten wir das Gefühl, in einen Spiegel zu blicken.

Dieser junge Mann mit den hellen Augen forderte mich zu vorgerückter Stunde zum Tanzen auf. Er war nicht besonders groß und überragte mich in meinen Schuhen mit hohem Absatz nur um wenige Zentimeter. Er stellte sich mit seinem Namen vor – an den Nachnamen erinnere ich mich nicht mehr – und erwies sich als hervorragender Tänzer.

„Darf ich Sie später noch einmal auffordern?", fragte er, als er mich zu meinem Platz zurückbrachte. Dann tanzte er mit der Hausdame und mit verschiedenen Mädchen aus unserer Klasse, und auch ich wurde ständig auf die Tanzfläche geholt – wegen der männlichen Überzahl und nicht immer zu meinem Vergnügen. Während ich tanzte, beobachtete ich ihn verstohlen, und wenn er meinen Blick auffing, zwinkerte er mir vertraulich zu, was mich ärgerte, denn er ließ mich warten. In den Tanzpausen brachten uns einige Studenten mit humorvollen Texten und Sketchen zum Lachen. Inzwischen war der Uhrzeiger schon auf halb eins vorgerückt – da endlich forderte mich Gerhard noch einmal zum Tanzen auf.

Ich erfuhr, dass er etliche Jahre älter war als ich, vor dem Studium ein Handwerk gelernt hatte und sein Studium selbst finanzieren musste, da sein Vater nicht mehr lebte. Fast seine gesamte Freizeit verbrachte er mit seinem Hobby, der Malerei und Bildhauerei. Dieser Aspekt machte ihn in meinen Augen noch interessanter. Einen Künstler kennen zu lernen bedeutete mir viel, denn ich hatte ja selbst künstlerische Ambitionen, hegte die Hoffnung, eines Tages auf der Theaterbühne zu stehen. Bevor er mich zu meinem Platz führte, bat er mich um ein Rendezvous. Er würde mich ja gerne nach Hause begleiten, sagte er, wolle aber meinen Tischherrn nicht brüskieren, denn es war üblich, dass dieser seine Tanzpartnerin heimbrachte.

Gerhard und ich trafen uns fortan ein- bis zweimal die Woche. Er wohnte aus Kostengründen nicht mehr im Studentenwohnheim, sondern zusammen mit einem Freund in einer Wohnbaracke und hatte sich dort ein kleines Atelier eingerichtet. Ich war beeindruckt von seinen Bildern und Skulpturen. Einmal besuchte ich mit ihm eines seiner Vorbilder, den Bildhauer Holthaus am Goldberg, der in Hagen einen berühmten Namen hatte.

Unsere Beziehung dauerte etwa ein halbes Jahr und endete mit seinem Weggang in eine andere Stadt, wo er in einem Architekturbüro eine Anstellung fand. Ich war nicht traurig darüber, denn er war in einem Alter, in dem man sich nicht mehr zufrieden gibt mit harmlosen Zärtlichkeiten. Ich jedoch war noch nicht reif für eine ernsthafte Bindung (schließlich gab es damals die Anti-Baby-Pille noch nicht), und so endete meine Berührung mit der Welt der Künste nach recht kurzer Zeit.

Diese kleine Episode Ende der Fünfziger Jahre drängte sich mir wieder ins Gedächtnis, als ich das Spiegelinterview mit dem berühmten Maler las. Erst wenige Jahre vor Erscheinen des Artikels war er als einer der erfolgreichsten und teuersten Künstler bekannt geworden, als nämlich ein Gemälde von ihm über fünf Millionen Dollar in einer New Yorker Auktion einbrachte. Im Jahr 2005 sollte er mit großen Ausstellungen seiner Skulpturen und Bilder geehrt werden.

Richter war in Dresden geboren worden und vor der Errichtung der Mauer in den Westen geflohen. Weiterhin las ich, dass er dreiundsiebzig Jahre alt sei und mit seiner zweiten Frau und seinen beiden Kindern in Köln lebe.

Das, was ich sonst noch über ihn las, fand meine Zustimmung. Er schien ein bodenständiger Mensch geblieben zu sein, ohne Stardünkel, bezeichnete sich selbst als scheu und zurückhaltend, lehnte die viel zu teuer gehandelte Gegenwartskunst ab und meinte, im Angesicht der Meisterwerke der Kunstgeschichte müsse man ganz bescheiden und kleinlaut werden. Seine abgebildeten Porträts oder Landschaftsbilder, die so realistisch aussahen wie Fotografien, aber dennoch einen eigenen besonderen Stil besaßen, gefielen mir sehr.

Jener Gerhard, den ich gekannt hatte, dürfte etwa in seinem Alter sein, und vielleicht hatte er ja gar nicht in Hagen studiert, sondern in einer anderen Stadt, denn zu den Hausbällen der Ingenieurschule waren oft auch Kunststudenten eingeladen. Im Grunde wusste ich wenig über die Vergangenheit meines damaligen Freundes, und doch ließ mich der Gedanke nicht los, dass er *der* berühmte Maler sein könnte. Ich musste das unbedingt herausfinden!

Ich rief meine alte Schulfreundin Gudi an, vielleicht wusste sie noch Gerhards Nachnamen. Doch sie erinnerte mich daran, dass sie sich zu dem Zeitpunkt noch in der Lehre als technische Zeichnerin beim Straßenbauamt befunden hatte und zu dem Ball nicht eingeladen war. Erst im darauf folgenden Jahr war sie Studentin der Ingenieurschule geworden.

Unbefriedigt schaute ich spaßeshalber in das Internet-Telefonbuch. Dort standen einige wenige Eintragungen unter dem Namen Gerhard Richter. Obwohl ich mir dessen bewusst war, dass der weltweit bekannte Maler sicherlich nicht unter seinem Namen im Telefonbuch registriert war, rief ich eine der Nummern an. Es meldete sich eine tiefe mürrische Männerstimme: „Richter".

„Spreche ich mit dem Kunstmaler Gerhard Richter?", fragte ich freundlich.

„Mit Kunz un dem Krom han ich nix zu tun!", kam die Antwort in tiefstem Kölsch.

Bei meinem nächsten Versuch meldete sich eine Dame, die weitaus redseliger war. Als ich ihr erklärte, dass ich den Maler wahrscheinlich aus meiner Jugendzeit kannte, nannte sie mir den Stadtteil, in dem Richter heute mit seiner Familie lebe.

Erst jetzt überlegte ich mir, was ich denn überhaupt sagen würde, falls der höchst unwahrscheinliche Fall einträte und ich ihn in der Leitung hätte. Ich würde meinen Mädchennamen nennen, mit Betonung auf dem Vornamen. An meinen seltenen Vornamen, bildete ich mir ein, würde sich der Gerhard, den ich kannte, wahrscheinlich erinnern.

Für ein paar schwindelerregende Minuten stellte ich mir vor, womöglich einen der berühmtesten Maler der Welt gekannt zu haben. Doch inzwischen fand ich die Idee, mit dem Künstler Kontakt aufnehmen zu wollen, reichlich töricht. Ich wollte nur noch wissen, ob der Gerhard aus meiner Vergangenheit mit ihm identisch war.

Als ich noch grübelte auf der Suche nach seinem Nachnamen und mein Gedächtnis durchpflügte, fiel mir plötzlich ein, dass ich doch damals Tagebuch geschrieben hatte.

Ich musste verschiedene Schreibtisch- und Schrankfächer durchsuchen, bis ich es endlich wiederfand: ein kleines, fast quadratisches Büchlein mit einem dunkelblauen Ledereinband. Es hat auf der Vorderseite einen schmalen Goldrand und besitzt ein abschließbares goldfarbenes Schloss, das allerdings nicht mehr funktioniert. Seit Ewigkeiten hatte ich nicht mehr hineingeschaut.

Die erste Eintragung fand ich an meinem achtzehnten Geburtstag im April 1959. Ich schlug die letzten Seiten auf. Das Tagebuch endet zwei Jahre später – kurz vor meiner Abreise nach England, wo ich als Au-pair-Mädchen tätig wollte.

Dann begann ich zu lesen. Ich las über kleinere Probleme in der Schule – besonders die Fächer Betriebswirtschaft und Buchhaltung waren bei mir nicht so beliebt – las von den Sommermonaten, die ich größtenteils mit meiner Freundin Gudi im Schwimmbad oder am Hengsteysee verbrachte, las über unsere wechselnden Schwärmereien für einzelne Schüler des Fichte-Jungengymnasiums und über den ersten Fernsehapparat, den sich die Hoffmanns, eine befreundete Familie aus unserem Haus, geleistet hatten, wohingegen mein Vater es vorzog, sich einen gebrauchten VW-Käfer zu kaufen.

Endlich fand ich auch die gesuchten Eintragungen über Gerhard. Im Wesentlichen haben mich meine Erinnerungen nicht getrogen, bis auf das ausschlaggebende Detail, das ich vergessen hatte.

Sein Nachname war nicht Richter, sondern Fritz.

EISKALT

Der Februar hatte uns zwei oder drei Wochen mit klirrender Kälte und Temperaturen von unter zehn Grad beschert. Seen und Flüsse waren teilweise zugefroren, und die Schifffahrt auf den großen Flüssen war nur eingeschränkt möglich.

Ich genoss das Wetter: Die klaren, sonnigen Tage mit einem strahlend blauen Himmel über einer erstarrten Natur. Wenn ich morgens aus dem Fenster schaute, hatten sich Sträucher und Bäume in filigrane weiße Kunstwerke verwandelt. Vereinzelte Rosenblüten, vom Frost überrascht, konservierten ihre Schönheit unter weißem Zuckerguss. Wir hüllten uns warm ein und machten lange Spaziergänge auf den hart gefrorenen Feldwegen, deren Oberfläche wie dünnes Glas unter unseren Stiefeln zersprang. Auf weiß gepuderten Feldern tummelten sich langohrige Hasen, und schwarze Krähen pickten nach Nahrung.

Dann waren die frostigen Tage vorbei, die Temperaturen stiegen, die Sonne schien weiterhin, und es lag eine Ahnung von Frühling in der Luft. Seit Wochen waren keine Niederschläge gefallen. Ich fand, dass meine Kübelpflanzen im Garten ein wenig Wasser benötigen könnten. Neben der Küchentür, die auf unsere Terrasse führt, steht – vor der Witterung geschützt von einem darüber liegenden Balkon – eine Holzbank, auf der die Beutel mit Vogelfutter für unser Vogelhäuschen lagern. Daneben stehen meine Gießkannen, eine große grüne aus Metall und eine kleine blaue aus Plastik, die eine hohe, schmale Form hat und in einem langen Ausguss übergeht.

Ich greife nach der blauen Kanne, um sie mit Wasser zu füllen – und erstarre. Eine kleine Maus schaut mir mit blanken runden Augen direkt ins Gesicht. Ich zucke zurück und erwarte ihre Flucht. Doch nichts passiert. Vorsichtig nähere ich mich wieder und sehe genauer hin.

Unverwandt blickt mich das Mäuschen an. Die feinen Barthaare zittern leicht und Schalenreste vom Vogelfutter haften an dem Mäulchen. Sie hat die kleinen spitzen Ohren an den Kopf gelegt und die Pfötchen mit den weißen winzigen Krallen possierlich erhoben. Dann erkenne ich den Grund für ihre Reglosigkeit: Sie hockt mit dem Hinterteil in einem runden Eisblock, der sich bereits von der Kanne gelöst hat. Wollte das Tierchen vor dem Einsetzen des Frostes Wasser trinken und hat es dann nicht mehr geschafft, an den glatten Plastikwänden emporzuklettern?

Ich hob ein Loch aus unter der großen Tanne, ließ die Maus vorsichtig aus der Kanne auf die Erde gleiten und begrub sie in ihrem Sarg aus Eis.

AUF DER SCHIENE

Ein Sonntag im Februar. Wieder einmal habe ich ein paar Tage bei meiner Tochter und den Enkelkindern verbracht. Ich steige in München in den ICE nach Frankfurt. Es ist kalt, wenige Grade unter Null.

Ich setze mich mit dem Rücken zur Fahrtrichtung, das ist mir angenehm. So kommen Bäume, Gebäude, Landschaften nicht auf mich zu, um gleich wieder zu verschwinden, sondern sie ziehen allmählich vorbei, ich kann ihnen nachblicken, sie eine Weile begleiten.

Der Zug ist nur halb besetzt, so dass der Sitz neben mir frei bleibt.

Hohe Schallschutzwände, unterbrochen von Industrieanlagen, ziehen sich entlang der Gleise. Wir verlassen das Stadtgebiet und durchfahren mehrere Tunnels. Der ICE beschleunigt auf 260, 280 Stundenkilometer, wie ich auf der Anzeigetafel über der Abteiltür lesen kann. Bei fast 300 habe ich ein leicht schwebendes Empfinden im Bauch.

Ich nehme meine Lektüre zur Hand, schaue aber immer mal wieder aus dem Fenster, wo sich ein frostig blauer Himmel über der Landschaft spannt.

Unser erster Halt ist Nürnberg. Unruhe entsteht: Menschen gehen, Türen öffnen, Menschen kommen, Türen schließen. Der Platz neben mir bleibt unbesetzt. Als der

Zug den Bahnhof verlässt, leuchtet in weiter Ferne ein blau-weißer Heißluftballon, dann erscheint ein zweiter in Rot, ein weiterer, nachdem der Zug eine Kurve gefahren ist. Es werden immer mehr, am Ende zähle ich mindestens zehn, die in der Ferne allmählich kleiner werden und schließlich verschwinden. Ein farbenfrohes Gemälde mit blauem Hintergrund.

Ich stelle mir die Menschen in den Körben vor, eingepackt in warmen Jacken, die Köpfe bedeckt von Kapuzen, Wollmützen, Schals. Einige schauen durch Ferngläser, andere halten Kameras hoch.

Flache Felder ziehen jetzt vorbei, teilweise bedeckt mit Schnee, durchzogen von schmalen Wegen, auf denen Spaziergänger mit Hunden unterwegs sind.

Dann Kiefern und Tannen mit langen, kahlen Stämmen, die Licht und Schatten filtern, dazwischen vereinzelt grazile Birkenbäume, weiß-schwarz gefleckt.

Teiche halb zugefroren, Fetzen von Eisplatten schimmern im blasser werdenden Sonnenlicht. Drei stille Windräder strecken ihre Arme in den Himmel.

Über eine Autobahnbrücke eilen Autos, winzig wie Ameisen.

Und immer wieder kleine Ortschaften, denen hohe spitze Kirchtürme oder runde Zwiebeltürme ein Gesicht geben.

Schienenstränge nehmen die Geschwindigkeit des Zuges auf, scheinen mit uns zu wetteifern, laufen nebeneinander, aufeinander zu, verschmelzen kurz, um sich dann wieder zu entfernen. Ein bewegtes, faszinierendes Spiel der Gleise.

Eine ganze Weile begleitet der Main unsere Strecke. Eine Schnellstraße schiebt sich zwischen Fluss und Schiene. Sie läuft parallel, ziemlich nah, etwas unterhalb des Gleisbettes. Drei Ebenen. Einzelne Fahrzeuge auf der Straße begleiten uns. Ein kleines, rotes Auto mit einer Frau am Steuer neben uns, wir fahren eine Zeitlang gleich schnell. Die Frau dreht den dunklen Lockenkopf zur Seite und schaut in meine Richtung. Ich unterdrücke den kindlichen Impuls, ihr zuzuwinken. Die Straße verschwindet.

Der Zug drosselt seine Geschwindigkeit, auf einem Hügel erhebt sich die Residenz von Würzburg. Wir fahren in den Bahnhof ein. Reisende mit großem Urlaubsgepäck, deren Ziel vermutlich der Flughafen Frankfurt ist, steigen zu, schieben sich durch den Gang, auch Jugendliche mit prallen Rucksäcken. Noch bevor die Zugestiegenen einen Sitzplatz gefunden haben, schließen sich die Türen.

Ich schaue auf die Uhr und denke, gleich fährt mein Mann zu Hause los, um mich in Frankfurt abzuholen.

WARUM?

Warmer Sand unter meinen Füßen.

Sonnenhut über den Augenlidern.

Meeresrauschen, an- und absteigend.

Deine Stimme, so vertraut.

Komm Schwesterlein, komm mit ins Wasser!

Dein Lachen in den Augen, blau wie der Himmel über dir.

Du ziehst mich hoch. Wir laufen über den Strand, meine Hand in deiner.

Kühles Wasser spritzt an den Beinen. Jauchzen.

Wellen spülen den Körper hoch, reißen uns von den Füßen.

Wir tauchen ein ins blaugrüne Element, weiße Schaumränder.

Dein Kopf schwimmt auf einer Welle, Kappe aus nassen Haaren.

Du lachst, rufst mir zu: Gib' acht!

Die Welle, meterhoch, kommt näher.

Ich tauche hindurch, du hast es mir beigebracht.

Dunkle Tiefe, sekundenlange Stille. Endlich zurück im Sonnenlicht.

Wo bist Du? Ich sehe dich nicht. Ich rufe, warte, schreie: Jonaaaaas…

…und schlage die Augen auf.

Dumpf pochender Schmerz, grausame Gewissheit.

Du hast uns verlassen, kommst nie mehr zurück.

Warum nur, warum? Ich begreife es nicht.

Es habe einen Schienenunfall gegeben, sagten die Beamten.

Du warst immer so zuversichtlich, ungeduldig und voller Pläne.

Wolltest die Welt verbessern, Arzt ohne Grenzen werden.

Warst Entwicklungshelfer in Afrika,

hast den Nahen Osten und Südamerika bereist.

Dann dein Studium der Medizin in Berlin.

Bei unserem letzten Familientreffen schienst du gelöst,

hast geplaudert und gescherzt – mein geliebter Bruder.

Und wenige Tage später räumst du dein Zimmer auf,

schreibst einen Abschiedsbrief und gehst zu den Gleisen.

Niemand solle sich Vorwürfe machen, steht darin,

deine Familie sei die beste, die man sich wünschen kann.

Du schriebst auch, dein Bild von dir sei ein falsches.

Der Psychologe nannte es Tunnelblick, sprach von Depression.

Warum hast du dich niemandem anvertraut?

Meine Gefühle waren außer Kontrolle:

Wut, Sehnsucht, Apathie, verletzte Liebe,

jedes einzeln und alle zugleich.

Schatten, der mich nie mehr verlässt…

Erst Wochen später war ich bereit,

Blumen auf die Gleise zu legen.

ZUM ABITREFFEN

„Ruf mich an, wenn du angekommen bist", hatte ihn seine Frau gebeten, als er sich von ihr verabschiedete, um zu seinem Abiturjahrgangs-Treffen im Südschwarzwald zu fahren.

Max war sich nicht sicher, ob sie wirklich so gerne mitgekommen wäre, wie sie behauptet hatte, denn schließlich war Johanna fast dreißig Jahre jünger als er. Leider habe sie zwei Taufen an dem Sonntag, die sie unmöglich verschieben könne, hatte sie vorgebracht.

Max lebte mit seiner zweiten Frau Johanna, einer Theologin, seit einigen Jahren in Sachsen-Anhalt. Geboren und aufgewachsen war er in Niedersachsen, in der Stadt Oldenburg, wo er auch die meiste Zeit seines Lebens verbracht hatte.

Als er auf die Autobahn auffuhr, schaltete er das Autoradio ein und schob eine Klassik-CD ins Fach: Bach-Kantaten gehörten zu seinen Lieblingsstücken. Der Chor stimmte den Choral 'Sei Lob und Preis mit Ehren' an, der ihn komplett einhüllte und ihn sonntäglich stimmte.

Allmählich nahm der Verkehr zu, denn der warme Sommertag lockte viele Ausflügler auf die Straße. Hätte dies nicht seine volle Aufmerksamkeit beansprucht, wäre er versucht, eine Hand vom Lenkrad zu lösen, um den

Gesang zu dirigieren. Kirchenmusik war seine große Leidenschaft. Schon als Jugendlicher hatte er musiziert und gesungen und war später viele Jahre als Organist und Chorleiter in seiner Gemeinde in Oldenburg tätig gewesen. Trotzdem hatte er es vorgezogen, Jura zu studieren. Recht und Gesetz faszinierten ihn, seitdem er als Junge erleben musste, wie sein Vater als Anwalt Berufsverbot erhielt, da er sich dem Naziregime nicht anpassen wollte.

Max machte Karriere als Jurist; er wurde Richter am Oberlandesgericht in Oldenburg, heiratete seine Jugendliebe Anke und bekam mit ihr drei Kinder. Seine Leidenschaft für die Musik nahm großen Raum ein in seinem Leben, er widmete ihr mehr Zeit als seiner Familie. Als 1990 die Wende in Deutschland besiegelt war, wurden Richter in den neuen Bundesländern gebraucht, die nach dem westdeutschen Strafgesetz Recht sprechen sollten. Max nahm die Gelegenheit wahr. Seine Ehe kriselte seit Jahren, die Kinder waren erwachsen, und die ostdeutschen Städte mit ihrer kulturellen Vergangenheit lockten ihn. Er bekam eine Wohnung in Naumburg gestellt und fühlte sich in seinem Beruf noch einmal richtig herausgefordert. In seiner Freizeit spielte er Orgel. Er erinnerte sich an das erhebende Gefühl, das er empfand, als er zum ersten Mal auf der Hildebrand-Orgel in St. Wenzel spielte, die schon Bach bespielt hatte. Er engagierte sich auch in Bürgerinitiativen für den Erhalt und die Restaurierung der teilweise sehr maroden Kirchen und Orgeln.

Bei diesen Zusammenkünften lernte er seine jetzige Frau kennen. Ihm gefiel ihr bescheidener Lebensstil, ihre Zielstrebigkeit und Leidenschaft für die Sache. Seine erste Frau hingegen war in den letzten Jahren immer missmutiger geworden, reagierte nur noch negativ – besonders nachdem die Kinder aus dem Haus waren. Nach der Geburt des ersten Kindes brach Anke ihr Studium für das Lehramt ab und ging ganz in ihrer Mutterrolle auf. Mit seinem steigenden Einkommen stieg auch ihre Lust an kostspieligen Einkäufen in exklusiven Modegeschäften und teuren Einrichtungshäusern. Max ließ sie gewähren, war sogar stolz auf seine elegante Frau und sein stilvolles Zuhause.

Wann hatte sie eigentlich begonnen, sich mehr und mehr in sich zurückzuziehen? Er hatte es vergessen. Wenn er ehrlich war, konnte er eine Mitschuld an ihrem Zustand nicht leugnen: Er konnte sich einfach nicht genug um sie und die drei Kinder kümmern. Als Organist und Chorleiter war er naturgemäß häufig an den Wochenenden engagiert, hinzu kamen die Proben für Konzerte. Immer öfter stritten sie miteinander. Max fand keinen Weg, Anke aus ihrer depressiven Stimmung herauszuholen. Er schlug ihr vor, sich professionell behandeln zu lassen, doch sie lehnte ab, machte ihn verantwortlich für das Scheitern ihrer Ehe und reichte schließlich die Scheidung ein.

Max drosselte die Geschwindigkeit und setzte die Scheibenwischer in Gang. Die schwarzgrauen Wolkenberge, die eben noch am Horizont das Autobahnband verschluckten, standen urplötzlich über seinem Kopf und erste dicke Regentropfen zerplatzten auf der Windschutzscheibe. Der trommelnde Regen auf dem Autodach wurde noch übertönt von einem ohrenbetäubenden Donnerknall, der sich mit kollerndem Grollen entfernte.

Max war unwillkürlich zusammengezuckt, schaltete in den dritten Gang und stellte die Musik ab. Er hatte kaum noch Sicht auf die Autobahnspur, heftete sich daher hinter einen vor ihm fahrenden PKW. Eine halbe Stunde etwa hielt das Unwetter an, dann strahlte die Sonne wieder von einem frischblauen Himmel.

Er fuhr die nächste Raststätte an, lockerte seine vom langen Sitzen schmerzenden Beine und bestellte nur einen Kaffee, denn er war seit vier Wochen auf Diät. Er knabberte an dem Karamellkeks, der dem Cappuccino beigelegt war, betrachtete sein Spiegelbild in der Fensterscheibe und fand, dass seine Kinnpartie schon schlanker geworden war. Eigentlich sah er noch recht gut aus: seine dunkelblonden Haare, exakt gescheitelt, durchzogen nur wenige graue Haare. Der Entschluss, ein paar Kilo abzunehmen, ging auf eine Bemerkung seiner geschiedenen Frau zurück.

„Gut siehst du aus, hast wohl zugenommen, aber der kleine Bauch steht dir", stellte sie bei ihrem letzten Treffen in Oldenburg fest, was ihn ärgerte, denn *sie* war genau so schlank wie früher. Seitdem Anke einen neuen Partner hatte, war ihr Verhältnis besser geworden. Der neue Mann war Witwer und Unternehmer, besaß eine florierende Firma und betete Anke an.

Max schaute auf seine Armbanduhr. Es wurde Zeit, die Fahrt fortzusetzen, um 19.30 Uhr wollten sich alle zum Abendessen einfinden. Hänschen, sein ehemaliger Klassenkamerad, hatte die Organisation übernommen. Er besaß eine Ferienwohnung am Schluchsee, kannte das typische Schwarzwaldhotel, in dem sie sich treffen wollten, und hatte ein viel versprechendes Programm zusammengestellt.

Die Landschaft wurde bergiger, und die Wälder des Schwarzwaldes in hell- bis dunkelgrünen Farbtönen zogen auf der rechten Seite vorüber. Das Panorama unterschied sich sehr von dem im Norden, wo er aufgewachsen war. Er liebte das flache Land zwischen Marsch, Moor und Geest, den hohen Himmel über von Gräben durchzogenen Weiden und eingedeichten Flüssen. Er liebte es, mit dem Fahrrad auf den birkengesäumten Alleen zu fahren, vorbei an einsamen Bauernhöfen mit tief heruntergezogener Reetmütze, durch Orte aus roten Backsteinhäusern mit liebevoll gepflegten Vorgärten.

Nach der Scheidung hatte er eine kleine Zweitwohnung an der Hunte gemietet; das Haus überließ er Anke. So konnte er nach seiner Pensionierung jederzeit, wenn ihm danach war, in den Norden fahren. Er pflegte seine alten Freundschaften und traf sich gelegentlich mit seinen Kindern.

Inzwischen war er schon beinahe zehn Jahre mit Johanna verheiratet, zog nach ihrer Heirat zu ihr in ihr Elternhaus nach Weißenfels, in ein schmales altes Kleinstadthaus mit drei Stockwerken, winzigen Zimmern und engem Treppenhaus, das sie sich liebevoll hergerichtet hatten.

Vor vier Jahren bekam Johanna endlich wieder eine eigene Pfarrstelle in der Nähe angeboten. Bis dahin hatte sie Aushilfstätigkeiten in sozialen Einrichtungen übernommen. Sie war nun sehr eingespannt in ihrer Gemeinde, und Max fühlte sich gelegentlich ein wenig einsam. Als

Organist wurde er dort nicht gebraucht, denn es gab bereits einen, und für einen Chor fanden sich nicht genug Sänger.

Max war nicht mehr weit von seinem Zielort entfernt, er hatte die Autobahn verlassen und fuhr nun auf einer engen, kurvigen Straße durch das Höllental. Aus dem Klassiksender des SWR schmetterten die Trompeten die Suite aus Händels Wassermusik, von der Orgel begleitet. Auch bei seiner Trauung mit Anke vor fünfzig Jahren war dieser Satz gespielt worden. Er dachte an das Abendessen mit ihr vor wenigen Wochen, zu dem er sie eingeladen hatte, denn es wäre der Tag ihrer Goldenen Hochzeit gewesen.

Zehn Minuten vor der verabredeten Zeit hatte er an dem Tisch des Feinschmecker-Lokals gesessen. Als Anke den Raum betrat, hielt er die Luft an. Sie war immer noch eine elegante Erscheinung in dem schlichten, Figur betonenden Kleid, hatte sich sorgfältig aber dezent geschminkt, und die neue Kurzhaarfrisur ließ sie jünger aussehen. Sie begrüßte ihn strahlend und küsste ihn auf beide Wangen. Er erkannte sie nicht wieder. Lebhaft erzählte sie von den kulturellen Ereignissen, die sie mit ihrem Partner besucht hatte, kommentierte ironisch das Auftreten gemeinsamer Bekannter und flocht Anekdoten von den Enkelkindern ein. Es wurde ein sehr vergnüglicher Abend. Max musste sich eingestehen, dass der neue Mann ihr gut tat – fast könnte er neidisch werden. Sofort verbot er sich solche Gedanken, er war zufrieden mit seinem heutigen Leben. Obwohl – in letzter Zeit spürte er manchmal den großen Altersunterschied, ein wenig fürchtete er sich vor den kommenden Jahren.

Als Max im Hotel eintraf, war gerade noch Zeit zu duschen und sich umzuziehen. Seine alten Schulfreunde, von denen drei ihre Frauen mitgebracht hatten, begrüßten ihn mit herzlichem Schulterklopfen und den bekannten Sprüchen aus alten Tagen.

Max bestellte nur eine Suppe und einen Salat, aber beim badischen Spätburgunder hielt er sich nicht zurück. Nach dem Essen zog man in die Kaminstube um, wo sie die einzigen Gäste waren. Das war auch gut so, denn der Geräuschpegel ihrer Gespräche stieg mit dem Weinkonsum.

Weit nach Mitternacht bestiegen drei Übriggebliebene – sie bezeichneten sich als den harten Kern – auf etwas unsicheren Beinen die knarzende Holztreppe hinauf zu ihren Zimmern. Leicht schwankend stand Max vor seiner Zimmertür, hatte Mühe, sie mit dem großen Schlüssel aufzuschließen.

Er zog sich aus, stieg in seinen Schlafanzug und spülte den Mund mit Mundwasser aus, das musste genügen. Der Holzfußboden knackte, als er sich ins Bett legte. Wohlig streckte er unter der Daunendecke die Glieder aus ... und schreckte hoch: Verdammt, er hatte vergessen, seine Frau anzurufen!

Als er die Nachttischlampe ausknipste, umgab ihn völlige Dunkelheit und Stille. Bildersplitter des Tages und Fetzen der Gespräche mit seinen alten Schulfreunden zogen durch seinen Kopf. Plötzlich war der Gedanke da – als fast schmerzhaftes Ziehen in seinem Körper: Er hatte Heimweh, Heimweh nach seiner Stadt, dem weiten Land und der Sprachmelodie seiner Bewohner. Nur da wollte er seinen Lebensabend verbringen. Er fühlte, er sollte sich von Johanna trennen, bevor er ihr zur Last fiele.

Max war müde, die Augen fielen ihm zu. Am Morgen würde er alles noch einmal überdenken…

DIE STRAßE

Mit einem kleinen Seufzer erhebt sich Maria vom Sofa, auf dem sie geruht hat, und geht in die Küche, um die Kaffeemaschine einzuschalten. Es ist Samstag, gleich wird ihre Tochter Tina eintreffen. Sie hat am Morgen angerufen, wie sie jeden Tag anruft, seitdem Maria allein lebt, seitdem sie Witwe ist.

Nach ihrer Krebserkrankung besuchen die Töchter sie regelmäßig an den Wochenenden, samstags Tina und sonntags Selma. Und Tina hat dafür gesorgt, dass sie wochentags von Frau Bergmann betreut wird, einer liebevollen älteren Frau, die früher Krankenschwester war.

Als Maria vor drei Jahren die Diagnose erfuhr, war sie nicht überrascht. Schon ihre Mutter war an Krebs gestorben, und ihre jüngere Schwester erkrankte noch vor ihr daran. Der Schwester geht es heute wieder gut, daher hatte auch sie die Hoffnung gehabt, diese heimtückische Krankheit überleben zu können. Doch seit ein paar Wochen weiß sie, dass ihr nur noch wenig Lebenszeit bleibt, Wochen, in denen sie sich anfreundete mit dem Wissen um ihren nahen Tod.

„Mama, wäre es nicht besser, du würdest zu uns ziehen?", hatte Tina heute morgen wieder einmal am Telefon gefragt. Doch noch kommt Maria mit Hilfe starker Schmerzmittel und der tüchtigen Frau Bergmann allein zurecht. Sie möchte, so lang es geht, in ihrem Haus wohnen bleiben, das Haus in dem kleinen Stadtteil am Hang, das sie und ihr Mann bezogen hatten, als sie jung verheiratet waren, das Haus, in dem die drei Töchter aufwuchsen. Irgendwann wird sie zu Tina und ihrer Familie ziehen müssen. Irgendwann in naher Zukunft.

Maria denkt an das gestrige Telefonat mit ihrer jüngsten Tochter Selma, die als freie Künstlerin in Marburg lebt. Begeistert hatte sie von der erfolgreichen Ausstellung ihrer Gemälde und Skulpturen berichtet und sich gleichzeitig über die sogenannten fachmännischen Kommentare einiger Besucher lustig gemacht. Sie haben viel gelacht in dem Telefonat.

Maria stellt zwei Kaffeetassen auf den Tisch, füllt Gebäck in eine Schale und stellt die Vase mit den letzten Rosenblüten aus dem Garten dazu. Sie spürt die Wärme des Sonnenstrahls, der in diesem Moment durch das Fenster fällt und sieht hinaus in den Garten, wo die Sträucher sich bereits herbstlich verfärben. Im Frühjahr sollte ich die Kletterrose stark herunter schneiden, denkt sie und ist sich im selben Moment der Nutzlosigkeit dieses Gedankens bewusst.

Dann hört sie die Haustürklingel läuten. Obwohl Tina einen Schlüssel hat, benutzt sie diesen immer erst, nachdem sie zweimal geklingelt hat. Maria öffnet die Tür und umarmt ihre große schlanke Tochter, die, so kommt es Maria vor, bei jeder neuen Begegnung gewachsen zu sein scheint.

Tina wohnt mit ihrem Mann und den beiden Kindern in einem kleinen Dorf in der Wetterau, wo sie als Pfarrerin tätig ist. Während die beiden Frauen Kaffee trinken, erzählt sie von dem Thema der Predigt, die sie am nächsten Tag halten wird. Maria schätzt solche Gespräche sehr. Heute fasst sich Tina kurz.

„Wir sollten einen kleinen Ausflug machen", schlägt sie vor, „wer weiß, wie lange das schöne Wetter anhält."

„Lass uns noch einmal zu dem kleinen Weiher im Wald fahren, wo wir früher so oft gepicknickt haben", bittet Maria.

Sie steigen in das Auto, das einmal Maria gehört hat, fahren den Hang hinunter, auf schmalen Straßen, verkehrsberuhigt durch Blumentröge und Parkbuchten, bis sie auf die Bundesstraße stoßen. Tina hat den Blinker gesetzt und muss eine Weile warte, um sich in den Verkehr einzufädeln. Da wird Maria von einem bohrenden Schmerz überfallen, der sie zusammenzucken lässt. Sie spürt Tinas besorgten Blick, sagt: „Es geht gleich vorbei", schließt die Augen und versucht, sich zu entspannen.

Sie kennt die Straße auch mit geschlossenen Augen, die Straße, auf der sie früher täglich fuhr, die zu ihrem Leben gehörte, die Arbeitsstätte, Schule, Einkaufen bedeutete. Für einen Moment stellt sie sich vor, sie führen in die andere Richtung, zur Autobahn: noch einmal mit Mann und den drei Töchtern in die Ferien fahren, ans Meer, in die Berge oder zum Flughafen und in eine sonnige Ferne fliegen. Sie, Maria, kann sich vorbereiten auf den Tod, doch ihre älteste Tochter Kerstin, die in so vielen Dingen hoch begabt war, hatte plötzlich und viel zu jung sterben müssen.

Ein lautes Hupen hinter ihnen lässt sie aufschrecken, eine Mutter mit Kind im Auto vor ihnen hat auf die grüne Ampel nicht sofort reagiert. Tina gibt einen zischenden Laut von sich und schaut mit empörtem Blick in den Rückspiegel, ihre schmalen Hände umfassen fest das Lenkrad. Maria betrachtet ihr feines Profil, die Falte über der Nasenwurzel, die sich schon bildete, als sie noch ein junges Mädchen war und auf der Querflöte spielte, oft begleitet von ihrer älteren Schwester Kerstin. Bei ihren zweistimmigen Proben hatte Tina stets konzentriert versucht, es der hingebungsvoll spielenden Kerstin gleichzutun. Eine warme Welle der Liebe durchströmt Maria.

Die Straße beschreibt einen weiten Bogen, die Silhouette von Friedberg, im Hintergrund überragt von dem alten Burgturm, erscheint vor blassblauem Himmel. So viele Jahre war sie auf dieser Straße unterwegs, fuhr zum Gymnasium, an dem sie bis zu ihrer Pensionierung unterrichtete und wo auch die drei Töchter ihr Abitur ablegten oder fuhr nach Hause. Zwanzig Jahre war Maria gern auf der Straße gefahren, vorbei an Getreide- und Kartoffelfeldern, an Reihen von Apfelbäumen, mit unzähligen weißen Blüten im Frühling oder schwer herabhängenden Zweigen voller Äpfel im Herbst – bis zu jenem Tag im Juli, als das Unsägliche geschah, das Unglück, das sich unauslöschlich in ihrem Kopf festgesetzt hat – wie der Krebs in ihrem Körper.

Sie nähern sich der Kreuzung, wo das Unsägliche geschah. Niemals wieder hat sie diese Stelle passieren können, ohne daran zu denken. Damals saß Maria am Steuer und die siebzehnjährige Tina neben ihr, weil sie ihren Bus verpasst hatte. Sie waren auf dem Heimweg von der Schule. Plötzlich Stillstand, eine lange Autoschlange vor ihnen, der schrille Ton eines Martinshorns, ein Polizeiwagen sucht sich einen Weg durch den Stau, danach ein blinkender Rettungswagen. Sie standen und warteten. Es war ein warmer Sommertag, die Temperatur im Auto stieg und Maria öffnete das Schiebedach. Tina erzählte von ihrer missglückten Französischarbeit.

„So gut wie Kerstins Abinote wird meine ganz gewiss nicht ausfallen", sagte sie zu ihrer Mutter gewandt mit einem trotzigen Unterton. Sie liebte und bewunderte ihre zwei Jahre ältere Schwester, war aber stets ein wenig eifersüchtig.

„Dafür hast du andere Qualitäten", versuchte Maria sie zu trösten.

Endlich kam Bewegung in die Kolonne, im Schritttempo wurden sie an der Unfallstelle vorbeigeleitet. Ein Mercedes mit eingedrückter Beifahrertür stand auf dem Seitenrand, ein paar Meter daneben, auf dem Rücken liegend und total verbeult, ein roter Kleinwagen. Auch Kerstin fuhr einen kleinen roten R4. Sie hatte erst vor wenigen Monaten ihren Führerschein gemacht, und ihr Vater hatte ihr zu ihrem Einser-Abitur das Auto geschenkt. Aber das konnte nicht sein, nicht Kerstins Wagen…, nein, nein. Maria wollte es nicht glauben und wusste es dennoch besser. Sie hörte Tinas Aufschrei – und stürzte aus dem Auto…

Kerstin starb nach drei Tagen im Krankenhaus, ohne das Bewusstsein wiedererlangt zu haben. An dem Unfall war sie unschuldig, der Mercedesfahrer, der nur leicht verletzt wurde, hatte ihr die Vorfahrt genommen.

Nach dem Tod ihrer Schwester legte Tina die Flöte beiseite und spielte nie wieder darauf. Als sie das Gymnasium beendet hatte, beschloss sie, evangelische Theologie zu studieren und Pfarrerin zu werden, denn sie war in einem liberalen katholischen Elternhaus aufgewachsen.

Tina biegt in die schmale Straße zum Waldrand ein. Sie erreichen den Weiher, und sie parkt das Auto so nah wie möglich am Ufer. Hinter den sich sanft wiegenden Schilfhalmen schimmert das Wasser in hellen und dunklen Grüntönen. Tina kurbelt das Seitenfenster herunter und lässt die würzigfeuchte Luft herein. Vereinzelte trockene Blätter rascheln im Windzug, bis die Brise abflaut. Der Wind macht kaum noch Geräusche, ist aber immer noch da – ganz sachte nur.

„Geht es dir besser, Mama?"

Maria greift nach Tinas Hand und lächelt.

„Sehr viel besser", antwortet sie, „so wie es ist, ist es gut."

INFIZIERT

Dienstag, 10. März 2020

Der Blick durchs Fenster lässt Susanne frösteln. Seit drei Tagen peitscht heftiger Wind den Regen gegen die Scheiben. Sie schlüpft in die Stiefel und greift nach der Kunstmappe und dem Schlüsselbund. Dann streift sie den Anorak mit Kapuze über und schaut auf ihre Armbanduhr. So spät schon, wieder zu lange am Computer gesessen!

Als sie die Wohnungstür abschließt, klingelt ihr Handy. Auch das noch. Sie ist nicht bereit, den Anruf entgegenzunehmen, aber dann sieht sie: Es ist Benni, ihr Sohn.

„Hallo, Mama. Opa liegt im Krankenhaus. Es geht ihm nicht gut. Kannst du dich kümmern? Ich darf nicht zu ihm, denn er hat sich infiziert mit dem Corona-Virus. Tschau, Mum, muss sofort in die Klinik, habe Nachtdienst."

Er wartet ihre Antwort nicht ab, aus gutem Grund.

Susanne steigt ins Auto, schüttelt die nasse Kapuze vom Kopf und lockert mit beiden Händen ihre halblangen, braunen Haare auf.

Sie hat eine Verabredung mit ihrer Freundin Karla in deren Atelier, wo sie eine Vernissage vorbereiten wollen. Karla wird ihre Tonskulpturen und Holzarbeiten in Szene setzen, während Susanne ihre Gemälde präsentieren will.

Die gerahmten großformatigen Acrylbilder hat sie bereits gestern in einer Regenpause vorbeigebracht.

Sie denkt an den Anruf von Benni und wohl oder übel an ihren Vater. Der würde über die großenteils modernen avantgardistischen Produkte der beiden Frauen die Nase rümpfen. Nein, sie will sich nicht kümmern, hat mit ihm abgeschlossen. Wütend tritt sie aufs Gaspedal, als sie das Stadtgebiet verlässt. Benni ist doch Assistenzarzt, warum darf er nicht zu seinem kranken Großvater, fragt sie sich. Sie wird sich mit Karla austauschen, die ihr in den letzten Jahren eine gute Freundin geworden ist. Die beiden Frauen haben sich auf einer Kunstausstellung kennen gelernt.

Susanne parkt das Auto vor dem Haus aus der Gründerzeit, in dem sich Karlas Atelier befindet. Es regnet immer noch.

Karla begrüßt ihre Freundin freudig. Doch dann bemerkt sie Susannes ernstes, fast verärgertes Gesicht.

„Was ist los, Sanne, ist dir der Corona-Virus über die Leber gelaufen?" versucht sie zu scherzen.

„Treffender könntest du nicht fragen. Stell dir vor, mein Vater hat ihn sich eingefangen, es soll ihm nicht gut gehen. Benni hat mich angerufen."

„Setz dich erst einmal. Ich mache uns einen Tee und dann erzählst du mir alles."

Während Karla in der Küche beschäftigt ist, schickt Susanne eine Kurznachricht an Benni: Er möge sie sofort anrufen, sobald sein Dienst es erlaube.

Karla kehrt zurück und stellt das Tablett mit Teekanne und Tassen auf den kleinen rustikalen Holztisch. Sie gießt Tee in eine Tasse und reicht sie ihrer Freundin.

„Da ist dein Vater aber einer der ersten, der erkrankt ist, Sanne. Wir haben in Deutschland doch erst ganz wenige Fälle. Wo er sich wohl infiziert haben mag?" fragt sie.

„Ich weiß es nicht, vermute aber, dass er seinen alten Freund in Südtirol zu dessen 80. Geburtstag besucht hat", antwortet sie und nach einer Weile nachdenklich: „Weißt du, Familie zu haben ist etwas Schönes, kann aber auch zur Belastung werden – wie in meinem Fall."

„Ja, du hast mir zwar erzählt, dass dein Vater deinen Mann für einen Versager hielt, nur weil er Musik machte und Taxi fuhr. Ich kenne Benni, weiß auch, dass sein Bruder in Boston lebt, aber sonst weiß ich nicht viel über dein Elternhaus."

Susanne seufzt und nippt an ihrem heißen Tee. „Du hast recht, ich habe mich zu sehr bedeckt gehalten über meine Familie, auch weil es mir unangenehm war. Ich habe mich lieber mit dir über unsere Kunst und meine Schüler unterhalten. Es wird Zeit, dich mit meiner Familiengeschichte vertrauter zu machen."

Und so erfährt Karla, wie es zu dem Zerwürfnis mit Susannes Vater gekommen ist.

Der nüchterne Jurist hatte sich für seine einzige Tochter einen anderen Beruf gewünscht, einen Beruf, der ein sicheres Einkommen verspricht. Am liebsten hätte er gesehen, dass sie Jura studierte. Auch ein Studium der Medizin oder auf Lehramt hätte er akzeptieren können. Aber Susanne hatte sich für Kunstgeschichte mit Schwerpunkt Malerei entschieden. Ab diesem Zeitpunkt begannen die Auseinandersetzungen mit ihrem Vater. Als Susanne dann auch noch an der Uni den Musikstudenten Kai kennen gelernt hatte, häuften sich die Streitigkeiten zwischen Vater und Tochter. Der langhaarige Kai spielte in einer Rockband und fuhr nebenbei Taxi, um sich sein Studium leisten zu können. Susanne hielt zu ihrem Freund und wurde nach zwei Jahren schwanger. Nach der Geburt ihres ersten Sohnes heiratete sie Kai, – heimlich, ohne die Familie zu informieren. Das Kind ließ sie tageweise von ihrer Mutter betreuen, so konnte sie ihren Abschluss machen. Kai studierte immer noch, aber immer seltener. Um seine kleine Familie zu unterstützen, fuhr er vermehrt Taxi.

Wenn Susannes Eltern an Feiertagen oder zu Familienfeiern die Kinder einluden, war Kai natürlich dabei, denn mit Susannes Brüdern verstand er sich gut. Aber jedes Mal gab es Ärger mit dem Vater, wenn dieser sich nach dem beruflichen Fortschritt seines Schwiegersohnes erkundigte. Zu Susanne schimpfte er: „Der ewige Student wird auch in 10 Jahren noch Taxi fahren. Und wie du aussiehst, mit dem gefärbten Haar und den Blechklunkern an den Ohren – wie eine Rockerbraut!"

Das reichte Susanne. Sie betrat ihr Elternhaus nur noch, wenn die Mutter allein zu Hause war. Diese verstand ihre Tochter, denn sie malte genauso gern, fand aber Susanne begabter, wie sie stets betonte. Aber die Mutter liebte auch ihren konservativen, leicht aufbrausenden Ehemann, der seine Tochter früher vergöttert und liebevoll „Susi" genannt hatte, eine Kurzform ihres Namens, die Susanne nicht ausstehen konnte.

Als der zweite Sohn Benjamin, genannt Benni, geboren war, kam Kai kaum noch nach Hause. Er spielte in seiner Band Schlagzeug und Keyboard, und da er wegen der Kinder selten zu Hause üben konnte, ging er in seinen Club. Und wenn er nicht spielte, war er mit dem Taxi unterwegs.

Susanne nahm diverse Jobs an: Führungen durch Kunstmuseen, Malunterricht für Kinder und Erwachsene in der Volkshochschule oder Aushilfejobs als Kellnerin in Cafés oder Biergärten. Es war eine harte Zeit für das Paar, in der sie beide gern mehr Zeit für ihre Kinder gehabt hätten.

Hier macht Susanne eine Pause, lehnt sich zurück und blickt Karla auffordernd an. Diese hat ihr aufmerksam zugehört, sie nicht ein einziges Mal unterbrochen. „Da habt ihr euch wohl auseinander gelebt", stellt sie fest.

„Ja, denn außer den Kindern hatten wir nichts Gemeinsames mehr. Nachdem Kais Band einigermaßen Erfolge feierte, zog er mit ihr durchs Land und verabschiedete sich von der Uni und dem Taxifahren. Als meine Jungs dann selbst studierten, habe ich zum Glück an der Schule eine Anstellung als Kunstlehrerin gefunden, was mir, wie du weißt, ganz viel Freude macht. Kurz nach Vaters Pensionierung, starb meine Mutter innerhalb eines Jahres an Krebs. Ab diesem Zeitpunkt versank er in der Isolation, wurde grantig und wortkarg. Nur Benni kam noch an ihn heran. Kannst du dir vorstellen, Karla, dass mir jegliche

Motivation fehlt, mich um meinen Vater zu kümmern? Was soll ich nur machen?"

In diesem Moment klingelt Susannes Handy. Es ist Benni.

„Ich habe gerade ein paar Minuten Zeit für dich. Also die Sache ist so: Opa liegt in dem kleinen aber feinen Elisabethen-Krankenhaus. Mein Chef hier in der Uniklinik hat darum gebeten, möglichst keine an Corona erkrankten Patienten zu besuchen, auch keine Angehörigen. Wir sind dabei, die Anzahl der Intensivbetten und Krankenzimmer zu erhöhen, und er braucht alle seine Ärzte in gesundem Zustand. Und da du, Mum, hier die einzige Verwandte bist, bitte ich dich, in dieser Ausnahmesituation über deinen Schatten zu springen. Ich muss Schluss machen, da klingelt die Stationsschwester."

Karla hat das kurze Gespräch mitgehört.

„Hör auf deinen Sohn, Sanne, geh ins Krankenhaus zu deinem Vater. Stell dir vor, er stirbt, allein, ohne Kontakt zu seiner Familie. Du würdest dir das nie verzeihen. Ich habe meine Eltern zu früh verloren, hätte auch gerne Kinder gehabt, aber nie den passenden Mann gefunden. Ich rate dir, gehe morgen gleich zu ihm. Unsere Vernissage müssen wir wahrscheinlich sowieso verschieben – nach Meinung der Virologen."

Mittwoch, 11. März 2020

Susanne steht vor der Anmeldung des kleinen Krankenhauses und schaut sich um: Sanfte Farben und wenige

üppige Grünpflanzen können ihr Herzklopfen nicht beruhigen. Die Frau hinter der Glasscheibe lächelt sie freundlich an. Susanne nennt den Namen ihres Vaters und fragt
nach der Zimmernummer. Sie muss ihre Kontaktdaten an-
geben und erhält die Information, dass ihr Vater zwar auf
der Isolierstation liege, aber keine Intensivbehandlung er-
halte. Die Frau überreicht ihr eine Atemmaske und bittet
sie, zwei Meter Abstand zu dem Patienten zu halten.
Susanne fährt mit dem Aufzug in den 3. Stock und bleibt
vor der Zimmertür ihres Vaters stehen. Ein paar tiefe
Atemzüge, dann öffnet sie die Tür.

Im Krankenbett liegt der Vater mit geschlossenen Augen, eine Sonde an der Nase, von der Schläuche zu einem
Sauerstoffgerät führen. Schmal und alt sieht er aus, trotz
des immer noch vollen weißen Haares. Er schlägt die Augen auf.

„Du, Susanne? – Was willst du hier?" Eine herrische
Frage, mit schwacher Stimme vorgetragen.

„Vater, ich habe gehört, es geht dir nicht gut."

„Ich will dein Mitleid nicht, hast dich die ganzen Jahre
nicht um mich gekümmert." Susanne ringt nach Worten,
aber er kommt ihr zuvor.

„Ich will auch nicht, dass du dich ansteckst!" Er fängt
an zu husten. Susanne fühlt sich hilflos, steht da wie gelähmt.

„Bitte geh' jetzt, geh!" sagt er mit Nachdruck und
schließt wieder die Augen. Susanne bleibt noch eine Weile
stehen, blickt auf sein blasses Gesicht, dann verlässt sie das

Krankenzimmer. Sie wischt sich eine Träne aus dem Auge. Nein, sie hat kein Mitleid, es ist Zorn! Genau das hat sie befürchtet, er hat sich nicht verändert in all den Jahren!

Zu Hause angekommen, ruft sie sofort Benni an, redet sich ihre Empörung und ihren Schmerz von der Seele. Er versteht es, sie zu beruhigen, bittet sie, nicht aufzugeben. Es sei die letzte Chance für eine Versöhnung.

„Weißt du eigentlich, dass Großvater mich und Philipp während des Studiums regelmäßig finanziell unterstützt hat? Wir mussten ihm versprechen, nicht darüber zu reden!"

Susanne hat es geahnt, sie geht an ihre Staffelei, um sich abzulenken, da klingelt das Telefon. Es ist Philipp, ihr ältester Sohn. Er bedauere zutiefst, ihr nicht beistehen zu können, würde so gern nach Deutschland kommen, aber sein Labor sei gerade in Quarantäne. Außerdem müsse er damit rechnen, dass in Kürze der Flugverkehr nach Europa eingestellt werde. Er werde seinem Großvater einen Brief schreiben, meint er noch.

Eine gute Idee, findet Susanne. Als der Ältere hatte Philipp stärker unter dem Zwist mit den Großeltern gelitten, zog sich während der Schulzeit mehr und mehr in sich zurück. Susanne nimmt an, dass er auch aus diesem Grund das Stipendium für ein Biologiestudium in den USA angenommen hatte.

Susanne schaltet den Fernseher ein, will ihre Gedanken in andere Bahnen lenken. Doch auf fast allen Kanälen wird von der Corona-Pandemie berichtet. Ab Montag sollen sogar alle Schulen geschlossen werden. Sie beschließt, zu

Karla zu fahren, obwohl es schon dämmert. Sie tippt ihrer Freundin eine Kurznachricht: Bin in einer halben Stunde bei dir. Bringe zwei Pizzen und eine Flasche Rotwein mit.

Freitag, 13. März

Erst am frühen Nachmittag betritt Susanne ihre Wohnung. Sie hat bei Karla übernachtet, denn es war spät geworden am Vorabend. Sie hat noch im Zentrum eingekauft und dort einen Mittagsimbiss zu sich genommen. Ihr Telefon blinkt – das Krankenhaus hat angerufen. Es ist die Oberärztin, die Susanne bittet, möglichst bald ins Krankenhaus zu kommen. Ihr Vater sei auf die Intensivstation verlegt worden, und sie würde gern mit ihr ein Gespräch führen.

Susanne erschrickt, packt schnell die Lebensmittel in den Kühlschrank und macht sich auf den Weg. Sie denkt an Karlas eindringliche Worte am gestrigen Abend: „Gib deinem Vater einen Tag Zeit und dann gehe wieder zu ihm. Er will nicht, dass du ihn ansteckst! Glaub' mir, er liebt dich!"

Im Laufe des langen Abends hat Susanne Karla aus ihrer Kindheit und Jugend erzählt, hat sich erinnert, wie ihr Vater für die Fünfjährige eigenhändig ein wunderschönes Puppenhaus aus Holz gebaut hatte. Später als Schulkind unternahm er mit ihr tolle Radtouren, teilweise über mehrere Tage.

Mit zwiespältigen Gefühlen erreicht Susanne das Krankenhaus. Die Frau an der Annahme führt sie in ein Sprechzimmer. Frau Dr. Wolf werde in wenigen Minuten bei ihr sein.

Die Ärztin nimmt ihr gegenüber Platz mit gebührendem Abstand. Ihre Miene ist ernst, aber die Augen blicken freundlich.

„Ich hatte ein längeres Gespräch mit Ihrem Vater, nachdem feststand, dass er eine Intensivbeatmung benötigt. Er hat diese vehement abgelehnt: Eine entwürdigende und aussichtslose medizinische Behandlung komme für ihn nicht in Frage! Es war nicht leicht, aber ich konnte ihn letzten Endes davon überzeugen, dass eine Beatmung über den Tubus nicht automatisch ein Todesurteil ist. Wir haben ihren Vater gründlich untersucht, er ist trotz seiner 79 Jahre in einer guten Verfassung. Er hat gute Chancen, nicht an Covid-19 zu sterben. Verlieren Sie nicht den Mut! Wir geben Ihnen Bescheid, sobald er die Intensivstation verlassen kann."

Die nächsten Tage verbringt Susanne wie unter einer Glasglocke. Sie funktioniert, aber nichts kommt an sie ran. Nur eines berührt sie, als sie in einem Magazin liest, was Prinz Charles nach seiner Genesung von Corona der Presse mitteilte.

„None of us can say when this will end." Und dann sagt er nicht: „But it will end", sondern: „But end it will", eine sprachliche Finesse. Das Wort Ende steht nicht am Schluss des Satzes, nach dem Ende kommt noch etwas. So würde Shakespeare sich ausdrücken, oder so liest man es in der Bibel über Karfreitag und Ostern.

Donnerstag, 19. März

Endlich! Nach sechs Tagen der erlösende Anruf: Ihr Vater atme wieder selbständig, und morgen werde er auf die Normalstation verlegt. Am drauffolgenden Tag dürfe sie wieder zu ihm gehen.

Samstag steht sie vor seinem Krankenbett, mit Atemschutzmaske und dem nötigen Abstand.

„Susanne, ich habe es geschafft!" Er sieht mitgenommen aus, ist kaum zu verstehen. Sie sagt nichts, ihre Augen werden feucht. Sie geht an seine Bettseite, ergreift seine Hand auf der Bettdecke und drückt sie leicht. Schweigend sehen sie sich an. Nach einer Weile fragt er vorsichtig:

„In ein paar Tagen werde ich entlassen. Wirst du mich dann auch zu Hause besuchen?" Susanne nickt, sie möchte jetzt gehen. Die Erfahrungen der letzten Tage kann sie nicht einfach abschütteln wie ein Hund sein nasses Fell.

„Morgen sehen wir uns wieder, Vater."

An der Tür hört sie ihn rufen: „Susi!" Empört dreht sie sich um, der ungeliebte Name! Aber dann muss sie lachen, als er sagt:

„Danke, mein Kind, dass du deinen schrecklichen Vater nicht aufgegeben hast!"

MARTINA WEYRETER

LONDONER KURIOSITÄTEN

Geschafft, sage ich mir, als sich draußen die Landschaft in Bewegung setzt. Hier in den Außenbezirken fährt die U-Bahn oberirdisch; man hat einen Blick auf den Londoner Osten, auf Industrieanlagen, Sozialwohnungen, Brachland. Die Bahn ist so gut wie leer. Durch das Schiebefenster, das jeder Waggon am vorderen Ende hat, fegt ein Luftstoß, und die blauen Sitzbezüge, von tausend Hintern durchgesessen, blähen sich alle gleichzeitig auf, als ob sie atmeten.

Zwei Stunden braucht man bis zum Flughafen; die nutze ich zum Tippen wie alle meine Fahrzeiten. Mein *Mit-anderen-Augen-reisen*-Blog muss täglich erscheinen, wenn ich davon leben will. Die Werbekunden warten nicht. Dafür kann ich zu jeder Jahreszeit in der Weltgeschichte herumfahren, während andere im Büro schmoren. Und Dinge sehen wie dieses Museum – der bloße Gedanke daran, dass es so was gibt!

Jetzt steigt eine Frau zu: Waschbrettbauch, Funktionskleidung, Joggingschuhe mit Blinklichtern und bestimmt auch mit automatischem Regensensor und Grip-Garantie. Sie schnauft noch, hängt sich aber sofort an eine Haltestange und macht Klimmzüge. Hoch, runter, hoch, runter, meine Blicke scheint sie nicht wahrzunehmen. Ihr Körper besteht nur aus Muskeln und Sehnen, die sich strecken, zusammenziehen, anspannen. Sie gibt sich Mühe, auch die Gesichtsmuskeln in die Folterroutine mit einzubeziehen.

Die Brise aus dem Vorderfenster trägt statt Frischluft Schweißgeruch zu mir herüber. Ich sehe besser aus als sie, das weiß ich. So, der Laptop ist hochgefahren, und nun Konzentration bitte, nicht ablenken lassen.

Heute also wieder mal was für die Hipster unter euch, schreibe ich. Das Museum ist sowas wie ein Geheimtipp. Da muss man gewesen sein. Ihr geht eine steile Wendeltreppe runter in einen klaustrophobisch engen, verschachtelten Keller. Dort stellt ein verrückter Typ sein über Jahrzehnte gesammeltes Kuriositätenkabinett aus. Und bevor ihr hinabsteigt, dürft ihr noch bei Tageslicht an der Cocktailbar einen Absinth trinken. Den Mut werdet ihr nämlich brauchen, denke ich, schreibe es aber nicht hin.

Miss Schwarzenegger macht inzwischen Yogaübungen. Die Heldenpose hält sie besonders lange, ihre Arme senkrecht nach oben gestreckt, den Rücken gerade, den Blick ins Nichts. Fehlt nur noch, dass sie auf dem Kopf steht und ihre Station verpasst, weil sie nicht schnell genug ihre Beine wiederfindet. Aber nein, ein paar Kniebeugen, dann joggt sie los, immer von einem Ende des Waggons ans andere und wieder zurück. Wie soll ich mich denn hier bitte konzentrieren? Die Zeit drängt doch.

Ich versuche mich zu erinnern an all die ekligen ausgestopften Viecher da unten. Genau, da war ein Lamm mit zwei Köpfen, auch menschliche Schrumpfköpfe habe ich gesehen, und eine mumifizierte Meerjungfrau.

„Cheyenne muss doch um halb acht ins Bett!" ruft es auf einmal hinter mir. Eine weitere Frau ist soeben zugestiegen und jetzt setzt sie sich auch noch schräg gegenüber auf einen der aufgeplusterten blauen Cordsitze. „Und ich muss ihr ja nu was zu essen kochen, nä? Aber ich weiß nich was. Gestern hab ich Nudeln gemacht und sie hat nix gewollt, stell dir vor. Dabei hab ich vor zwei Wochen auch Nudeln gemacht und da hat sie alles aufgegessen." Die ist dem Aussehen nach nicht mal dreißig, denke ich. Doppelkinn, Kassengestell, Klamotten von Primark, Einkaufstüte aus dem One-Pound-Shop. Aber die Welt gehört ihr und ihrem Handy alleine. „Hat se alles wieder ausgespuckt, nä, ausgespuckt hat se das, sag ich dir, alles über meine neue Bluse."

Gibt es überhaupt echte Meerjungfrauen? Das sind doch nur Sagengestalten, oder? Meine Leser werden mir das nicht glauben. Aber je größer der Knaller, desto besser: Das gibt Werbeklicks. Ich gebe „Meerjungfrau" in Wikipedia ein. Die Verbindung ist langsam.

Miss Schwarzenegger stellt einen Fuß gegen die Wand, streckt das Bein und macht Dehnübungen. Sie trägt eine dieser modernen Pulsuhren, die jeden Schritt und jeden Atemzug kontrollieren und die Info wahrscheinlich direkt an die NSA melden. Ihr Gesicht verrät Befriedigung, als sie auf diese Uhr schaut, auch wenn die Leistung wohl noch nicht ausreicht, als dass sie eine Belohnung verdient hätte und sich selbst ein Lächeln schenken dürfte. Man sollte sie fragen, warum sie überhaupt U-Bahn fährt und nicht einfach auf ihren internetfähigen Hi-Tech-Sneakern in die Stadt rennt.

„Ich hoff ja, dass Bronx so bis halb sieben zu Hause is. Es wär so schön, wenn wir nur ein einziges Mal zusammen essen könnten, nä? Wie ne richtige Familie. Aber sie kommt immer viel zu spät, wenn Cheyenne schon ins Bett muss. Hm…okey dokey…nein, Mum, sie hat alles, alles wieder ausgespuckt, weißte, die schönen Nudeln, ich hab's auch nich auf der hohen Kante oder was, für 'ne neue Waschmaschine reicht's halt nich."

Gute Frau, ich muss arbeiten, okay? Was du zum Abendessen kochst, geht mich herzlich wenig an. Ich habe keine Lust, die unappetitlichen Einzelheiten deines verkorksten Daseins zu schlucken. Also brat meinetwegen ein zweiköpfiges Schaf, wenn das deine Kleine vom Hocker reißt.

Aha, da steht ja des Rätsels Lösung: Im viktorianischen Zeitalter nahm man einfach den Oberkörper eines Äffchens und den hinteren Teil eines Fischs und nähte das zusammen – fertig war die Meerjungfrau. Ausgestopft oder mumifiziert wirkte sie täuschend echt. Mit solchen Freakshows konnte man damals viel Geld verdienen. So war das also. Okay. Fertig. Was habe ich noch gesehen? Dodo-Knochen. Voodoopuppen. Totenschädel. Nichts wie rein damit in den Blog. Müsst ihr gesehen haben, das Allergrellste, genau wie diese Einmachgläser mit verderblichem Inhalt, den ihr nur erkennt, wenn ihr die Beschriftung lest. Was im Schummerlicht nicht unbedingt leicht fällt.

„Ja, Mum, ich weiß. Ich also mit der schönen neuen Bluse in den Waschsalon. Bronx hilft mir ja nie im Haushalt. Mit vierzehn könnte sie wenigstens mal den Müll raustragen." Genau das hätte der Verrückte mit den Einmachgläsern auch tun sollen. Man kann doch nicht *alles* aufheben.

Jetzt hält die Bahn schon mehrere Minuten auf freier Strecke. Es ist noch windiger geworden, trockene Blätter wirbeln über eine Vorstadtstraße mit aneinandergekuschelten Reihenhäuschen, die sich nur durch die Farbe der Haustüren voneinander unterscheiden. Erste Regentropfen. Ich bin wirklich viel zu spät dran.

Die Nägel sollte ich vielleicht auch erwähnen. Die haben einem exzentrischen Dandy gehört, der sich probehalber kreuzigen ließ, um mal zu sehen, wie sich das anfühlt – hey, liebe Leser, bitte nicht selbst ausprobieren, okay? Zum Glück bekamen das Ganze ein paar vernünftige Leute mit, die sich gerade in der Umgebung aufhielten, und hängten ihn rechtzeitig wieder ab.

„Ja, Mum... du hast Recht. Dann mach ich eben keine Nudeln, dann mach ich Beans on Toast. Selber schuld. Alles ausgespuckt hat sie… Dann kann Bronx auch ruhig diesen Typ mitbringen, diesen, diesen Bowie – den solltest du mal sehen, wie der immer seine komische Kapuze so ins Gesicht zieht, nä – damit der sieht, dass es bei uns nichts zu verschenken gibt. Der Waschsalon, hast du 'ne Ahnung, was das heutzutage kostet… Nein, ich kann sie NICHT anrufen, sie geht nich ran, wenn sie sieht, dass ich es bin."

Miss Schwarzenegger muss irgendwo ausgestiegen sein, ohne dass ich es gemerkt habe. Vielleicht hat sie aber auch einen Salto durch das Vorderfenster gemacht und tyrannisiert schon den nächsten Waggon.

So, der Blog ist fast fertig. Die Krönung der unterirdischen Parallelwelt habe ich euch natürlich bis ganz zum Schluss aufgehoben, ihr Lieben: einen Abfalleimer voller benutzter Kondome aus einer Hotelsuite irgendwo auf der Welt. *Ich schwöre hochheilig*, so die gekritzelte Notiz daneben, *dass ich Zimmermädchen im Hotel Soundso bin und dass das Zimmer mit diesem Abfalleimer letzte Nacht von den Rolling Stones bewohnt wurde.* Na gut. Aktuell wird ja überall gegen Einwegprodukte gewettert – hier finden sie wenigstens noch als Museumsexponate eine zweite Verwendung. Oder wie schreibe ich das jetzt? War nicht die verschrumpelte Meerjungfrau das bessere Vorbild für Recycling? Da, schon wieder ein paar Mails von den Reiseveranstaltern, die auf meiner Seite werben. Ich muss den neuen Text sofort hochladen, egal wie.

Die U-Bahn hat sich nun doch mit Menschen gefüllt. Eine Gruppe älterer Damen, mit unzähligen Einkaufstüten aus Secondhandläden bepackt, kichert kollektiv. Ich verstehe nur *Bad-Taste-Party* und *Witwen aus Buckinghamshire.*

„Hoffentlich wird Cheyenne später nich auch so. Einen Babysitter lass ich nich an sie ran. Man weiß ja nie heutzutage. Meinst du, die könnten besser kochen? Und ich werd auf keinen Fall erlauben, dass ihr Vater sie zu Weihnachten besucht, Mum. ....Mum?"

Die U-Bahn ist unter die Erde gesaust, mit einem Luftknall in den Tunnel und ins Dunkle. Die Chaosmama schweigt, den Mund noch offen. Eine halbe Stunde lang gibt's jetzt keinen Handyempfang, denn die Londoner Bahntunnel sind tief, sehr tief. Die vielen Menschen, die sich an der nächsten Station ins Abteil drängen, scheinen mir wie lautlose Engel.

Hätte ich das nicht doch schreiben sollen mit den Einmachgläsern? Aber das wäre wohl zu weit gegangen, auch wenn laut Etikett echte Hinterlassenschaften, oder soll ich sagen: Souvenirs drin sind von Kylie Minogue und Amy Winehouse. Vielleicht würden „meine Lieben" ihr Abonnement kündigen oder Werbekunden abspringen. Was sind das überhaupt für Leute, die meinen Blog lesen? Die eigentlichen Kuriositäten stehen ja gar nicht im Museum. Sie lassen sich nicht sammeln oder mumifizieren, dafür sind sie viel zu lebendig. Wenn ihr sie sehen wollt, ihr Lieben, braucht ihr nur ein Ticket für die U-Bahn.

TATORT IST IM ERSTEN

In zehn Minuten ist der Typ aus Madrid dran. Danach wir.
Ich zog meinen Lippenstift noch einmal nach und Robert richtete die Webcam auf mich.

„Fertig für einen kleinen Test?"

Fertig. Ich musste tanzen. Und so tun, als bekämen wir Besuch. Hatten wir schon lange nicht mehr. Aufräumen, putzen, aufstylen. Das knarrende alte Sofa ein Stück beiseite schieben, um in der Mitte Platz zu schaffen. Die Wohnung glänzte und ich war müde. Trotzdem trug ich ein neues Kleid und hohe Absätze, auf denen ich in echt nicht weit gekommen wäre. Robert hatte den alten Plattenspieler aus dem Keller geholt, ihn neben den neuen Plattenspieler aufs Sideboard gestellt und alles verkabelt. Schon seit Tagen hatte er Platten aus unserer Sammlung ausgesucht, genug für eine ganze Nacht. Dabei bekamen wir nur eine halbe Stunde wie die anderen auch.

„Was hast du denn, Schatz?" fragte Robert und nahm mich in den Arm. „Du siehst echt toll aus!" Das musste ich auch. In einer halben Stunde würde uns die ganze Welt sehen können. Das war schon anders als sonst, wenn wir ausgingen und Robert auflegte und wir mit unseren Freunden abtanzten. Aber das „Kakadu" war seit dem 13. März dicht und auch unsere Leute hatten wir seitdem nicht mehr gesehen. Ein paar Fotos und Likes auf Facebook, vielleicht sogar mal ein Telefongespräch. Ansonsten nur Robert und ich. Zuhause. Tag für Tag, Woche für Woche.

„Es ist nicht dasselbe", murmelte ich und unterdrückte die Tränen. Robert strich mir übers Haar.

„Hey, du solltest stolz sein! Das Kakadu lässt *uns* auf seiner Facebook-Seite eine Watch Party machen! Ist doch besser als nichts. Wenn ich mich nicht so dahintergeklemmt hätte, hätten die internationalen Gast-DJs den Vorrang bekommen!"

Da hörte ich den Krach aus dem Vorderhaus. Die Rietmüllers stritten sich schon wieder. Unser Wohnzimmerfenster lag genau gegenüber von ihrem, und wenn sie vergaßen, ihre Gardinen zuzuziehen, konnten wir ihnen sogar beim Streiten zusehen. Wenn wir sie mal zufällig unten auf dem Hof sahen, grüßten sie immer und lächelten, aber kaum kam der Abend, wurde es wieder laut hinter dem Fenster. Das war schon so, als wir hier einzogen. Aber seit März stritten sie auch tagsüber, und sie wurden immer lauter.

Robert zuckte die Achseln und machte das Fenster zu. Die Sonne war untergegangen. Höchste Zeit für die letzte Werbung. Auf der Facebook-Seite des Kakadus stand die lange Liste von DJs aus Italien, England und sogar aus Mexiko, neben jedem Namen eine Uhrzeit. Das war Teamwork, das passte zusammen wie Zahnrädchen. „Gleich um 22 Uhr ist es soweit! Yippee!" schrieb Robert in das Kommentarfenster, setzte mehrere Emojis dahinter, die etwas mit Luftschlangen, Sekt und Wundertüten zu tun hatten, lud dazu noch ein Lied hoch und postete das Ganze. Die Likes kamen sofort und die Loves auch. Auf der Timeline sah man unsere Werbe-Posts der letzten zwei Wochen. Man musste die Leute, die man nicht mehr treffen durfte, regelmäßig erinnern, dass man existierte. Aber die saßen scheinbar schon alle auf Abruf, um uns zu sehen. Wenigstens mussten wir mit niemandem unser Klopapier teilen.

Im Live-Fenster sah man inzwischen Pablo aus Madrid. Er hatte zu Silvester im Kakadu aufgelegt und wir hatten getanzt bis elf Uhr morgens. Da habe ich mich noch gewundert, dass man unseren Stammclub auch in anderen Ländern kennt. Jetzt stand Pablo da in einem sehr coolen lila Hemd und prostete der Welt mit einer Flasche Bier zu, während im Hintergrund „Listen to the sky" lief. Schließlich tanzte er eine Runde durch sein sehr cooles Madrider Wohnzimmer. Alles in Weiß, ein paar Op Art-Gemälde an der Wand und natürlich zwei Plattenspieler. Jeder hat heute zwei Plattenspieler zuhause in seinem Wohnzimmer. Scheinbar ist das normal.

„Das können wir aber besser", sagte Robert grinsend, schaltete die Deckenlampe aus und die Lichtanlage ein, die er über Stunden liebevoll aufgebaut hatte. Bunte Kreise und Muster flirrten auf einmal über die Konzertposter an unseren Wänden, machten aus unserer vertrauten Umgebung eine fantastische nächtliche Traumwelt. Er hatte keine Kosten und Mühen gescheut, diese ganze Technik im Internet zu bestellen. Ich fand, das wäre nicht nötig gewesen, vor allem jetzt, wo er als Selbstständiger kaum noch etwas verdiente. Noch fünf Minuten.

Erst als Pablo noch einmal prostete, fiel mir ein, dass wir noch nichts zu trinken hatten. Jetzt aber schnell! Ich lief in die Küche, wo eine Flasche Rotwein schon bereit stand; ich entkorkte sie und goss zwei große bauchige Gläser so voll wie möglich. Als ich zurückkam, sah ich durchs Fenster die Rietmüllers, denn auch sie hatten das Licht eingeschaltet. Sie schienen sich in Rage gebrüllt zu haben, man merkte das an der Körpersprache. Aber wenigstens alles ohne Ton.

„Los jetzt, gleich ist es soweit!" rief Robert. „Stell dich hier hin!" Pablo winkte ein letztes Mal, dann war sein Live-Fenster dunkel. Robert schaltete uns zu, und nun sahen wir uns selbst live im Internet. Die Webcam überblickte den ganzen Raum und mittendrin uns zwei, schön angezogen, lächelnd, umkreist von einem Meer aus bunten Glitzerlichtern. Nicht schlecht. Robert legte den Arm um mich.

„Good evening and welcome", sagte er in perfektem Englisch, „wir sind Robert und Anna aus Frankfurt und werden euch für die nächste halbe Stunde mit dem Feinsten aufwarten, was unsere Plattenteller zu bieten haben. Also tanzt mit uns und habt Spaß!"

Wir stießen mit den Rotweingläsern an, dann fuhr Robert den Regler hoch, drückte auf Start, der erste Plattenteller begann sich zu drehen, und wir tanzten zusammen zu „Look at the lights go up" durch den Raum.

Ich trank schnell, sonst hätte ich nicht in die Kamera lächeln können, denn es gibt nichts zu lächeln in dieser Zeit. Wenn die Krise nicht wäre, könnte ich jetzt im Kakadu sein, meine Freundinnen umarmen, ja, in echt umarmen, und mir beim DJ, wer immer das wäre, ein Lied wünschen. Es wäre voll und heiß und verschwitzt und wir würden uns in Ekstase tanzen, jedes Lied laut mitsingen, außer Atem kommen. Auf der Treppe, wo der Schall nur dumpf durch die Wand dröhnt, würden wir geheimen Tratsch austauschen. Wir würden lachen ohne Angst, wir würden uns über die Getränkepreise ärgern und lästern über Stefan, der immer Mundgeruch hat. Wir würden im Morgengrauen mit wehen Füßen nach Hause humpeln, unsere stinkenden Klamotten in eine Ecke werfen und glücklich ins Bett fallen.

Mein Glas war schon leer, ich schenkte sofort nach. *Nicht weinen, sonst verläuft der Lidstrich. Einfach in die Kamera prosten und weitertanzen.* Inzwischen prasselten auf dem Bildschirm die Likes und die Loves nur so auf uns ein. Man kann so süchtig nach ihnen werden. Ungefähr hundert Personen schauten und hörten uns zu, so die Statistik. Viele der Namen kannte ich, viele nicht. Dazu hagelte es im Chat-Fenster völlig sinnfreie Kommentare: Juuuhuuu! Yeaaaaah! Wooooow! Und: Ach, du bist auch da!

Robert nahm eine neue Platte aus ihrer Hülle, legte sie auf, setzte den Kopfhörer auf und drehte den Plattenteller gegen den Uhrzeigersinn, bis die Nadel den Anfang des Liedes erreicht hatte. Jetzt hatte er Zeit, um selbst zu tanzen, bis das Lied auf dem anderen Plattenteller zu Ende war. Wir stießen an und küssten uns, während wir tanzten. Aus dem Augenwinkel sah ich einen regelrechten Springbrunnen aus Love-Herzchen, die über den Bildschirm nach oben perlten wie Sekt.

Ach, was soll's. Warum nicht Spaß haben? Der Wein ist gut.

Ich merkte, wie ich innerlich gelöster wurde, meine Arme in alle Richtungen schwang, wie meine Bewegungen wilder wurden. Robert umfasste meine Taille und wirbelte mich durch den Raum. Dann eilte er wieder zum Plattenspieler. Ich winkte in die Kamera.

Doch was war das? Die Herzchen waren plötzlich weg. Stattdessen Icons mit aufgerissenen Mündern und auch Icons mit Tränen.

„Dreht euch mal um", lautete jetzt einer der sinnfreien Kommentare, ein anderer „Tatort ist doch im Ersten". Da hatte wohl jemand schon mehr intus als ich.

Als Robert „I've been hurt by love" auflegte und ich zu den ersten Takten die Hüften schwang, klingelte es an der

Tür. Jetzt? Ach, natürlich: Es ist nach 22 Uhr und wir machen hier laute Musik! Ich gab Robert ein Zeichen, die Lautstärke etwas zu drosseln, und ging zur Wohnungstür. Noch zehn Minuten, dann wäre unsere Watch Party ja schon zu Ende. Das würde die Nachbarn hoffentlich beruhigen. Nach uns war ja Gary aus London dran.

Vor der Wohnungstür stand die Polizei. Ob sie reinkommen dürften, fragte die Beamtin mit der schwarzen Atemmaske, dann gingen sie und ihr Kollege stracks ins Wohnzimmer und öffneten das Fenster. Robert schaltete erschrocken die Musik aus. Das Fenster der Rietmüllers war immer noch hell erleuchtet. Aber jetzt sahen wir, wie zwei Polizisten Herrn Rietmüller festhielten und ihm ein Messer aus der Hand wanden. Er brüllte immer noch. Unten im Hof Blaulicht, ein Krankenwagen, daneben eine Gruppe Nachbarn. Die Tür des Vorderhauses stand offen, heraus kamen Sanitäter, auf einer Trage lag Frau Rietmüller. In ihren Haaren und auf ihrer Bluse klebte Blut, aber sie redete mit den Sanitätern.

„Ja, das ist das Fenster," sagte der Beamte, und sein Blick glitt über die Webcam und hin zum Bildschirm, auf dem er jetzt selbst zu sehen war.

„Schön, dass Sie so viele Freunde haben", sagte er dann. „Sie haben der Frau wahrscheinlich das Leben gerettet."

Das Funkgerät der Beamtin machte ein Geräusch. Sie sprach mit einer Kollegin, die unten im Hof sein musste. „Sie hat eine Schwester in Hanau, wo sie hin kann? Umso besser. Die Frauenhäuser sind nämlich geschlossen."

Ich fühlte mich plötzlich völlig nüchtern, wie mit eiskaltem Wasser übergossen. Ich nahm Roberts Hand.

„Die Kamera können Sie abschalten", sagte die Beamtin, „das Beweismaterial dürfte ausreichen."

Als sie gegangen waren und es wieder ruhig wurde auf dem Hof, saßen Robert und ich noch lange stumm auf dem Sofa und tranken den Wein aus. Ob Gary aus London wohl eine gute Show abzog? Egal. Ich sah nur immer wieder auf das Fenster gegenüber. Es war so schwarz und lichtlos wie der abgeschaltete Bildschirm.

WIR WERDEN GELEBT HABEN

Am Dienstagmorgen sah Cora zum ersten Mal den Müllcontainer, der ein paar Häuser weiter am Straßenrand abgestellt worden war. Einer von diesen großen Kübeln aus Metall, oben offen, wo man alles, was man nicht mehr haben wollte, mit einem gleichgültigen Krachen hineinwerfen konnte. Da zieht jemand aus, dachte Cora, während sie die Rollläden und Fenster schloss. Sie hatte die ganze Nacht geschrieben und wollte endlich ins Bett.

Ein paar Tage später hatte der Container sich merklich gefüllt. Tapetenreste, Schrankteile in dunklem Furnier, alles abgenutzt und fleckig. Ganz schön altmodisch, dachte Cora beim Öffnen des Briefkastens. Wieder keine Nachricht von dem Agenten, an den sie ihr neuestes Manuskript geschickt hatte.

Am Freitag, als sie spätnachts nach Hause kam, lagen zwischen den Möbelteilen Stapel von Zeitschriften und staubigen Postkarten. Alles war still, nur die Straßenlampe warf ihr unbeteiligtes Licht auf den Container. Sie nahm eine Postkarte heraus, schwarzweiß, aus Sylt: Liebe Frau Gutknecht, uns geht es gut, das Wetter ist schön, viele Grüße. Auch die anderen Karten waren an Frau Gutknecht adressiert, aus Italien oder von der Ostsee, auf den meisten Rückseiten mehr Leere als Text.

Am nächsten Morgen, auf der Suche nach Kopf-schmerztabletten, fand Cora die Karten in ihrer Handta-sche. Wie waren sie dorthin gekommen? Und die Fotos, blass und von Feuchtigkeit schon gewölbt – wer war sie gewesen, die einsame alte Dame, die mit gipsernem Ge-sicht in ihrem Garten posierte, dem Garten drei Häuser weiter? Wer wirft überhaupt Fotos weg? Sie war froh, als Markus am Samstagabend von seiner Dienstreise zurück-kehrte und sie in die Arme schloss. Seit wann durchsuchst du Müllcontainer, fragte er. Schmeiß das Zeug weg, das ist ja eklig.

In der Nacht lag Cora wach. Frau Gutknecht ging ihr im Kopf herum, ein rastloses Gespenst ohne Ziel und Heimat. Wie mochte sie gelebt haben, wonach glitzerten ihre Träume? Waren sie wirklich Müll, der mit einem Finger-schnippen entsorgt werden konnte? Cora stand auf und setzte sich an den Schreibtisch. Jetzt flossen die Worte un-gehindert, ihre Finger auf der Tastatur standen nicht still, gaben der Frau in ihrem Kopf Leben und Form zurück. Als es hell wurde, zog Cora sich einen Mantel über und ging zum Container, um die restlichen Postkarten und Fotos einzusammeln, die sie in einer roten Schuhschachtel im Kleiderschrank versteckte. Sollte Markus doch weiter-schnarchen.

***

„Nun komm schon, sonst sieht uns noch jemand", zischte Muhammed und versuchte, seinen Freund Yusuf wegzuziehen von dem offenen Bücherschrank, der am Rande des Marktplatzes von Kleinholderbach stand. Dabei war weit und breit kein Mensch zu sehen und niemand im

Notaufnahmelager würde denken, dass sie beide mehr als einen Spaziergang vorhätten. Der Mond brach kurz hinter der schwarzen Wolkendecke hervor, beschien für einen Moment die beiden Männer mit kaltem Licht, und Yusuf zog den Reißverschluss seiner Kapuzenjacke zu, um den einsetzenden Herbst draußen zu halten. Dann steckte er die vier Bücher, die er sich ausgesucht hatte, in seine Sporttasche und schloss leise die Glastür des Schrankes.

„Willst du die auch noch rumschleppen?" schimpfte Muhammed weiter. „Die sind auf Deutsch, Mann, kapierst du das? Kannst sie sowieso nicht lesen."

„Noch nicht", flüsterte Yusuf und zeigte auf den Weg, den sie einschlagen mussten, um in den Wald zu kommen. Dort konnte man sich verstecken. Nach Berlin war es ein langer Weg, aber lange Fußmärsche und draußen schlafen waren sie ja inzwischen gewohnt. Das Amt hatte entschieden, ihnen zusammen mit zwei anderen Jungs eine Wohnung in Kleinholderbach zuzuweisen. Aber wer wollte schon in einem Kuhdorf mit Fachwerkhäuschen wohnen? In Berlin gab es doch Arbeit und blinkende Lichter und auch die Kanzlerin wohnte da. Yusuf stellte sich vor, wie er durch das Brandenburger Tor spazieren würde, was man lange Zeit nicht konnte, weil da eine Mauer davor gestanden hatte. Und Deutschkurse gab es bestimmt auch – solche, die am kommenden Montag anfingen und nicht erst in drei Monaten.

Bald hatten sie den Wald durchquert und blickten auf offene, strohblonde Felder. Zeit, sich irgendwo schlafen zu legen und den Sonnenaufgang abzuwarten.

„Einer muss immer aufpassen", entschied Muhammed, während er den zusammengeknüllten Schlafsack aus der Tasche holte und noch einen Pullover überzog. Yusuf nickte und setzte sich, in seinen Schlafsack gewickelt, an einen Baum. Bald war es ganz still bis auf Muhammeds regelmäßige Atemzüge. Jetzt würden sie kommen, die Geister der Nacht. Nein, nur jetzt nicht an Mutter und Klein-Achmed zu Hause denken. Dann doch lieber das gelbe Buch herausnehmen, das ihm die Flüchtlingshelferin geschenkt hatte: *Die neue Gelbe* stand darauf, und *Verlag für Deutsch*. Er hatte jeden Tag darin gelesen. Ich lache, du lachst, er/sie/es lacht. Der, die, das, des, dem, den, deren, denen. Gar nicht einfach, das alles auswendig zu lernen.

Zweieinhalb Stunden später schreckte Muhammed ganz plötzlich hoch. Yusuf kannte das. Alle im Lager hatten diese Träume.

„Du bist dran", sagte Muhammed, sobald er zu sich gekommen war und seine klammen Glieder reckte. „Aber lass uns ein Feuer machen. Hier liegen genug alte Zweige rum."

Bald brannte ein kleines Wachfeuer und sie hofften, dass es niemand von fern sehen könnte. Wann würde der Himmel endlich heller? Er lachte, er hat gelacht, er wird lachen, er wird gelacht haben, wiederholte Yusuf in leisem Singsang. Dabei hätte er doch jetzt schlafen dürfen.

„Von Grammatik wird dir auch nicht wärmer", schien Muhammed seine Gedanken zu erraten. „Lass uns lieber Fußball spielen."

„Im Dunkeln, ja?"

Muhammed hatte tatsächlich einen Fußball in seiner Tasche mitgebracht. Im Lager hatten sie anfangs den ganzen Tag mit den anderen Fußball gespielt. Aber Fußball führte zu nichts. Stattdessen holte Yusuf die Bücher hervor, die er aus dem offenen Bücherschrank genommen hatte, und blätterte in ihnen. Eines hieß *Was am Ende blieb* von Cora Wiedemann. *Der Nr. 1-Bestseller* stand vorne drauf. Das verstand er noch. Aber das war auch alles.

Inzwischen hatte Muhammed die anderen drei Bücher schon ohne zu fragen aufs Feuer geworfen. Er hat Recht, ich brauche sie nicht, dachte Yusuf. Noch nicht.

„Die Nazis haben früher auch Bücher verbrannt", sagte er zögernd, als er das vierte Buch, das von Cora Wiedemann, in die Flammen warf. Er sah zu, wie die Buchstaben auf dem Umschlag einer nach dem anderen aufgefressen wurden und im Schwarz verschwanden. „Was du alles weißt", murrte Muhammed, jetzt nur noch leise, denn die Wärme löste langsam sein ernstes Gesicht. „Scheiß-Oberschüler."

Yusuf beschloss, sich den Titel und den Namen der Autorin zu merken. In Berlin gab es das Buch bestimmt auch. Nur die *neue Gelbe* behielt er. Erst als sich die Sonne über den dunstigen Horizont schob und das Feuer aus war, schloss er das Buch und steckte es wieder ein.

***

Frau Semmering stand neben der Leiter, sah empor und wartete. Eigentlich wollte sie doch heute früher Feierabend machen. Aber Herr Lück in seinem Blaumann da oben hatte es immer noch nicht geschafft, die Schnüre des riesigen Banners über dem Portal zu lösen. Segeltuch, sechs Meter auf zwei Meter fünfzig. Teuer, aber weithin sichtbar und effektiv.

Drinnen im Foyer wuselte es auch in den frühen Abendstunden noch von Studierenden, Lehrenden und Besuchern.

„Was war das eigentlich für eine Veranstaltung, haben Sie die organisiert?" brummte Herr Lück von oben. Frau Semmering bejahte. Alles ihre Idee, und alles war perfekt gelaufen. Ihr Vorgesetzter, der Professor, der auch die Begrüßungsansprache gehalten hatte, hochzufrieden. Das Audimax brechend voll, Studierende, die auf dem Boden saßen oder auf Zehenspitzen vor der Tür standen, um einen Blick zu erhaschen und möglichst viel des Gesagten mitzukriegen. Besonders beim letzten Redner, diesem netten jungen Mann mit den schwarzen Haaren.

„Nur die Begrüßungsveranstaltung für Erstsemester", sagte Frau Semmering, „aber diesmal mit anderem Konzept. Sie sehen es ja."

Herr Lück lachte. Der Schriftzug „DU SCHAFFST ES!" auf dem Banner, umrahmt von einem Dutzend neugieriger junger Gesichter aus aller Welt, schien ihn nicht zu beeindrucken. Wahrscheinlich wollte auch er einfach nur früher Feierabend machen. Jetzt schlug das eine Ende des Banners dumpf auf dem Fußboden auf, schleifte noch ein Stück weiter und blieb dann liegen. Herr Lück stieg von der Leiter und schob sie einige Meter weiter nach rechts, bevor er wieder nach oben kletterte, um auch das andere Ende abzulösen.

Dabei hätte er wirklich diesen jungen Mann sehen sollen. Das International Office hatte Frau Semmering auf ihn aufmerksam gemacht. Und alle hatten sich gefreut, als er sich bereit erklärte, heute im Audimax vor so vielen Leuten zu reden, mit Mikrofon und allem, und das in einer Fremdsprache. Meine Güte. Aber sein Deutsch war fehlerfrei gewesen und die Erstis mucksmäuschenstill. Mit offenen Mündern hatten sie seiner Geschichte gelauscht: vor zwei Jahren aus Syrien geflüchtet, mit einem Kumpel zusammen nach Berlin getrampt, im Wald übernachtet. Erst Deutschkurse, dann der ganze Ärger mit den Behörden, Schulabschluss nicht anerkannt und so weiter. Und jetzt im dritten Semester BWL an der Humboldt-Uni, mit den besten Noten.

„Muss das im Oktober wieder hier hoch?" fragte Herr Lück jetzt.

Frau Semmering schüttelte den Kopf. „Es steht doch das Datum von heute drauf."

„Und wohin dann mit dem Mistding? Soll es in Ihr Büro?"

Frau Semmering stutzte. Über diesen Punkt hatte sie gar nicht nachgedacht. In ihrem Büro war kein Platz für ein sechs Meter langes Banner. Aber in den Müll damit? Die vielen bunten Gesichter?

Endlich fiel auch das andere Ende mit einem Krachen zu Boden. Herr Lück kam herabgestiegen, sichtlich müde. Sie rollten das Banner zusammen und versuchten es zum Aufzug zu schleppen, aber das Segeltuch war viel zu schwer. So mussten sie Frau Förster anrufen, damit sie aus dem Büro kam und tragen half.

„Meine Nichte hat ein Geschäft am Prenzlauer Berg", war Frau Försters Kommentar, als sich die Tür des Aufzugs hinter ihnen schloss. „Upcycling nennt sich das. Schneidet alte Sachen auseinander und näht daraus etwas Neues. Klamotten hauptsächlich, aber Segeltuch ist doch prima für Taschen, zum Beispiel. So trendige Teile halt."

Trendige Teile, na ja, dachte Frau Semmering. Hauptsache endlich Feierabend. Was kam heute eigentlich im Fernsehen?

***

Die Polizistin, die ihr Haar in einem strengen Zopf trug und deren Funkgerät ständig piepste, reichte ihr ein Taschentuch, aber Mareike zitterte noch immer und konnte sich nicht beruhigen. Der Polizeikollege sagte etwas Ernstes in sein Handy, und Frau Prof. Dr. Lochmayer ging nervös auf und ab, als fühle sie sich in ihrem eigenen Büro plötzlich nicht mehr wohl.

„Ich gebe Ihnen eine Verlängerung", sagte sie schließlich. „Aber gehen Sie trotzdem zum Hochschulrechenzentrum. Die haben schon ganz andere Sachen wiederhergestellt."

Mareike bedankte sich kaum hörbar.

„Also, ich würde den Vorfall jetzt gerne zu Protokoll nehmen, sobald Sie dazu in der Lage sind", sagte der Polizist. „Können Sie mir die Gegenstände nennen, die gestohlen wurden?"

„Meine Tasche mit meinem Laptop drin." Mareike schnäuzte sich. Sie sah die Uniformierten nur verschwommen. „Da war die Hausarbeit drauf, die heute fällig ist." Sie deutete auf die Professorin, die immer wieder „und das mitten in einem von *meinen* Seminaren" murmelte.

Die Polizisten fragten auch nach Geld und Kreditkarten, aber diese Dinge schienen Mareike ganz unwichtig. Sie brauchte nur noch diese eine Hausarbeit zu bestehen, dann konnte sie sich fürs Frühjahr zur Examensprüfung anmelden. All die Abende, die sie in den letzten Wochen in der Bibliothek zugebracht hatte. Umsonst.

„Und die Tasche, wie sah die aus?"

„Ja, so eine Laptoptasche halt. Mit Schulterriemen. Wie es sie letztes Semester im Uni-Shop gab. Es war der Buchstabe „E" vornedrauf, also ein Teil von dem Buchstaben jedenfalls, und an der Seite war so ein blonder Typ abgebildet und daneben das Gesicht von einer Inderin, glaube ich."

„Ach, diese Dinger", lächelte die Professorin jetzt. „Die hatte damals jeder. Ich hab' sogar meinem Sohn eine geschenkt, kurz bevor sie ausverkauft waren. Ursprünglich war das wohl so ein Recycling-Projekt vom Fachbereich 5, aber die Idee wurde schnell kopiert und ging in Massenproduktion."

Meine war ein Original, dachte Mareike.

„Okay, das reicht. Vielen Dank." Händedruck, und weg waren die Beamten. Reine Routine für die, dachte Mareike.

Im Hochschulrechenzentrum würde auch keiner kapieren, dass sie sich wie durchsichtig fühlte.

Nachdem sie das Büro der Professorin verlassen hatte, setzte sie sich einfach in irgendeinem Korridor auf den Boden und starrte lange an die gegenüberliegende Wand. Beinahe hätte sie so noch die Öffnungszeiten des Hochschulrechenzentrums verpasst. Denn was für eine Überraschung, dort hinter dem Schalter saß Jan, Jan aus dem Englisch-Crashkurs von vor einem Jahr. Warum hatten sie sich eigentlich aus den Augen verloren? Er sprang auf, als er Mareike sah. Arbeitete jetzt als Hiwi hier, wie sie erfuhr. Und sagte: Mensch, Mareike, wenn du dich mit dem Laptop jemals ins Netzwerk eingeloggt hast, dann macht das System ein Backup. Und Minuten später: Komm, ich druck' sie dir auch gleich aus, dann kannst du sie sofort abgeben. Und: Ich mache gleich Schluss, gehen wir doch einen Kaffee trinken.

***

„Na, Sie haben mal wieder den Kleinen, wie ich sehe!" Die alte Frau Scheidt beugte sich lächelnd über den Kinderwagen und strich dem krähenden Nachwuchs übers Haar. In diesem Moment sprang die Ampel auf Rot. Keine Chance für Frau Gräfling, mit einem schnellen Gruß die Straße zu überqueren und den neugierigen Fragen der Nachbarin zu entkommen. Aber wie schon beim letzten Mal schien Lukas das anders zu sehen; er hörte sofort auf zu schreien und gluckste die Frau mit den grauen Locken freudig an.

„Kümmert sich Ihre Tochter denn gar nicht um ihr Kind?"

Genau wie Frau Gräfling befürchtet hatte. Tut so, als wäre sie ehrlich besorgt. Jetzt nur nicht einschüchtern lassen. Sie stellte sich gerade hin und drückte die Schultern ein wenig nach hinten, so wie sie es im Selbstbehauptungskurs gelernt hatte.

„Ich möchte, dass meine Tochter ihr Studium abschließt", sagte sie mit Nachdruck. „Das ist jetzt erst mal wichtiger. Da helfe ich selbstverständlich, wo ich kann."

Es war alles so schnell gegangen. Gestern noch, so schien es, hatte sie ihre Tochter im Kinderwagen diese Straße entlanggeschoben, später gab es Streit, immer nur Streit. Hatte es gar nicht abwarten können, endlich auszuziehen und an die Uni zu gehen. Und schließlich kein Wort mehr, keine Anrufe, keine Mails, außer wenn sie Geld brauchte. Bis eines Tages Lukas kam. Seitdem stand sie jeden Morgen vor der Tür und gab ihn fast wortlos ab, um ihn abends wieder zu holen. Wenn wir nur mal reden könnten, dachte Frau Gräfling. Und den Vater würde ich auch gerne kennen lernen. Vielleicht hätte ich nicht so streng mit ihr sein sollen damals. Aber ich wusste es nicht besser. Ich kannte es selbst nicht anders.

„Bist Omas kleiner Liebling, gell?" Frau Scheidt tätschelte Lukas' Wange, dann richtete sie sich auf und sah Frau Gräfling direkt in die Augen. „Man sollte doch meinen, sie heiratet diesen Computerfritzen jetzt endlich bald. Gibt es da schon was Neues?"

Vielleicht war die Ampel rot, vielleicht war sie grün. Frau Gräfling sah es nicht. Ein innerer Reflex, so etwas wie Brechreiz, ließ sie einfach weglaufen, sich umdrehen, über die Straße, den Kinderwagen vor sich. Auch den Knall hörte sie nicht mehr.

***

„Tagchen, Hans-Peter. Hier ist Veronika. Dachte ich mir doch, dass du noch da arbeitest."

Hans-Peter klemmte den Hörer zwischen Ohr und Schulter, während er ein paar Buchungsformulare abheftete.

„Ja, Unkraut vergeht nicht. Brauchst du einen Müllcontainer?"

„Du wirst es nicht glauben, aber genau so ist es. Ich helfe einer Freundin beim Entrümpeln. Es soll so schnell wie möglich gehen. Schillerstraße."

Hans-Peter legte die Akte beiseite. Kurze Atempause.

„Das ist ... die Sache mit dem Unfall, nicht?"

„Du weißt davon?"

„Es stand ja in der Zeitung."

Jetzt hörte er Babygeschrei am anderen Ende der Leitung. *In hohem Bogen durch die Luft geflogen*, erinnerte er sich gelesen zu haben, und *in einem Blumenbeet gelandet*.

„Und du passt jetzt auf das Kind auf?"

„Hin und wieder. Sie bezahlt mich sogar dafür. Na ja, hat ja jetzt alles geerbt. Ein tolles Haus übrigens."

„Und ... wie geht es ihr?"

„Genau wie immer. Ich glaube, sie hatte nie ein enges Verhältnis zu ihrer Mutter. Stell dir vor, sie will die gesamte Einrichtung rausschmeißen, das ist ihr alles zu altmodisch, hat sie gesagt. Sogar die Familienfotos sollen weg! Aber das finde ich wirklich keine gute Idee. Irgendwann tut es ihr Leid, habe ich gemeint."

„Also pass auf, was den Container angeht, ich mach' dir da ein günstiges Angebot, weil du's bist..."

„Moment, warte mal!" Veronikas Stimme klang auf einmal erschrocken. Hans-Peter hörte ein Knallen, als ob am anderen Ende Bücher auf den Fußboden geworfen würden.

„Halt, stopp! Das ist ja eine Erstausgabe von Cora Wiedemann!" hörte er Veronika rufen.

„Kannst du haben. Ich lese so'n Zeug nicht", murmelte im Hintergrund eine zweite Frauenstimme.

Jetzt wandte sich Veronika wieder ihm zu. „Da hörst du's. Sie ist schon am Ausmisten. Stell dir vor, *Was am Ende blieb* von Cora Wiedemann. Hast du das auch gelesen?"

Hans-Peter dachte kurz nach, aber er konnte sich nicht erinnern.

DIE AUTORINNEN UND AUTOREN

Von links nach rechts: Martina Weyreter, Marty Kaffanke-Fuchs,
Walburga Müller, Sylta Purrnhagen, Fritz Huth, Claudia Brendler

Dr. Fritz R. Huth, geboren 1943 in Frankfurt am Main. Ausgebombt und evakuiert auf ein Dorf bei Limburg. Studium der Ev. Theologie und Religionswissenschaft. Pfarrer und Dozent an deutschen Universitäten im Bereich Religionswissenschaft. 10 Jahre der „Beauftragte für Neuere Religiöse Bewegungen und Weltanschauungsfragen der Ev. Kirche in Hessen und Nassau". Verfasser von zahlreichen Predigten, Zeitungsartikeln sowie Vorträgen in Kirchengemeinden. Durchführung von Seminaren und Workshops. Gründungsmitglied der Schreibwerkstatt Friedrichsdorf. - In meinen Kurz-Geschichten versuche ich, die Realität, die hinter den äußeren Erscheinungsformen liegt, sichtbar zu machen. Und meine Erfahrungen aus vielen Studien-Reisen nach Indien, Sri Lanka, die Türkei und Ägypten mit einfließen zu lassen. Dabei benutze ich u. a. Stilformen aus den Bereichen „Magischer Realismus", Phantastik und Science Fiction, sowie erweiterte Reiseberichte.

Marty Kaffanke-Fuchs, geboren 1940, schreibt seit etwa zwanzig Jahren Natur- und Jahreszeiten-Gedichte, Aphorismen/Miniaturen sowie skurrile Scherzgedichte und Alliterationen in Reim und freiem Rhythmus. Ihr aktuelles Interesse gilt Geschichten über besondere menschliche Erfahrungen und bemerkenswerte Alltagssituationen, auch mit autobiografischem Hintergrund. Seit elf Jahren ist sie Teilnehmerin der Schreibwerkstatt *kurzum* in Friedrichsdorf. 2013 vollendete sie eine umfangreiche Chronik über Geschichte und Schicksal ihrer Familie aus Oberschlesien, die im Eigenverlag gedruckt wurde. Marty Kaffanke-Fuchs leitete 25 Jahre die Evangelische Gemeindebücherei in Köppern und erstellte und betreute 15 Jahre lang das Literaturprogramm des Frankfurter Künstlerclubs e.V..

Walburga Müller, 1960 in Bad Homburg geboren, ist seit 2013 Mitglied in der Schreibwerkstatt *kurzum*. Zahlreiche Texte sind in dieser Zeit entstanden; mit einigen Texten hat sie an verschiedenen Schreibwettbewerben teilgenommen. Beim Stockstädter Literaturwettbewerb hat sie im Jahr 2016 für ihre Kurzgeschichte „Tabuzone" den 2. Preis erhalten. Bei regelmäßigen Lesungen stellt sie mit den anderen Mitgliedern der Schreibwerkstatt ihre Werke vor.
Ihr erster Roman „In einem anderen Land" wurde 2012 veröffentlicht.

Sylta Purrnhagen, geboren 1941 in Hagen/Westfalen, hat erst mit 64 Jahren zu schreiben begonnen. Seit 2009 ist sie Mitglied der Friedrichsdorfer Schreibwerkstatt. 2017 erschien ihre Biografie *„Geh aus mein Herz…"* im Selbstverlag. Biografische Geschichten werden auch in ihrem neuen Buch *„Balkon zum Hinterhof"*, das noch im Jahre 2021 erscheinen soll, erzählt. In der Schreibwerkstatt hat sie gelernt, auch fiktive Texte zu schreiben; oft sind es Geschichten über Begegnungen mit Menschen, die sie beeindruckt haben.

Martina Weyreter, geboren 1966 in Eltville am Rhein, Studium der Angewandten Sprachwissenschaften in London, verbrachte 15 Jahre in England. Lebt heute als Englischdozentin in Frankfurt/M. Schreibt am liebsten heitere Prosa mit ernstem Hintergrund; Veröffentlichungen in Zeitungen, Zeitschriften und Anthologien dies- und jenseits des Ärmelkanals. Teilnehmerin der Darmstädter Textwerkstatt unter der Leitung von Kurt Drawert, Gründungsmitglied der Friedrichsdorfer Schreibwerkstatt *kurzum* sowie Mitglied des Frankfurter Autorenkollektivs *Plan B*. Stockstädter Literaturpreis 2016 (Spezialpreis für Humor).

Leiterin der Schreibwerkstatt

Claudia Brendler, Schriftstellerin und Musikerin, veröffentlichte zahlreiche Kurzgeschichten und bisher sieben Romane bei Knaur, dtv, Oetinger, weissbooks und Kampa. Außerdem tourt sie mit musikalischen Lesungsprogrammen durch die Lande. Seit vielen Jahren arbeitet sie als Supervisorin für Autor:innen im Bereich Belletristik, Sachbuch und Film. Die Leitung der Schreibwerkstatt *kurzum* übernahm sie im Jahr 2016.